AF089873

Kohlhammer

## Die Autorin

Dorothee Schmid, lic.phil. Studium der Klinischen Psychologie, Neuropsychologie und Psychopathologie an der Universität Bern. Weiterbildung in kognitiver Verhaltenstherapie bei der AIM. Fachpsychologin für Psychotherapie FSP, eidg. anerkannte Psychotherapeutin, Verhaltenstherapeutin und Supervisorin SGVT. Berufsausübungsbewilligung des Kantons Bern für die Tätigkeit als Psychotherapeutin in eigener fachlicher Verantwortung. Während ca. 17 Jahren Leiterin des Therapieprogramms für Angst- und Zwangsstörungen der Privatklinik Wyss in Münchenbuchsee (Schweiz), stationär und ambulant. Betreuung von Assistenzpsychologinnen und -psychologen. Regelmäßige Präsenz mit Fachthemen in den Medien (print, online, TV). Vormals für mehrere Jahre Beirätin der Angst- und Panikhilfe Schweiz.

Seit Sommer 2021 in eigener Praxis. Tätigkeit als Psychotherapeutin, Supervisorin und Selbsterfahrungstherapeutin. Vorträge und Schulungen zu psychologischen Themen bei verschiedenen Veranstaltern. Mitglied der Fortbildungs- und Anerkennungskommission der SGVT.

Dorothee Schmid

# Akzeptanz- und Commitment-Therapie bei Angststörungen

Ein Praxisbuch

Verlag W. Kohlhammer

Dieses Werk einschließlich aller seiner Teile ist urheberrechtlich geschützt. Jede Verwendung außerhalb der engen Grenzen des Urheberrechts ist ohne Zustimmung des Verlags unzulässig und strafbar. Das gilt insbesondere für Vervielfältigungen, Übersetzungen, Mikroverfilmungen und für die Einspeicherung und Verarbeitung in elektronischen Systemen.

Pharmakologische Daten, d. h. u. a. Angaben von Medikamenten, ihren Dosierungen und Applikationen, verändern sich fortlaufend durch klinische Erfahrung, pharmakologische Forschung und Änderung von Produktionsverfahren. Verlag und Autoren haben große Sorgfalt darauf gelegt, dass alle in diesem Buch gemachten Angaben dem derzeitigen Wissensstand entsprechen. Da jedoch die Medizin als Wissenschaft ständig im Fluss ist, da menschliche Irrtümer und Druckfehler nie völlig auszuschließen sind, können Verlag und Autoren hierfür jedoch keine Gewähr und Haftung übernehmen. Jeder Benutzer ist daher dringend angehalten, die gemachten Angaben, insbesondere in Hinsicht auf Arzneimittelnamen, enthaltene Wirkstoffe, spezifische Anwendungsbereiche und Dosierungen anhand des Medikamentenbeipackzettels und der entsprechenden Fachinformationen zu überprüfen und in eigener Verantwortung im Bereich der Patientenversorgung zu handeln. Aufgrund der Auswahl häufig angewendeter Arzneimittel besteht kein Anspruch auf Vollständigkeit.

Die Wiedergabe von Warenbezeichnungen, Handelsnamen und sonstigen Kennzeichen in diesem Buch berechtigt nicht zu der Annahme, dass diese von jedermann frei benutzt werden dürfen. Vielmehr kann es sich auch dann um eingetragene Warenzeichen oder sonstige geschützte Kennzeichen handeln, wenn sie nicht eigens als solche gekennzeichnet sind.

Es konnten nicht alle Rechtsinhaber von Abbildungen ermittelt werden. Sollte dem Verlag gegenüber der Nachweis der Rechtsinhaberschaft geführt werden, wird das branchenübliche Honorar nachträglich gezahlt.

Dieses Werk enthält Hinweise/Links zu externen Websites Dritter, auf deren Inhalt der Verlag keinen Einfluss hat und die der Haftung der jeweiligen Seitenanbieter oder -betreiber unterliegen. Zum Zeitpunkt der Verlinkung wurden die externen Websites auf mögliche Rechtsverstöße überprüft und dabei keine Rechtsverletzung festgestellt. Ohne konkrete Hinweise auf eine solche Rechtsverletzung ist eine permanente inhaltliche Kontrolle der verlinkten Seiten nicht zumutbar. Sollten jedoch Rechtsverletzungen bekannt werden, werden die betroffenen externen Links soweit möglich unverzüglich entfernt.

1. Auflage 2024

Alle Rechte vorbehalten
© W. Kohlhammer GmbH, Stuttgart
Gesamtherstellung: W. Kohlhammer GmbH, Stuttgart

Print:
ISBN 978-3-17-043093-8

E-Book-Formate:
pdf:   ISBN 978-3-17-043094-5
epub:  ISBN 978-3-17-043095-2

Für meine Patientinnen und Patienten.

Sie haben mir die Möglichkeit gegeben,

die Therapeutin zu werden,

die ich immer sein wollte.

# Inhalt

**Danksagung** ............................................................. 9

**1 Einleitung** ........................................................... 11
    1.1    Wie ich persönlich zur Akzeptanz- und
            Commitment-Therapie (ACT) gekommen bin ............... 11
    1.2    Was können Leserinnen und Leser erwarten? ............... 14

**2 Angststörungen – Einführung und Überblick** .................. 15
    2.1    Merkmale der Angststörung(en) ............................ 15
    2.2    Die Dynamik der Vermeidung oder wie sich die Angst
            selbst am Leben erhält ...................................... 17
    2.3    Verschiedene Arten der Angststörung ...................... 20
    2.4    Diagnostik .................................................. 21
    2.5    Unterscheidung von anderen psychischen Störungen ........ 22
    2.6    Erklärungsmodelle ......................................... 23
    2.7    Epidemiologie .............................................. 25
    2.8    Unterscheidung von körperlichen Erkrankungen ............ 25

**3 (Kognitive) Verhaltenstherapie** ................................. 26
    3.1    Erklärungsversuch .......................................... 26
    3.2    Offizielle Beschreibungen ................................... 28
    3.3    Die Entwicklung der Lerntheorien – ein Überblick ......... 29
    3.4    Weiter zur Verhaltenstherapie (VT) ......................... 31
    3.5    Zusammenfassende Feststellungen .......................... 37

**4 Klassische Kognitive Verhaltenstherapie (KVT) bei
Angststörungen** ...................................................... 39
    4.1    Was ist unter klassischer KVT zu verstehen? ............... 39
    4.2    Konkrete Anwendung am Beispiel der Exposition ........... 40
    4.3    Kognitive Umstrukturierung in praxi ....................... 45
    4.4    Erfahrung als entscheidende therapeutische Größe ......... 47
    4.5    Was sich im Umgang mit Gedanken wirklich bewährt ...... 50
    4.6    Unterschiedliche Vorgehensweisen bei verschiedenen
            Angststörungen? ............................................ 53
    4.7    Was müssen Patienten wissen? .............................. 55
    4.8    Beziehungsgestaltung ....................................... 56

| | 4.9 | Ist die KVT nur pragmatisch oder bietet sie mehr? ......... | 59 |
|---|---|---|---|
| **5** | | **Wie sich die ACT von der klassischen KVT unterscheidet – und was die beiden gemeinsam haben** ....................... | **63** |
| | 5.1 | Ein Porträt der ACT, wie ich sie erlebe .................... | 63 |
| | 5.2 | Eigenständigkeit ... ........................................... | 65 |
| | 5.3 | ... und Gemeinsamkeiten ................................... | 76 |
| **6** | | **Die ACT und ihre wichtigsten theoretischen Grundlagen** ..... | **81** |
| | 6.1 | Was ist die ACT? ............................................ | 81 |
| | 6.2 | Bezugsrahmentheorie oder Relational Frame Theory (RFT) | 82 |
| | 6.3 | Zwei unterschiedliche Arten von Kontext .................. | 84 |
| | 6.4 | Regelgesteuertes Verhalten ................................. | 89 |
| | 6.5 | Übermäßige Ausweitung verbaler Prozesse ................ | 91 |
| **7** | | **Die sechs Kernprozesse der ACT und wie sie in meinen Therapien erklärt werden bzw. zur Anwendung kommen** .... | **93** |
| | 7.1 | Das Ziel der ACT ........................................... | 93 |
| | 7.2 | Ein paar (er)klärende Worte ............................... | 93 |
| | 7.3 | Die Kernprozesse der ACT – Vorbemerkung ............... | 95 |
| | 7.4 | Flexible Achtsamkeit für den gegenwärtigen Augenblick .... | 96 |
| | 7.5 | Akzeptanz .................................................. | 101 |
| | 7.6 | Defusion .................................................... | 106 |
| | 7.7 | Selbst-als-Kontext ........................................... | 121 |
| | 7.8 | Engagiertes Handeln ....................................... | 130 |
| | 7.9 | Werte ....................................................... | 140 |
| | 7.10 | Zum Schluss noch dies ..................................... | 147 |
| **8** | | **Fiktives Fallbeispiel Frau X** ....................................... | **152** |
| | 8.1 | Therapieanlass ............................................. | 152 |
| | 8.2 | Aktuelle Situation und Probleme ........................... | 152 |
| | 8.3 | Anamnese (Angaben der Patientin) ........................ | 154 |
| | 8.4 | Therapieauftrag ............................................ | 154 |
| | 8.5 | Psychostatus (Zusammenfassung) .......................... | 155 |
| | 8.6 | Diagnose ................................................... | 155 |
| | 8.7 | Therapieverlauf ............................................ | 155 |
| **9** | | **Schlusswort** ....................................................... | **169** |
| **Literatur** | | ................................................................ | **173** |
| **Stichwortverzeichnis** | | ...................................................... | **176** |

# Danksagung

Es gibt viele Faktoren, die mich beim Schreiben dieses Buches unterstützt haben. Zeitliche Koinzidenzen, glückliche Fügungen der Lebensumstände und natürlich die richtigen Menschen zur richtigen Zeit. Alle haben sie dazu beigetragen, dass dieses Buch möglich wurde.

Zunächst möchte ich meine Dankbarkeit dafür ausdrücken, dass mir das Leben die Gelegenheit gibt, im vorliegenden Buch meine Erfahrungen als Therapeutin sowie die von mir daraus gezogenen Schlüsse einem weiteren Publikum mitzuteilen. Es geschieht nicht oft, dass man eine Bühne bekommt, auf der man eigene Überlegungen (die hoffentlich auf dem Boden fundierten Fachwissens entstanden sind) vorstellen und dadurch natürlich auch weitergeben kann. Ich betrachte das als einzigartige Chance, die mich einerseits natürlich mit Freude erfüllt; andererseits jedoch liegt in dieser Chance auch eine große Verantwortung und so habe ich mich mit der gebotenen Demut ans Formulieren meiner Gedanken gemacht.

Konkret gilt mein Dank an erster Stelle dem Kohlhammer Verlag, der mit der ehrenvollen Anfrage für das vorliegende Buch an mich herantrat. Er verfügt offensichtlich über die richtigen Menschen, die mich zur richtigen Zeit kontaktiert haben. Vom ersten Austausch zur Konzeption des Buches über konkrete Fragen zur Erstellung des Manuskripts bis hin zu dessen Redaktion fühlte ich mich in meinen Anliegen verstanden und wurde kompetent, zuvorkommend und rasch beraten und betreut.

Zeitlich wesentlich weiter zurück geht mein Dank sodann an Ingrid Reubi, frühere ärztliche Direktorin der Privatklinik Wyss in Münchenbuchsee bei Bern. Sie hat mir 2004 die Leitung des Therapieprogramms für Angst- und Zwangsstörungen in die Hände gegeben und damit den Grundstein für viele Jahre therapeutische Tätigkeit und das Sammeln von Erfahrungen gelegt. Ich bin Ingrid, auch nach ihrem Tod, heute noch dankbar für ihr Vertrauen und die großartigen Möglichkeiten, die ich dadurch bekommen habe.

Den Klinikleitungen nach Ingrid Reubi sowie meinen Kolleginnen und Kollegen an der Privatklinik Wyss danke ich für den Respekt und die Wertschätzung, die sie meiner Arbeit und mir als Therapeutin entgegengebracht haben. Auch die für mich so wichtige therapeutische Freiheit, die mir während meiner Zeit an der Klinik stets gewährt wurde, ist einen großen Dank wert.

## Danksagung

Dankbar bin ich natürlich auch meinen Patientinnen und Patienten, die mir in den vielen Jahren meiner therapeutischen Tätigkeit vertraut haben und meinen Empfehlungen gefolgt sind, meistens jedenfalls. Von ihnen habe ich gelernt, wie die Welt der Angststörungen wirklich aussieht, was sich in der Therapie bewährt und wovon man besser die Finger lässt. Sie waren daher als Lehrerinnen und Lehrer maßgeblich daran beteiligt, dass ich mich als Therapeutin weiterentwickeln konnte.

Ein spezieller Dank geht an jene Patientinnen und Patienten, die mir für das Buch ihre eigenen Zeichnungen und Bilder zur Verfügung gestellt haben. Das Ganze erfuhr dadurch eine Bereicherung und einiges wurde sicher auch wesentlich besser verständlich.

Meinem Umfeld, meinen Familienmitgliedern, Freunden und Bekannten danke ich für stete Ermutigung und dafür, dass sie mir das Verfassen dieses Buches selbstverständlich zugetraut haben.

Bern, im Sommer 2024                                            Dorothee Schmid

# 1 Einleitung

## 1.1 Wie ich persönlich zur Akzeptanz- und Commitment-Therapie[1] (ACT) gekommen bin

Es ist ungefähr elf Jahre her, dass ich mich in einem Zustand wiederfand, den man am ehesten als gedankliche Krise bezeichnen könnte. Ich fühlte mich festgesetzt in einem allzu bekannten Feld von gedanklichen Möglichkeiten, stecken geblieben in immer gleichen oder einander sehr ähnlichen Denkabläufen, gefangen beinahe in einem Raum, außerhalb dessen ich eine große und neue Freiheit vermutete. Ich sehnte mich nach einer gedanklichen Erneuerung, nach frischen und unverbrauchten kognitiven Wegen; doch wie ich es auch anstellte, es gelang mir nicht wirklich, zu neuen Ufern aufzubrechen. Und dies, obschon ich als kognitiv-verhaltenstherapeutisch orientierte Psychologin bereits über viele Jahre Berufserfahrung verfügte. Immerhin war mir, auch auf dem Hintergrund meiner Fachkenntnis, sehr klar, dass ich auf der Ebene der Gedanken ansetzen musste, wenn ich etwas ändern wollte.

Also tat ich, was ich schon immer regelmäßig getan hatte: Ich begab mich auf eine Erkundungstour durch die Buchläden meiner Stadt und hielt Ausschau nach neuen Ratgebern und Lebenshilfe-Büchern; diesmal allerdings nicht, um wieder auf dem neusten Stand zu sein, sondern eben aus einer persönlichen Not heraus, für die ich in der umfangreich zur Verfügung stehenden Literatur Abhilfe zu finden hoffte. Bei diesen Erkundungsgängen pflegte ich jeweils sehr großzügig und wenig wählerisch zu sein. Ich schaute mir nicht nur psychologische Fachbücher an, sondern fand es durchaus interessant, auch von Laien oder psychologiefernen Personen verfasste Bücher einer näheren Prüfung zu unterziehen. So hielt ich es auch dieses Mal – doch der zündende Funke sprang nicht über und der Erfolg blieb aus.

Das machte mich zugegebenermaßen etwas ratlos. Was sich bis dato eigentlich immer recht gut bewährt hatte, schien nun plötzlich nicht mehr zu funktionieren. Jedes Buch oder Büchlein, das mir in die Finger kam, wirkte langweilig und hinterließ einen schalen Nachgeschmack. Es kam mir so vor, als würde überall immer das Gleiche stehen und als hätte ich das bereits hundertfach gelesen. Der Weg durch die Buchhandlungen erwies sich als wenig zielführend, ja mit der Zeit sogar als beschwerlich.

---

1 Eine Variante der kognitiven Verhaltenstherapie, bei der Achtsamkeit, Emotionsregulation und Kontextgestaltung bzw. -veränderung zentralen Stellenwert haben.

Was also war zu tun? Wann und vor allen Dingen wo würde ich finden, was mir vorschwebte? Es musste doch irgendwo etwas geben, das meinen Wünschen nach gedanklicher Anregung und Veränderung entsprach und mir zeigte, wie ich es anzustellen hätte, um neue Möglichkeitsräume zu betreten. Der Wunsch war klar, der Weg war es nicht.

Entsprechend unzufrieden und immer auch etwas unruhig wandte ich mich meinem Alltag zu, der damals größtenteils aus psychotherapeutischer Arbeit an einer Klinik, aus Führungsaufgaben und natürlich aus ziemlich viel Schreibarbeit bestand. Zu letzterer gehörte auch das tägliche Durchsehen und Bearbeiten von E-Mails, von denen bekanntermaßen nicht alle immer bedeutsam oder willkommen sind. Insbesondere bei Werbe-Mails hatte ich mir angewöhnt, sehr rasch und oberflächlich darüber hinweg zu lesen, sie tatsächlich mit den Augen nur zu überfliegen, um sie dann guten Gewissens löschen zu können. So tat ich es dann auch mit einer Mitteilung, die neu erschienene psychologische Fachliteratur bewerben und verkaufen wollte. Rasch gelangte ich vom oberen Seitenende nach unten, alles aussortierend, was ich sah – bis mein Blick ganz plötzlich an einem Buchtitel hängen blieb: »*Wer dem Glück hinterher rennt, läuft daran vorbei*« (Harris, 2012). Ich fühlte mich erkannt; der Satz beschrieb genau das, was ich versuchte, auch wenn ich es eigentlich mit meinem psychologischen Fachverstand besser hätte wissen müssen: Dass sich Glück oder das Gefühl von Erfülltsein niemals auf direktem Wege anstreben oder erzeugen lässt. Der Titel vermittelte mir in seiner Klarheit ein Gefühl des Aufgehobenseins und ich beschloss, das Buch zu kaufen.

Was ich darin beschrieben fand, öffnete mir eine neue Welt oder, besser gesagt, machte mir eine Welt, mit der ich mich schon lange befasst hatte, endgültig greifbar. Noch nie vorher hatte ich die Prinzipien der Gegenwärtigkeit, der Bewertungsferne und des Loslassens so unmittelbar verständlich, so unwiderlegbar richtig und anwendungsfertig beschrieben gesehen wie in diesem Buch. Alles wirkte auf mich wie eine einzige große Selbstverständlichkeit und wie immer bei derartigen Erfahrungen stand plötzlich die Frage im Raum, wieso ich nicht schon viel früher genau darauf gekommen war.

Fortan befasste ich mich mit der konkreten Umsetzung der Techniken, die in diesem Buch für einen günstigeren Umgang mit unbehaglichen, bedrohlichen oder eben immer gleichen Gedanken und Gefühlen erklärt werden, und zwar zuerst in Bezug auf mich selbst. Denn nicht nur suchte ich für mich persönlich nach neuen Möglichkeiten, sondern ich war mir auch seit langer Zeit im Klaren, dass das, was für meine Patienten[2] galt, auch für mich gültig war; dass also auch ich den Notwendigkeiten unterlag, Verhalten oder Verhaltensbereitschaften immer wieder zu überprüfen und, wo nötig und möglich, in eine günstige Richtung zu verändern.

Das war nun, im Unterschied zum Lesen und Verstehen, eine ganz andere Sache und überhaupt nicht einfach; denn jetzt ging es ums Begreifen. Ich war damit in der gleichen Situation wie meine Patientinnen und Patienten und musste mich

---

2 Männliche und weibliche Form werden bei Personenbegriffen abwechslungsweise verwendet.

durchaus anstrengen, die ersten alten Gewohnheiten durch neue (eben gerade noch nicht gewohnte) Verhaltensweisen zu ersetzen. Ich unterzog mich den gleichen Übungsvorgaben, die ich meinen Patienten immer ans Herz lege: zwei- bis dreimal täglich ein paar Minuten eine Technik üben; nur eine, die aber dafür voll konzentriert und mit maximaler Aufmerksamkeit. Es dauerte dann glücklicherweise nicht allzu lange, bis sich die ersten Erleichterungen einstellten, die mir zeigten, dass ich auf dem richtigen Weg war. Ich konnte mich zunehmend von einengenden Gedanken lösen und entdeckte, dass ich generell in Momenten des Unbehagens, wie Harris (2012) dazu sagt, die natürlich auch nicht willkommene Gefühle betreffen, immer weniger zu machen brauchte. Eine der für mich wichtigsten Erfahrungen war, dass ich keine gedankliche Umstrukturierung im klassischen kognitiv-verhaltenstherapeutischen Sinne brauchte (z. B. Ellis, 1962/1977; Meichenbaum, 1977, beide zit. n. Kriz, 1994), sondern dass es völlig ausreichte, mir einen gewissen Freiraum vis-à-vis von meinen Gedanken zu erhalten, in dem ich dann mehr oder weniger kreative Lösungsansätze entwickeln konnte.

Generell würde ich meine eigenen Erfahrungen mit der ACT so zusammenfassen, dass es zwar anfänglich einiges an diszipliniertem Aufwand brauchte, um sich insbesondere die Techniken anzueignen; dass sich aber im Laufe der Zeit zeigte, dass alles sehr einfach wurde, mit nur wenigen Interventionen auskam und – besonders wichtig – für das gesamte Spektrum der Kognitionen und Emotionen gültig und wirksam war.

Dass ich dann eines Tages damit begann, die ACT in die Gruppentherapie für Angst- und Zwangspatienten zu bringen, war keine große Entscheidung, sondern einfach eine logische Konsequenz meiner eigenen Erlebnisse: Was sich bei mir als so machbar und hilfreich erwiesen hatte, musste auch auf die Probleme meiner Patientinnen anwendbar sein, quasi in der Umkehrung meiner Einsicht, dass für mich dasselbe galt wie für die Patienten. Dabei lehnte ich mich nicht etwa an Untersuchungen zur Wirksamkeit der Methode bei Angststörungen an (die es damals bereits gegeben hätte), sondern entschied gewissermaßen freihändig. Die Wirkungen, die sich einstellten, haben mich dann doch überrascht. Die Gruppenteilnehmerinnen zeigten sich binnen kürzester Zeit imstande, wieder etwas Selbstwirksamkeit zu erleben, was sie befähigte, Dinge auszuprobieren, die sie vorher teilweise jahrelang vermieden hatten. Es kam mir so vor, als würden ihnen die vermittelten Techniken einen Aktivitätsschub verleihen, durch den sie in Bewegung kamen; nun allerdings nicht mehr in Richtung Flucht, sondern in Richtung Neugierde und Beobachtungswille.

Seit diesen Anfängen sind viele Jahre vergangen, in denen ich die verheißungsvollen Möglichkeiten der ACT und die damit einhergehenden Erfolge weiterhin beobachten konnte. Es handelte sich nicht nur um ein kurzes Strohfeuer, sondern um ein faszinierend zuverlässiges Rezept für Verbesserungen, das ich über die Zeit, auch dank Hinweisen und mit Anregungen meiner Patientinnen, teilweise etwas ausgeschmückt, verändert oder angepasst habe.

## 1.2 Was können Leserinnen und Leser erwarten?

Als die Anfrage des Kohlhammer Verlags für das Buchprojekt eintraf, war es mir wichtig, die Erwartungen an das Buch und insbesondere meine Möglichkeiten als Autorin zu klären. Das Verfassen eines wissenschaftlichen Werkes, eines Manuals oder gar eines Lehrbuchs stand von Anfang an nicht zur Debatte. Hingegen konnte ich mir vorstellen, meine Erfahrungen aus dem therapeutischen Alltag weiterzugeben, ganz einfach und unmittelbar. Zu berichten, in welcher Form ich die ACT eingesetzt habe; was sich sofort bewährt hat und was allenfalls angepasst werden musste; welche Metaphern ich eingesetzt, wie ich Techniken erweitert oder gegebenenfalls adaptiert habe usw. Somit gibt das vorliegende Buch wieder, was ich mit meinen Patientinnen und Patienten in vielen Jahren Gruppen- und Einzeltherapie erlebt habe. Wenn ich daraus auch Empfehlungen ableite, stehen diese demnach auf praxisgestütztem Untergrund und nicht auf dem Boden empirischer Forschung. Trotzdem mögen sie im besten Falle über das Anekdotische hinaus reichen, weil sie aus dem hervorgegangen sind, was viele Male und immer wieder funktioniert hat.

Auch wenn das vorliegende Buch also in erster Linie einen Erfahrungsbericht darstellt, folgt es einem durchdachten Aufbau. Als Erstes gibt es eine Einführung in bzw. einen Überblick über die Thematik der Angststörungen. Dann folgt eine Darstellung dessen, was die klassische kognitive Verhaltenstherapie (im Weiteren KVT genannt) anbietet, wobei insbesondere das Expositionsprinzip von Bedeutung ist. Als Nächstes gehe ich der Frage nach, worin sich die ACT von der klassischen KVT unterscheidet. Die Darstellung der ACT mit ihren wichtigsten theoretischen Grundlagen sowie deren Bedeutung für Angststörungen leiten schließlich zur konkreten technischen Ebene über, wo Interventionen und konkrete Hinweise (auch z. H. der Patienten) beschrieben und anhand von Beispielen illustriert werden.

Auf eine Sache möchte ich an dieser Stelle noch hinweisen. Wie zahlreiche Kolleginnen und Kollegen habe ich im Laufe meiner therapeutischen Jahre nicht nur etablierte Interventionen angepasst bzw. verändert; ich habe auch die eine oder andere Vorgehensweise selbst kreiert und neue Begrifflichkeiten eingeführt. Das sind Vorgänge, die unter Psychotherapeuten vermutlich weit verbreitet sind, denn die berufliche Tätigkeit bringt es mit sich, dass man eigene Erfahrungen ins therapeutische Handwerk integriert. Selbstverständlich habe ich i. S. der Redlichkeit überprüft, ob es für meine Eigenkreationen allenfalls Modelle oder bereits existierende Bezeichnungen gibt. Wo ich solche gefunden habe, habe ich sie erwähnt. Allerdings bin ich nicht immer fündig geworden. Es könnte demnach sein, dass sich Kolleginnen oder Kollegen, die aus naheliegenden Gründen (d.h. aufgrund der Beschäftigung mit dem gleichen Gebiet) auf ähnliche Ideen gekommen sind wie ich, möglicherweise in ihrer Kreativität bzw. ihrem geistigen Eigentum übergangen fühlen. Das ist von meiner Seite her in keiner Weise beabsichtigt; vielmehr würde es mich freuen, wenn sich Kolleginnen und Kollegen mit gleichen Ideen in meinen Vorschlägen wiederfänden.

# 2 Angststörungen – Einführung und Überblick

## 2.1 Merkmale der Angststörung(en)

Während die sogenannte Realangst in Situationen objektiver Bedrohung auftritt und dem Individuum auf der kognitiven, emotionalen und körperlichen Ebene Gefahr signalisiert, tritt die krankhafte Angst in Situationen auf, die von den allermeisten Menschen als nicht gefährlich eingeschätzt werden. Ein weiterer Unterschied zwischen den beiden Angstarten besteht darin, dass die Realangst erklärt und durch entsprechendes Handeln (Vermeidung, Kampf oder Flucht) i.d.R. bewältigt werden kann, nicht aber die krankhafte Angst. Letztere kann durch Betroffene weder hinreichend erklärt noch bewältigt werden (Reinecker, 1994), erzeugt jedoch meist die gleichen gedanklichen, emotionalen und körperlichen Reaktionen wie die Realangst, nämlich gedankliche Einschätzung der Situation als gefährlich, emotionale Bewertung als subjektiv bedeutsam und negativ, physiologische Aktivierung im Hinblick auf schnelles bewältigendes Handeln (Lazarus, Kanner & Folkman 1980, zit. n. Ulich, 1989).

Die hohe oder höchste Handlungsbereitschaft, in die das Individuum durch Angst versetzt wird, ist im Falle der realen Angst natürlich hilfreich und führt zu einem sinnvollen Einsatz der mobilisierten Energie: Ist die reale Gefahr vermieden oder gebannt, nimmt die (physiologische) Aktivierung wieder ab und es kann sich Beruhigung einstellen. Nicht so bei der krankhaften Angst, wo es den Betroffenen kaum möglich ist, die hochgefahrene Erregung in sinnvolles Verhalten umzumünzen, da wegen fehlender stichhaltiger Erklärungen keine klaren Bewältigungswege existieren.

Damit sind Angstpatientinnen ziemlich im Nachteil, denn sie bewegen sich im Umgang mit ihren Ängsten auf einer Versuchsebene; das heißt, sie sind praktisch gezwungen, viele verschiedene Verhaltensweisen auszuprobieren, um ihre Angst auf irgendeine Art »in den Griff« zu bekommen. Darunter wird meistens verstanden, die Angst möglichst klein zu halten oder, noch besser, sie überhaupt nicht zur Kenntnis zu nehmen. Womit wir bei der vermutlich problematischsten Verhaltensweise der Patienten sind, bei der Vermeidung. Sie gehört ebenso zu den typischen Merkmalen der Störung.

Alle Angstpatientinnen und -patienten, mit denen ich im Laufe meiner therapeutischen Tätigkeit zu tun hatte bzw. immer noch habe, sind der Vermeidung gewissermaßen anheimgefallen. Sie tun alles dafür, um mit ihrer Angst möglichst nicht in Berührung zu kommen oder sie nicht zu erleben; sei es durch vorbeugendes Vermeiden eventuell angsterzeugender Situationen oder, *in* der Situation, durch vermeidende Verhaltensweisen wie Ablenkung, Kampf, Selbstbeschwörung, Verwandlung oder Einnahme angstlösender Substanzen (auf den Begriff der Verwandlung komme ich zu einem späteren Zeitpunkt zurück). Vermeidung ist gemäß meiner Erfahrung bei allen Varianten der Angststörung die zentrale Strategie der Betroffenen, und zwar unabhängig von der Frage, um welche Angststörung es sich handelt. Die Unterschiede zwischen den Störungsvarianten spielen insofern eine Rolle, als sich das Vermeidungsverhalten den einzelnen Varianten anpasst. So vermeidet beispielsweise ein Sozialphobiker alle Situationen, in denen er sich einer sozialen Bewertung durch andere ausgesetzt sieht, während jemand mit einer Agoraphobie das Verlassen des sicheren Ortes und eine Person mit einer spezifischen Phobie die Begegnung mit dem furchtbaren Objekt vermeidet. Schwieriger ist es da für diejenigen, die unter einer generalisierten Angst leiden, weil für sie grundsätzlich jede Herausforderung des Alltags für eine gewisse Zeitspanne zum Angstinhalt werden kann und daher möglichst vermieden wird, was den Lebensvollzug nachhaltig erschwert oder verunmöglicht. Ebenso haben Panikpatienten Probleme mit dem Vermeiden, weil sie die Auslöser der einzelnen Attacken meist nicht kennen (Ehlers & Margraf, 1994, zit. n. Reinecker, 1994) und daher nicht wissen, was sie wann vermeiden können. Immer wieder habe ich beobachtet, dass nicht nur angstauslösende Reize vermieden werden, sondern versucht wird, das Erleben der Angst als solche zu umgehen. Woraus sich folgern lässt, dass der Kern der Angst letztlich aus der Angst selbst besteht. Dass dem offenbar tatsächlich so ist, wird etwas später in einem kleinen Exkurs zur Unterscheidung von Furcht und Angst eingehender dargestellt.

Eine Variante der Vermeidung ist das Sicherheitsverhalten von Betroffenen, das mit der Suche nach Sicherheitssignalen (Ehlers & Margraf, 1994, zit. n. Reinecker, 1994) zusammenhängt. Es soll im Voraus alle möglichen Eventualitäten, die zu Angst führen könnten, erfassen bzw. durch spezifische Vorkehrungen verhindern, falls Sicherheitssignale fehlen. Ein typisches solches Sicherheitsverhalten ist das Organisieren einer Begleitung oder das Festlegen des kürzesten Weges durch eine als riskant eingestufte Situation.

Allen Spielarten des Vermeidens ist gemeinsam, dass sie den Versuch darstellen, die Angst nicht zur Kenntnis zu nehmen, sie nicht zu spüren, sie zu verkleinern, zu stoppen oder zu eliminieren. Wie dies im Einzelnen aussehen kann, zeigt die folgende, etwas detailliertere Auflistung (Schmid, 2021):

- *Vermeidung* umfasst alles, was darauf ausgerichtet ist, angstauslösende Situationen und die Angst als solche zu vermeiden, sie also möglichst nicht zu spüren. Konkret kann das bedeuten, dass »kritische« Situationen gar nicht mehr aufgesucht werden und beim Auftreten von Angst alles dafür getan wird, diese zu reduzieren, zu minimieren, zu eliminieren oder zu ignorieren. Zu den Mitteln, die dafür eingesetzt werden, zählen alle Arten von Ablenkung (z. B. spazieren gehen, Wasser trinken, Musik hören, sich etwas Gutes tun, sportliche Betätigung etc.);

sich selbst gut zureden (»das geht vorbei«) und die Einnahme von psychoaktiven Substanzen, zu denen natürlich beruhigende Medikamente gehören.
- *Kampf* umfasst alle Maßnahmen, die darauf ausgerichtet sind, das unangenehme Gefühl der Angst zurückzuweisen oder eben zu bekämpfen. Dazu gehören kognitive Prozesse, wie z. B. das Mobilisieren von Gegengedanken (»mit mir nicht«, »ich lasse mich nicht unterkriegen«, »hier befehle ich«) und Selbstbeschwörungen (»ich mache es gut«, »ich bin stark«, »ich schaffe es«); auf der emotionalen Ebene wird versucht, die Angst mit einer anderen Emotion zu vertreiben oder ihr mit einer angenehmen Emotion zu begegnen; auf der Körperebene wird in den Kampfmodus geschaltet, was mit vermehrter Anspannung einhergeht.
- *Verwandlung* ist der Versuch, aus der sehr unangenehmen Empfindung bei Angst etwas Positives, Angenehmes, Freundliches zu machen oder sie zu verharmlosen.

## 2.2 Die Dynamik der Vermeidung oder wie sich die Angst selbst am Leben erhält

Angst ist etwas höchst Aversives und daher in den seltensten Fällen willkommen. Während bedrohliche Gedanken allein noch einigermaßen erträglich scheinen, hat die Angst, die sich i. d. R. unmittelbar an derartige Gedanken koppelt, eine andere Qualität, nämlich eine emotionale. Bestimmungsmerkmale von Emotionen sind unter anderem (Ulich, 1989): Einzigartigkeit, Selbstbetroffenheit, erhöhte Erregung, Erfahrung von Passivität, Erleben von Kontinuität und Identität. Damit hat Angst zunächst immer unmittelbare subjektive Bedeutung und das Individuum ist entsprechend unmittelbar involviert. Wenn wir an die weiter oben erwähnte kognitive Emotionstheorie von Lazarus denken (Lazarus et al., 1980, zit. n. Ulich, 1989), ist mit einer Emotion auch die Erstellung von Handlungsbereitschaft verbunden. Bei Realangst ist es die Bereitschaft, sich der Bedrohung zu entziehen oder sie zu bewältigen; bei der pathologischen Angst ist es die Bereitschaft zu – was denn genau? Wir erinnern uns: Da es nichts Konkretes oder Begründetes zu bewältigen gibt, läuft die erstellte Handlungsbereitschaft zuerst gewissermaßen ins Leere; jedoch, was bleibt, ist die Angst als solche, die, wie ebenfalls bereits beschrieben, die wirkliche Bedrohung für die Angstpatienten darstellt. Denn sie gehen gemäß meinen Beobachtungen davon aus, dass sie durch die Angst oder in der Angst auf irgendeine Weise vernichtet oder aufgelöst werden, was sie aber so meist nicht formulieren können (stattdessen hört man von Patientinnen Sätze wie »das halte ich nicht aus«, »das stehe ich nicht durch«, »ich gehe verloren«). Also richtet sich die erstellte Handlungsbereitschaft gegen das, was als erlebte Bedrohung übrig bleibt oder sie recht eigentlich ausmacht, nämlich die Angst selbst. Dieser Logik folgend werden nun die aktivierten Bereitschaften dafür eingesetzt, sich der Angst zu entziehen (unmittelbare Vermeidung) oder sie zu bewältigen bzw. zu überwältigen (Kampf, Verwandlung). Weil es jedoch – ohne Einsatz von z. B. chemischen Hilfsmitteln – psychologisch nicht möglich ist, ein Gefühl zuverlässig zu vermeiden, nachhaltig zu bekämpfen oder gar zu »besiegen«, ist damit zu rechnen, dass es immer wieder auftaucht. Steht außer der Vermeidung keine andere Strategie zur Verfügung, wird man daher immer wieder auf sie zurückgreifen (müssen). Solange man aber Vermeidung eines Gefühls praktiziert, weil man mit ihm einhergehende Vernichtung befürchtet, wird man natürlich kaum die Erfahrung machen, dass die befürchtete Vernichtung eventuell *nicht eintritt*. Damit verhindert Vermeidung nicht nur eine neue und korrektive Erfahrung, sondern festigt bei den Betroffenen jedes Mal den Eindruck, der Vernichtung glücklicherweise gerade noch entkommen zu sein.[3] Damit, so könnte man sagen, bestätigt die Vermeidung ihre eigene Notwendigkeit mit der Abwendung eines als sicher angenommenen Unheils. Denn, was hätte geschehen können, wenn es sie nicht gegeben hätte, darf man ja nicht einmal denken! So wird die Vermeidung durch eine weitere Vermeidung begründet und diese Dynamik zementiert das, was Angst mit hoher Wirksamkeit am Leben erhält: die Unklarheit.

Nichts kommt der Angst so gelegen wie das Unklare, das Nebelhafte und schlecht Erkennbare, denn davon lebt sie königlich. Denken wir nur an all die berühmten Filmszenen, in denen Spannung gerade dadurch erzeugt wird, dass die Zuschauer im Unklaren gelassen werden. Als ein großartiges Beispiel für die Erzeugung des Suspense sei hier eine Szene aus dem Film »Jurassic Park« von Steven Spielberg aus dem Jahre 1993 erwähnt, in der die Protagonisten bei Regen in zwei Fahrzeugen im Park warten. Plötzlich hört man ein dumpfes Geräusch und gleichzeitig sind auf den Wasserpfützen oberflächliche kleine Kräuselungen zu sehen. Das nahende Unheil bleibt unsichtbar, doch alle ahnen, dass Geräusch und Wasserbewegungen durch die Schritte eines T-Rex erzeugt werden. Die Spannung besteht so lange, wie der Raubsaurier unsichtbar bleibt. Als er schließlich sichtbar wird, eine erkennbare Gestalt bekommt, wird aus dem dumpfen Gefühl des Bedrohtseins eine klare Alarmierung – aus Angst wird Furcht –, die nun eine Kaskade von Handlungsüberlegungen und auch tatsächliche Handlungen in Gang setzt. Damit weicht die Spannung der Aktion und beim Publikum wird Neugierde geweckt, wie die gefährliche Situation wohl bewältigt werden kann.

An dieser Stelle ist es Zeit für einen kleinen Exkurs über die Unterscheidung von Angst und Furcht. In der aktuellen psychologischen Fachliteratur werden die beiden Entitäten unterschieden bzw. folgendermaßen charakterisiert: Angst ist eine unbestimmte Empfindung von Bedrohtsein, deren Ursprung kaum bestimmt werden kann. Furcht dagegen entsteht durch konkrete, benennbare Reize und führt zu einer klaren Alarmierung (Pape, 2015). Bei Ulich (1989) finden wir diese Unterscheidung ebenso. Interessant ist ferner, dass sich auch die Philosophie seit langem intensiv mit der Frage befasst, was denn Angst genau ist. Wo in der Philosophie zwischen Angst und Furcht unterschieden wird, gibt es ähnliche Aussagen wie in der Psychologie, nämlich, dass Furcht etwas Fassbares sei, wogegen Angst durch Unbestimmtheit und letztlich Unbegreiflichkeit imponiere. Interessante Ausführungen dazu finden

---

3 Es handelt sich hier um negative Verstärkung: Etwas Unangenehmes wird (durch eigenes Verhalten) weniger unangenehm.

## 2.2 Die Dynamik der Vermeidung oder wie sich die Angst selbst am Leben erhält

sich in einer Ringvorlesung von Prof. G. Wenz an der Ludwig-Maximilians-Universität München aus dem Jahre 2006, die sich mit dem Angstbegriff von Kierkegaard befasst. Wenz spricht davon, dass Angst dazu tendiere, zur Verzweiflung zu treiben, und dadurch letztlich der Grund des Seins infrage gestellt werde. Weiter hören bzw. lesen wir bei Wenz, die Angst sei »das zur Verzweiflung treibende Innewerden möglichen Nichtseins« (Wenz, 2006, S. 2). Eindrücklich ist mir in diesem Zusammenhang die Aussage eines Patienten in Erinnerung, der am Schluss einer kognitiven Exposition den Kern seiner übrig gebliebenen Angst mit den Worten beschrieb, er gehöre nicht zur Schöpfung. Das kann man einerseits als Beschreibung der absoluten Nichtzugehörigkeit verstehen; andererseits könnte es auch bedeuten, dass sich dieser Patient als Nicht-Geschöpf empfand, also als etwas, das in gewissem Sinne gar nicht existiert, geschweige denn ein Sein besitzt – womit wir wieder bei der oben zitierten Aussage von Wenz wären. An anderer Stelle, wiederum in der Philosophie, vernehmen wir, dass Angst den Menschen auf sich selbst zurückwerfe (Heidegger, 1927, zit. n. Wikipedia, 2022c). Außerdem werde das Dasein durch die Angst vereinzelt und in seiner Einzigartigkeit erlebbar (ebd.). Angst habe ich immer als ich selbst und nur als ich selbst. Das erinnert an die Begriffe von Kontinuitäts- und Identitätserleben, die Ulich (1989) als bestimmende Merkmale von Emotionen erwähnt, also auch von Angst. Dass Patienten im Zusammenhang mit ihrer Angst eine nicht näher zu benennende Auflösung befürchten (was nur möglich ist, weil sie – gerade auch durch die Angst – um sich selbst wissen), scheint anhand der eben gemachten Ausführungen mehr als nur eine anekdotische Beobachtung aus dem therapeutischen Alltag zu sein.

Obschon die Unterscheidung von Furcht und Angst bei gewissen Varianten der Angststörung durchaus einleuchten würde, wird sie nach meiner Erfahrung im Alltag nicht praktiziert. Möglicherweise hängt das damit zusammen, dass diese Differenzierung für die psychologische Therapie unter Umständen nicht wirklich entscheidend ist. Ich kenne viele Beispiele, wo die Grenzen zwischen spezifischen Phobien, also Furcht, und diffusen Bedrohungsgefühlen, also Angst, verwischt sind. Entscheidend dürfte sein, was die Betroffenen erleben, und danach sollten sich die therapeutischen Maßnahmen ausrichten.

Dass Angst so gut vom Unklaren lebt, kann psychologisch damit erklärt werden, dass alles, was unklar bleibt, Kontrolle verunmöglicht. Kontrolle[4] bedeutet nicht nur Mitbestimmung und Einflussnahme, sondern auch die Möglichkeit, etwas zu verstehen, in die eigene Gedanken- und Erlebniswelt zu integrieren. Was unklar ist, entzieht sich einerseits unserem Wunsch nach Einordnung und andererseits der Chance, konkret damit umzugehen. Da genau das bei der krankhaften Angst der Fall ist, kann sie so lange bestehen, als sie ihre definitorischen Eigenschaften behält: Unklar, nicht begründbar, nicht handhabbar. Die Vermeidung, die sie deshalb als einzige Option gestattet, hält just dadurch, dass sie jede Klarheit verhindert, die Angst am Leben.

---

4 Zur Bedeutung der Kontrolle als eines der vier psychischen Grundbedürfnisse des Menschen siehe Epstein 1990, zit. n. Grawe, 1998.

Daraus ergibt sich, dass die pathologische Angst, wenn man sie denn personifizieren würde, eines nicht erträgt, nämlich Klarheit. Klarheit ermöglicht Kontrolle und ist, wie oben ausgeführt, genau das, was der Angst Macht und Wirkung entzieht. Das erinnert durchaus an Mythen, in denen gefährliche Geschöpfe, z. B. Vampire, bei der Begegnung mit Sonnenlicht zu Staub zerfallen oder zumindest stark geschwächt werden. Im Prinzip ist damit die grundsätzlich günstige Richtung im Umgang mit krankhafter Angst definiert: Es muss Klarheit hergestellt werden, und zwar in erster Linie über die Angst selbst. Dabei geht es im therapeutischen Kontext jedoch nicht, wie in den Mythen, um Vernichtung des Ungeheuers – das wäre ja eine Art Vermeidung; sondern es geht ums genaue Hinschauen, ums Feststellen und ums Beobachten, was sich tatsächlich abspielt. Dies allein reicht schon aus, um der Angst auf andere Art zu begegnen bzw. um ihr überhaupt zu begegnen – und durch diese Begegnung dann zu erfahren, dass die befürchtete Katastrophe der Vernichtung nicht eintritt. Der Satz, den ich meinen Patienten diesbezüglich stets mitgebe, lautet: »Klarheit macht frei.« Die Bedeutung des Herstellens von Klarheit für die Therapie wird in Kapitel 4 näher erläutert.

## 2.3 Verschiedene Arten der Angststörung

Angststörungen treten in unterschiedlichen Varianten auf, wobei die Unterschiede hauptsächlich durch die angsterzeugenden Situationen bestimmt werden. Im Allgemeinen werden sechs verschiedene Arten der Störung unterschieden:

**Spezifische Phobie**
Angst vor bestimmten, klar definierten Objekten oder Situationen. Die wohl bekanntesten Beispiele hierfür sind die Tierphobien. Die Angst vor Höhe, vor geschlossenen Räumen, Flugangst, Angst vor gewissen Speisen usw. gehört ebenfalls dazu.

**Agoraphobie**
Angst vor großen Plätzen, vor weiten Räumen, vor dem Verlassen des als sicher erlebten Ortes (Zuhause, Auto). Sie ist die Platzangst und nicht zu verwechseln mit der Angst vor geschlossenen Räumen, die oft fälschlicherweise als Platzangst bezeichnet wird.

**Soziale Phobie**
Angst, in sozialen Situationen die Kontrolle zu verlieren, peinlich aufzufallen und von anderen negativ beurteilt zu werden.

**Panikstörung**
Anfallsartige, schwere oder schwerste Angst. Ihr Inhalt betrifft schwerste Schädi-

gungen der eigenen Person (Herz- oder Hirnschlag, Verlust des Verstandes i. S. von wahnsinnig werden) sowie die Angst vor dem sofortigen Tod.

**Generalisierte Angst**
Anhaltende Angst, die viele Lebensbereiche betrifft und an jede alltägliche Aufgabe andocken kann. Dazwischen ist sie frei flottierend. Ständiges Besorgtsein um das eigene Wohl und das Wohlergehen wichtiger Bezugspersonen. Katastrophenerwartung.

**Kombinierte Formen**
Z. B. Agoraphobie mit Panik. Hier wird eine als sicher erlebte Umgebung aus Angst vor einer unterwegs eventuell auftretenden Panik nicht mehr verlassen.

Zwei weitere Arten der Angststörung nach dem Kontinuumsmodell von Bleichhardt und Weck (2007) werden bei Gropalis (2014) erwähnt:

**Krankheitsangst**
Angst, man könnte schwer oder schwerst erkranken.

**Hypochondrische Angst**
Überzeugung, bereits an einer schweren oder schwersten Krankheit zu leiden.

Für die international gültige Beschreibung der diversen Angststörungen wird auf die ICD-10-GM 2022[5], Kapitel F40 bis F41.9 verwiesen.

## 2.4 Diagnostik

Mit etwas Erfahrung kann die Diagnose klinisch gestellt werden. Klinisch bedeutet, gemäß der Etymologie, »am Bett« oder »am Lager«, abgeleitet vom altgriechischen Wort »klinae« = Bett, Lager. Eine klinische Diagnose in der Psychotherapie ist daher jene, die ohne weitere technische Verfahren, anhand des Gesamteindruckes, den die therapeutische Person durch Fragen, genaues Hinschauen und Hinhören von einer Patientin bekommt, quasi am Krankenbett eben, gestellt werden kann.

Die wichtigsten diagnostischen Hinweise kommen i. d. R. von den Patienten selbst, und zwar gemäß meiner Erfahrung bereits im Erstgespräch. Dazu ist auf Therapeutenseite eine einfache Regel zu befolgen, nämlich die Eröffnung des Gespräches mit einer offenen Frage: »Was führt Sie zu mir?« »Was liegt Ihnen auf der Seele?« »Was belastet Sie?« Bei geschätzt über 95 % der vielen hundert Patienten, die ich in Erstgesprächen gesehen und bei denen ich das Gespräch mit den oben er-

---

5 Die ICD-11 ist seit 2022 in Kraft; es gibt sie in deutscher Sprache jedoch bisher nur als Entwurfsfassung.

wähnten Fragen eröffnet habe, lautete die unmittelbare Antwort »die Angst«. Damit ist ein erstes entscheidendes Diagnose-Kriterium erfüllt und das Thema Angst kann weiter exploriert werden.

Ein zweites wichtiges Diagnose-Kriterium bilden die Symptome, die von den Betroffenen geschildert werden:

- Unerklärliche Angst
- Vermeidungsverhalten
- Sicherheitsverhalten
- Dauernervosität, Anspannung
- Vermehrtes Schwitzen, Zittern, Schwindelgefühle
- Zudem körperliche Beschwerden (Herzrasen, Übelkeit, Muskelverspannungen, Schmerzen)

Eine zuverlässige Unterstützung für die Diagnose der verschiedenen Angststörungen bieten die jeweiligen Beschreibungen in der ICD-10-GM 2022, Kapitel F40 bis F41.9.

## 2.5 Unterscheidung von anderen psychischen Störungen

Gemäß Bandelow et al. (2014) sind Angststörungen vor allem mit anderen Angststörungen, Depressionen, somatoformen Störungen und Suchterkrankungen verbunden. Das größte Risiko dürfte in der Verwechslung mit depressiven Störungen liegen. Somatoforme Störungen und Suchterkrankungen sind anhand ihrer spezifischen Symptome i. d. R. gut von Angststörungen zu unterscheiden.

Es geht also insbesondere um das Problem der Abgrenzung zu depressiven Störungen bzw. um die Frage, ob bei einem Patienten eine echte Angststörung vorliegt oder ob die festgestellte Angst im Rahmen einer depressiven Erkrankung verstanden werden kann. Diese Abgrenzung ist deshalb wichtig, weil Depressionen zu den häufigsten psychischen Störungen gehören, nahezu immer mit Angst einhergehen und diese auch gestalten. Wird dies nicht erkannt, besteht die Gefahr, dass ein depressiver Patient als Angstpatient gesehen wird und nicht die Therapie bekommt, die er primär bräuchte, nämlich die Therapie der Depression. Das ist speziell hinsichtlich psychotherapeutischer Verfahren dann doch ein erheblicher Unterschied zur Therapie von Angststörungen und daher entscheidend für mögliche Besserungen des Zustandsbildes. Auch das Umgekehrte kommt vor; dass eine Angststörung nicht erkannt, sondern als Symptom einer depressiven Erkrankung interpretiert wird. Auch in diesem Fall entgeht dem Betroffenen die Chance auf eine störungsspezifische (Psycho-)Therapie, nämlich der Angststörung.

Die Differentialdiagnose wird nach meiner Erfahrung erheblich erleichtert, wenn folgende zwei Fragen gestellt werden:

1. Ist die Angst das dominante Thema? Dominiert sie alles andere? Lautet die Antwort »ja«, ist das ein deutlicher Hinweis auf das Vorliegen einer Angststörung.
2. Hat die Angst ein Eigenleben oder verändert sie sich in Abhängigkeit von anderen Faktoren? Wenn sich die berichtete Angst in Abhängigkeit vom Gemütszustand der Patientin verändert, spricht das eher für Angst im Rahmen einer depressiven Störung. Verändert sie sich nicht, egal wie gut oder schlecht sich der Patient sonst fühlt, spricht das für eine echte, eigenständige Angststörung.

Für die Abgrenzung zu Angst im Rahmen psychotischer Störungen hilft die Tatsache, dass Angstpatientinnen ihre Angst ausnahmslos als eigentlich unnötig bezeichnen – was bei psychotischen Patienten nicht der Fall ist.

Selbstverständlich gibt es auch Fälle, in denen sowohl eine depressive Störung als auch eine Angststörung vorliegen. Dann sollte mit den Betroffenen besprochen werden, welcher Störung sie im Moment die größere Wichtigkeit hinsichtlich Therapie beimessen.

## 2.6 Erklärungsmodelle

Vereinfacht gesagt kann zwischen lerntheoretischen, kognitiven, psychodynamischen und neurobiologischen Modellen unterschieden werden. Bei den lerntheoretischen und kognitiven Modellen haben fehlerhafte Lernprozesse, Missinterpretationen von Wahrnehmungen sowie die Einschätzung persönlicher Bewältigungsmöglichkeiten als unzureichend große Bedeutung (z. B. Bandelow et al., 2014).

### Lerntheoretische Modelle

Bei der klassischen Konditionierung wird angenommen, dass Angst gelernt wird, indem z. B. ursprünglich neutrale Reize mit angstauslösenden Situationen gekoppelt werden. Das Modell der operanten Konditionierung geht davon aus, dass ängstliches Verhalten durch Zustimmung/Zuwendung des Umfelds oder mit Angstreduktion durch Vermeidung belohnt wird. Beim Modellernen orientiert sich das Individuum an ängstlichen Modellen, z. B. wichtigen Bezugspersonen. Eine detailliertere Beschreibung der Lerntheorien samt Erwähnung ihrer Urheber findet sich in Kapitel 3.

### Kognitive Modelle

Bei kognitiven Modellen stehen Fragen der Informationsverarbeitung im Vordergrund, vor allem Fragen zu angstauslösenden und -erhaltenden Prozessen. Lenkung der Aufmerksamkeit zu und Bindung der Aufmerksamkeit an bedrohliche Reize werden als wichtige Größen betrachtet. Der Zusammenhang von Angst und selbst eingeschätzten Möglichkeiten zu deren Bewältigung (ausreichend/nicht ausreichend) ist ein weiterer Aspekt (Dorsch, 2024, Stichwort *Angst, kognitive Modelle*).

## Psychodynamische Modelle

Psychodynamische Modelle gehen davon aus, dass Angst entsteht, wenn wichtige Bedürfnisse nicht befriedigt werden können, gegenseitig inkompatibel sind (Konflikt) oder als verboten bewertet werden. Das führt zu einer eingeschränkten Fähigkeit, innere Sicherheit und ein Gefühl des Aufgehobenseins herzustellen, sowie zu unpassenden Lösungsversuchen (z. B. Bandelow et al., 2014).

## Neurobiologische Modelle

Neurobiologische Modelle beleuchten Besonderheiten bei der Neurotransmission, Veränderungen des Gehirns auf struktureller und funktioneller Ebene im Zusammenhang mit Angsterkrankungen sowie Besonderheiten der Genetik (Dorsch, 2024, Stichwort *Angststörungen, neurobiologische Grundlagen*).

## Neuere Annahmen zur Aetiologie

Es gibt Hinweise darauf, dass die Entstehung von Angststörungen mit inhibitorischen bzw. disinhibitorischen Aktivitäten des präfrontalen Cortex zusammenhängt. Vereinfacht ausgedrückt könnte das bedeuten, dass bei gewissen Varianten der Angststörung eine mangelhafte Unterdrückung von Prozessen in der Amygdala für Angststörungen verantwortlich ist (Berkowitz, Coplan, Reddy & Gorman, 2007).

Damit sich Angststörungen manifestieren, braucht es meist einen oder mehrere Auslöser. Sehr oft bestehen diese Auslöser in erhöhten (psychosozialen) Belastungen, die dazu führen, dass Coping-Strategien, die sich über viele Jahre bewährt haben, plötzlich nicht mehr funktionieren. Den Betroffenen fehlt quasi für ihre individuellen Bewältigungsmaßnahmen die nötige Energie, weil diese durch die Belastungen absorbiert wird. »Zusammenfassend muss davon ausgegangen werden, dass Angststörungen durch ein komplexes Wechselspiel verschiedener Faktoren verursacht werden, wobei zu einer genetisch bedingten Vulnerabilität, die sich in neurobiologischen Gehirnveränderungen zu manifestieren scheint, psychosoziale Faktoren hinzutreten.« (Bandelow et al., 2014, S. 48).

## 2.7 Epidemiologie

Angststörungen gehören zu den häufigsten psychischen Störungen. Je nach Quelle liegt die Lebenszeitprävalenz zwischen 15 und 20% (z. B. Elze & Elze, 2022). Internationale Studien geben noch höhere Prozentzahlen an. Spezifische Phobien führen mit ca. 9% die Liste an; dann folgen soziale Phobie, Agoraphobie und generalisierte Angst mit jeweils ca. 5% und schließlich Panikstörungen mit etwa 3%.

Erstmanifestationen nach dem 45. Lebensjahr sind sehr selten. Zwischen Auftreten der Störung und korrekter Diagnose vergehen oft mehrere Jahre.

Wie in Kapitel 2.5 bereits erwähnt, gehen Angststörungen vor allem mit anderen Angststörungen, Depressionen, somatoformen Störungen und Suchterkrankungen einher.

## 2.8 Unterscheidung von körperlichen Erkrankungen

Da Angststörungen i. d. R. mit mehr oder weniger starken körperlichen Symptomen einhergehen (▶ Kap. 2.4), ist die Unterscheidung von somatischen Erkrankungen, die ähnliche Symptome verursachen, wichtig und angezeigt. Es geht insbesondere um die Abgrenzung gegenüber Herzerkrankungen, Lungenerkrankungen, neurologischen Erkrankungen, Drüsenerkrankungen, Stoffwechselkrankheiten, Vergiftungen und Entzugssymptomen (s. auch Bandelow et al., 2014).

# 3 (Kognitive) Verhaltenstherapie

Zum Einstieg in dieses Kapitel dürfte folgender Hinweis hilfreich sein: Vor der kognitiven Wende in den 1970er Jahren, also bevor man den gedanklichen Prozessen des Menschen entscheidende Bedeutung zusprach, war es üblich, von Verhaltenstherapie zu sprechen. Nach Einbezug der Kognitionen – worunter, wie wir sehen werden, eine Vielzahl unterschiedlicher Prozesse zusammengefasst wird – wurde der Begriff der kognitiven Verhaltenstherapie geprägt. Heutzutage werden die beiden Begriffe häufig synonym verwendet, wobei die kognitiven Prozesse meistens mit gemeint sind.

## 3.1 Erklärungsversuch

Müsste ich einem Laien erklären, was kognitive Verhaltenstherapie (KVT) ist, würde ich als Erstes sagen, dass bei dieser Form der Psychotherapie an ungünstigen, wenig hilfreichen Gedanken und an ungünstigem Verhalten gearbeitet wird; und zwar so, dass auf beiden Ebenen Veränderungen eintreten, die den Patientinnen und Patienten einen besseren Lebens- und Alltagsvollzug ermöglichen. Vermutlich würde der interessierte Laie dann sogleich Verstehen signalisieren und darauf hinweisen, dass es wohl darum gehe, die Gedanken positiver zu gestalten. Mit dieser Annahme wäre er in guter Gesellschaft; denn schließlich sind wir heutzutage umgeben von Ratgebern für eine positive Lebensgestaltung und Anleitungen zum positiven Denken sind im Übermaß verfügbar, ja werden bisweilen sogar fast zur Pflichtlektüre erhoben. Jeder, der etwas auf sich hält, muss mindestens ein Buch über positives Denken gelesen oder ein entsprechendes Seminar besucht haben. Ob es bei der KVT tatsächlich um eine »Positivierung« von Gedanken geht, werden wir noch sehen. Ich jedenfalls stünde bei meinen Erklärungen vor der Herausforderung, meinem Gegenüber darzulegen, dass es nicht immer oder primär oder unbedingt darum geht, Gedanken schöner oder angenehmer zu machen – und dass es trotzdem Möglichkeiten der Verbesserung gibt. Womöglich könnte ich mich mit dem Hinweis, dass es um *hilfreiche* Gedanken geht, fürs Erste aus der Affäre ziehen. Allerdings: Was genau sind hilfreiche Gedanken? Woran kann man sie erkennen? Sind sie immer gleich oder, je nach Situation, in der sich jemand befindet, unterschiedlich? Worauf sollten sie abzielen? Müssen sie überhaupt auf etwas abzielen?

## 3.1 Erklärungsversuch

Und wie sieht es auf der Verhaltensebene aus? Was ist ungünstiges Verhalten? Wie zeigt es sich? Wer legt fest, dass es ungünstig ist, und anhand welcher Kriterien? Hier könnte ich vielleicht mit der Umschreibung des Gegenteils antworten, also damit, was unter *günstigem* Verhalten verstanden werden kann, und ich würde formulieren: Günstiges Verhalten liegt dann vor, wenn jemand vermehrt das tun kann, was er oder sie wirklich tun möchte, was ihm oder ihr am Herzen liegt. Damit sind wir nahe an der Vernunft des Herzens, wie sie der französische Mathematiker Blaise Pascal in seinem Werk *Les Pensées* (1670/1913) mehrfach erwähnt: »Wir erkennen die Wahrheit nicht nur mit der Vernunft, sondern auch mit dem Herzen; es ist von dieser letzten Art, dass wir die wichtigsten Grundsätze erkennen ...« (ebd., S. 112; übersetzt durch die Autorin). Diese Aussage ist umso bemerkenswerter, als sie von einem Menschen stammt, der den exakten Wissenschaften verpflichtet war, in denen Logik und rationale Vernunft die Hauptrolle spielen. Gerade vor diesem Hintergrund wirkt sie beeindruckend glaubwürdig, denn man kann Pascal nur schwer unterstellen, dass er ein esoterischer Phantast gewesen sei.

Während wir nun bezüglich hilfreichem oder günstigem Verhalten einen großen Schritt weitergekommen sind, ist die Frage, wodurch sich hilfreiche Gedanken auszeichnen, noch nicht beantwortet. Folgen wir der Spur günstigen Verhaltens, wie es oben soeben beschrieben wurde, kommen wir einer Antwort möglicherweise näher. Gedanken wären demnach dann hilfreich, wenn sie den Menschen befähigen oder darin unterstützen, vermehrt das zu tun, was ihm am Herzen liegt. Daraus lässt sich schließen, dass die konkrete Ausprägung hilfreicher Gedanken unmittelbar von den Anliegen des einzelnen Menschen abhängt und somit nicht pauschal und allgemeingültig festgelegt werden kann. Immerhin scheint nach diesen Überlegungen festzustehen, dass sowohl Gedanken als auch Verhalten in Richtung Annäherung an Herzenswünsche gehen müssen, wenn sie hilfreich bzw. günstig sein sollen.

Wenn ich nach diesen Ausführungen zum Anfang des Unterkapitels zurückgehe, zur Aufgabe, einem Laien die KVT zu erklären, würde ich jetzt folgendermaßen formulieren: In der KVT geht es einerseits darum, Gedanken so zu verändern, dass sie den Menschen befähigen, sich an seinen Herzenswünschen auszurichten; andererseits geht es darum, Verhalten auf eine Weise zu modifizieren, dass Herzenswünsche dadurch möglichst in Erfüllung gehen können. Damit ist auch eine dritte psychologische Ebene angesprochen, nämlich die Ebene der Emotionen: Gelingt die Veränderung von Gedanken und Verhalten, wie soeben ausgeführt, erzeugt das angenehme Emotionen (siehe dazu auch das A-B-C-Modell von Ellis 1962/77, zit. n. Kriz, 1994).

## 3.2 Offizielle Beschreibungen

In Wikipedia (2022b) findet sich folgende Beschreibung der KVT, die hier auszugsweise wiedergegeben wird:

> »Kurz gefasst besteht kognitive Verhaltenstherapie darin, systematisch die Selbstbeobachtung (Introspektion) auszubilden, die der Patient braucht, um krankmachender (z. B. depressogener) kognitiver Verzerrung aus eigener Kraft gegensteuern zu können.«

Und weiter:

> »Im Mittelpunkt der kognitiven Therapieverfahren stehen Kognitionen. Kognitionen umfassen Einstellungen, Gedanken, Bewertungen und Überzeugungen. Die kognitiven Therapieverfahren, zu denen die kognitive Therapie (KT) und die Rational-emotive Verhaltenstherapie (REVT) gehören, gehen davon aus, dass die Art und Weise, wie wir denken, bestimmt, wie wir uns fühlen und verhalten und wie wir körperlich reagieren. Schwerpunkte der Therapie sind
>
> - die Bewusstmachung von Kognitionen,
> - die Überprüfung von Kognitionen und Schlussfolgerungen auf ihre Angemessenheit,
> - die Korrektur von irrationalen Einstellungen und
> - der Transfer der korrigierten Einstellungen ins konkrete Verhalten.
>
> Die kognitive Therapie stellt somit die aktive Gestaltung des Wahrnehmungsprozesses in den Vordergrund, weil in letzter Instanz nicht die objektive Realität, sondern die subjektive Sicht des Betrachters über das Verhalten entscheidet. Ist die Kognition inadäquat (z. B. durch Wahrnehmungsselektion und -bewertung), ist auch die Möglichkeit beeinträchtigt, Affekt und Verhalten zu korrigieren. Vor allem spontanes und emotional getriebenes Verhalten sind sehr von der Art beeinflusst, wie ein Mensch sein Modell der Umwelt gedanklich strukturiert hat.«

Der deutsche Fachverband für Verhaltenstherapie e. V. (dvt, 2022) beantwortet die Frage, was Verhaltenstherapie ist, folgendermaßen (Auszüge):

> »Unter dem Begriff Verhaltenstherapie wurden historisch zunächst therapeutische Methoden und Vorgehensweisen zusammengefasst, die sich auf Basis von Erkenntnissen der experimentellen psychologischen Forschung, vor allem der Lerntheorie, entwickelt haben. Im Zuge der sogenannten kognitiven Wende in den 1970er Jahren wurde der Blickwinkel dann jedoch weiter und es wurden neben den Lerntheorien auch Ansätze mit einbezogen, die den Einfluss von Gedanken und Einstellungen auf Gefühle und das Verhalten in den Mittelpunkt stellten. International wird daher heute auch oft von Kognitiver Verhaltenstherapie gesprochen.«

Und weiter:

> »Seit Ende der 1990er Jahre hat es eine Vielzahl von Neuentwicklungen gegeben, die aus der Verhaltenstherapie entstanden sind oder als Weiterentwicklung der Verhaltenstherapie betrachtet werden. Der Begriff Verhaltenstherapie hat sich damit zu einer Grundorientierung entwickelt, die eine große Zahl von Vorgehensweisen umfasst, denen jedoch einige Grundprinzipien gemeinsam sind (nach *Margraf, 2009, Lehrbuch der Verhaltenstherapie, Band 1, Kap. 1*).«

Die Schweizerische Gesellschaft für kognitive Verhaltenstherapie erklärt auf ihrer Website (SGVT, 2022):

> »Die Basis kognitiver Therapieverfahren ist die Erkenntnis, dass ein Mensch über seine Vorstellungen und Gedanken (Kognitionen) sein Verhalten, sein Erleben und damit auch seine Gefühle beeinflussen kann … In der kognitiven Verhaltenstherapie geht es darum, unangemessene Bewertungen und Gedanken, die zu negativen Gefühlen wie Angst und Wut oder letztlich zu Depression führen, umzugestalten.«

Und weiter:

> »Ziel dabei ist es
> - dem Patienten unangemessene Gedanken/Gedankenfehler bewusst zu machen,
> - ihn dabei zu unterstützen, hilfreichere Gedanken zu entwickeln und sein Verhalten zu ändern sowie
> - ihn zu befähigen, seine Problemlösungskompetenz zu verbessern, so dass er künftig seine Probleme selber lösen kann.«

Basis der Verhaltenstherapie, sowohl in ihren ersten als auch in ihren jüngsten Ausprägungen, ist also die Annahme, dass Verhaltensbereitschaften und -abläufe durch Interaktionen mit der Umwelt bzw. durch Erfahrungen gelernt und beeinflusst werden. Das gilt sowohl für günstiges als auch für ungünstiges Verhalten, und zwar auf der Ebene der Gedanken (seit der kognitiven Wende), der Gefühle, des Körpers und des sichtbaren Verhaltens. Weiter wird davon ausgegangen, dass Gelerntes nicht in Stein gemeißelt ist, sondern, zumindest theoretisch, jederzeit verändert werden kann. Die Frage, wie diese Veränderungen stattfinden, wird von den verschiedenen Protagonisten der Lerntheorien unterschiedlich beantwortet, und zwar auch in Abhängigkeit von den Zeitepochen, während denen sie jeweils tätig waren.

## 3.3 Die Entwicklung der Lerntheorien – ein Überblick

Bevor wir uns der Geschichte der Lerntheorien zuwenden, soll mithilfe einer Definition klar gestellt werden, was unter Lernen verstanden wird. Im Dorsch findet sich folgende Definition (Dorsch, 2024, Stichwort *Lernen, Lernforschung*, Auszug):

> »Lernen bez. jene Prozesse, die zu einer relativ langfristigen Veränderung im Verhaltenspotenzial eines Organismus führen und das Ergebnis von Erfahrung darstellen. Lernen ist für alle Organismen bedeutsam, da das Ausmaß der Plastizität (Lernfähigkeit) des Verhaltens bestimmt, wie variabel er sich an verändernde Umweltbedingungen anpassen kann.«

Die Beobachtung, dass Erlebnisinhalte, die in zeitlicher Nähe zueinander stehen und bewusst wahrgenommen werden, psychologisch oftmals miteinander verbunden werden, gibt es bereits seit der Antike. Sie wurde um 1830 durch schottische Psychologen im sog. Assoziations-Gesetz systematisiert (Kriz, 1994). Ein knappes Jahrhundert später entdeckte der russische Physiologe Iwan P. Pawlow den bedingten oder konditionierten Reflex: In seinen Hunde-Experimenten konnte er zeigen, dass ein zunächst unbedingter Reflex (Speichelfluss bei Präsentation von Nahrung) auch dann auftrat, wenn man den Versuchstieren einen für sie neutralen Reiz, z. B. den

Klang einer Glocke, darbot – wenn dieser zuvor mehrfach gemeinsam mit dem Futter präsentiert worden war (ebd.). In den Versuchstieren musste demnach etwas vorgegangen sein, das sie zur Reaktion auf einen vorher für sie wenig bedeutsamen Stimulus veranlasste. Während wir heute sagen, dass die Tiere etwas gelernt hatten, war Pawlow bestrebt, das beobachtete Phänomen rein physiologisch zu erklären. Genau so hielt es auch der Psychiater Wladimir Bechterew, Schöpfer der Psychoreflexologie, der ungefähr zur gleichen Zeit psychische Krankheiten objektiv betrachten wollte und darunter die Ausklammerung aller subjektiven Prozesse verstand (Kriz, 1994). Edward L. Thorndike, Psychologe aus Amerika, sprach 1911 vom Gesetz des Effektes und meinte damit, dass das erwünschte Resultat eines Verhaltens dieses Verhalten verfestige (ebd.). Im Jahre 1913 verfasste der amerikanische Psychologe John B. Watson eine Schrift, in der er die Psychologie als ein rein naturwissenschaftliches Phänomen beschrieb, bei dem insbesondere der Blick auf das eigene innere Erleben keine Rolle spielte und es nur auf Reiz-Reaktions-Abläufe über Verstärker ankam (Watson, 1913, zit. n. Kriz, 1994). Er gilt damit als Begründer des Behaviorismus.

In den 1930er Jahren entstanden vor allem in den USA verschiedene Lerntheorien, die einen ziemlich direkten Einfluss auf die Entwicklung der Verhaltenstherapie oder, wie aus den oben erwähnten offiziellen Beschreibungen hervorgeht, der Verhaltenstherapien ausübten. Das Reiz-Reaktions-Schema von Clark L. Hull (1884–1952) enthält als entscheidende (neue) Komponente eine Verstärkungstheorie. Diese besagt, dass das belohnende bzw. belohnte und daher angenehme Ergebnis eines bestimmten Verhaltens die Verbindung zwischen diesem Verhalten und einem vorausgegangenen Reiz verstärkt. Die operante Konditionierung nach Burrhus F. Skinner wiederum, der in den 1930er Jahren mit seinen Experimenten begann, entsteht dadurch, dass ein Verhalten (zufällig) ein lustvolles Resultat nach sich zieht und deswegen in einer ähnlichen Situation wiederum auftreten wird (beide in Kriz, 1994). Skinner entwickelte auch das Konzept des »shaping of behavior«, des Formens von Verhalten, in dem Verhalten bereits dann belohnt wird, wenn es in die gewünschte Richtung geht. Auch die Idee unterschiedlicher Verstärkungspläne ist Skinner zu verdanken und er hat damit unmittelbaren Einfluss auf die Entwicklung der Verhaltenstherapie.

Von Edwin R. Guthrie stammt die Kontiguitätstheorie, bei der die räumlich-zeitliche Nähe eines Verhaltens zur Reizsituation entscheidend ist: Bei ähnlicher Reizkonstellation wird stets die gleiche oder eine ähnliche Reaktion ausgelöst (Guthrie, 1935, 1938, zit. n. Kriz, 1994). Etwas anders formuliert handelt es sich bei der Kontiguität um Wenn-dann- oder Dann-wenn-Beziehungen (Dorsch, 2024, Stichwort *Kontiguität*). Konkret: Wenn die Haustüre verschlossen ist, dann nehme ich den Schlüssel zur Hand. Oder: Ich nehme den Schlüssel dann zur Hand, wenn die Haustüre verschlossen ist. Edward C. Tolman schließlich konnte mit Tieren experimentell nachweisen, dass sie sich in einem Labyrinth auf eine Weise orientierten, die mit einfachen Reiz-Reaktions-Zusammenhängen nicht erklärt werden konnte. Aus seiner Versuchsanordnung (er ließ Ratten, die bereits gefüttert waren, in einem Labyrinth herumlaufen, ohne dass irgendwo eine Belohnung in Aussicht stand) konnte geschlossen werden, dass sich diese Tiere auf einer inneren Landkarte (cognitive map) orientierten, die sie beim Herumlaufen erstellten; denn sie fanden sich später unter der Bedingung »Hunger plus Belohnung« schneller im Labyrinth zurecht als andere Versuchstiere ohne Kenntnis des Labyrinths. Dieses Lernen ohne Verstärkung nannte Tolman »latentes Lernen« (Tolman, 1932, zit. n. Kriz, 1994).

Anhand dieses Überblicks wird ersichtlich, dass sich die Lerntheorien vom reinen Reiz-Reaktions-Modell stetig weiter entwickelten und mehr Differenzierung erfuhren. Bereits mit der Einführung einer ersten Verstärkungstheorie deutete sich an, dass das Innenleben der (menschlichen und tierischen) Probanden irgendeine Rolle spielen musste, denn Verstärkung bedingt ja eine Art Lusterleben oder Befriedigung, mindestens aber etwas, das mit der (Wieder-)Herstellung von Wohlbefinden zu tun hat; und dazu bedarf es eines wie auch immer gearteten Bewertungsvorganges. Damit ging die Entwicklung der Lerntheorien allmählich in eine neue Richtung; man rückte ab von einer anfänglich rein materialistischen Sichtweise, in der alles nur auf physiologischen Prozessen beruhte, und öffnete sich für Beobachtungen, die darauf hindeuteten, dass es zwischen Reizen und Reaktionen noch etwas Zusätzliches geben musste.

## 3.4 Weiter zur Verhaltenstherapie (VT)

Wie wir bereits wissen, beruht die VT auf den Erkenntnissen der verschiedenen Lerntheorien. Es verwundert daher nicht, dass die Formen bzw. Techniken der VT aus den unterschiedlichen Theorien abgeleitet wurden.

Bei Kriz (1994) lesen wir, dass die Anfänge der modernen VT in die 1940er und 1950er Jahre datiert werden. Als eines der ersten und wichtigsten Verfahren, gerade in der Therapie von Angststörungen, gilt die Desensibilisierung. Ihre Grundlage ist die Gegenkonditionierung, die – davon ausgehend, dass die Angst konditioniert ist – auf diesem Hintergrund eine neue, angenehmere (emotionale) Reaktion auf bestimmte Reizsituationen konditioniert. Durch diese neue Verbindung von Reizen soll die alte gehemmt werden. Als Schöpfer der eigentlichen Therapieform, die aus den obigen Überlegungen hervorging, gilt der südafrikanische Arzt Joseph Wolpe (1958, zit. n. Elze & Elze, 2022). Er entwickelte die systematische Desensibilisierung. Dabei wird zunächst eine Angsthierarchie erstellt; dann wird der Patient in einen Entspannungszustand versetzt, in dem er sich die verschiedenen angstbesetzten Situationen der Reihe nach vorstellen soll, beginnend mit der Stufe, die am wenigsten Angst erzeugt. Dazwischen gibt es auch eine Ruhe-Situation, die der Aufrechterhaltung der Entspannung dient. Dadurch sollen die angstbesetzten Situationen bzw. die Angst selbst neu mit dem Erleben von Entspannung verbunden werden. Durch dieses Vorgehen werden Ängste tatsächlich reduziert, allerdings ist der Wirkmechanismus nicht eindeutig geklärt. Neben dem von Wolpe postulierten Effekt der Gegenkonditionierung dürften auch Gewöhnungseffekte, Erwartungen, Selbstin-

## 3 (Kognitive) Verhaltenstherapie

struktion und Modelllernen eine Rolle spielen (Kriz, 1994). Damit sind, obschon von Wolpe vermutlich so nicht intendiert, wahrscheinlich auch kognitive Prozesse am Effekt beteiligt.

Angstbewältigungstraining und Selbstbehauptungstraining sind Variationen der systematischen Desensibilisierung. Bei Ersterem soll die Entspannung zur direkten Bewältigung der Angst eingesetzt werden. Beim Selbstbehauptungstraining wird Angst durch Ärger (neue Reaktion auf eine Reizkonstellation) gehemmt, auch in der Annahme, dass diese Emotionen nicht miteinander vereinbar seien. Gewöhnung oder kognitive Umstrukturierung werden jedoch ebenso als Wirkmechanismen vermutet (Kriz, 1994).

Während sich Therapieverfahren, die auf Gegenkonditionierung basieren, vor allem für Veränderungen auf emotionaler Ebene eignen, zielen Techniken, die auf operanten Prozessen beruhen, eher auf Veränderungen des konkreten Verhaltens (Kriz, 1994). Entscheidend für operante Lernvorgänge sind Verstärker, wie wir bereits bei den Konzepten von Hull und Skinner gesehen haben. *Verstärker sind zufällige oder beabsichtigte Konsequenzen eines Verhaltens, welche das Auftreten dieses Verhaltens beeinflussen.* Es gilt folgendes:

- Angenehme oder erwünschte Konsequenzen erhöhen die Wahrscheinlichkeit, dass ähnliches Verhalten wieder gezeigt wird.
- Unangenehme oder unerwünschte Konsequenzen reduzieren die Wahrscheinlichkeit, dass ähnliches Verhalten wieder gezeigt wird.

Damit operantes Lernen wirklich verstanden wird, muss klar sein, wie angenehme bzw. unangenehme Konsequenzen genau aussehen können. Beginnen wir mit den angenehmen. Angenehme Konsequenzen sind in erster Linie solche, die *angenehme Emotionen erzeugen oder intensivieren,* also z.B. Belohnungen oder Erfolge. Man nennt diese Art der Konsequenzen *positive Verstärkung.* Als angenehme bzw. erwünschte Konsequenzen im Sinne der Lerntheorien gelten jedoch auch solche, die *etwas Unangenehmes weniger unangenehm machen,* also z.B. die Reduktion von Schmerzen oder der Wegfall einer unangenehmen Situation. In diesen beiden Fällen tritt als Folge eine *Erleichterung* ein (weniger Schmerzen, weniger Anspannung). Diese Art von Konsequenzen heißt *negative Verstärkung.* Obschon sich der Vorgang der negativen Verstärkung psychologisch klar von einer Belohnung unterscheidet, hat er den gleichen Effekt; er erhöht die Wahrscheinlichkeit, dass in einer ähnlichen Situation wiederum gleich gehandelt wird. *Beide Arten der Verstärkung, die positive und die negative, erhöhen also die Wahrscheinlichkeit, dass gleiches oder ähnliches Verhalten wiederum auftritt.*

Etwas einfacher liegen die Dinge bei den unangenehmen Konsequenzen. Sie erzeugen unangenehme Emotionen, sind klar unerwünscht und machen dadurch das Auftreten ähnlicher oder gleicher Verhaltensweisen unwahrscheinlicher. Motto »Das möchte ich nicht noch einmal erleben.« Man spricht hier auch von Bestrafung.

Aus diesen Darlegungen ergibt sich, dass Verhalten durch Verstärkung aufgebaut oder konsolidiert wird, und zwar sowohl durch positive als auch negative Verstärkung. Demgegenüber wird Verhalten abgeschwächt, wenn die diesbezüglichen

## 3.4 Weiter zur Verhaltenstherapie (VT)

Verstärker reduziert werden, egal, ob positive oder negative. Gerade die negativen Verstärker bzw. deren Reduktion sind bei der Therapie von Angststörungen entscheidend: Wenn eine Angstpatientin angsterzeugende Situationen vermeidet, erlebt sie jeweils für eine bestimmte Zeit Erleichterung (negative Verstärkung). Sie wird daher die Vermeidung bei allen ähnlichen Situationen wiederum anwenden. Wie wir aus Kapitel 2.2 wissen, wird aber genau dadurch die neue und korrigierende Erfahrung verhindert, dass die befürchtete Katastrophe der Vernichtung nicht eintritt (▶ Kap. 2.2). Folglich muss eines der zentralen Anliegen der Therapie darin bestehen, die negative Verstärkung – hier als Folge von Vermeidung – abzubauen, damit es der Patientin möglich wird, die korrektive Erfahrung zu machen. Ich habe immer wieder beobachtet, dass der Abbau von negativer Verstärkung (Erleichterung) um einiges schwieriger ist als die Reduktion der positiven Verstärkung. Vermutlich hängt das damit zusammen, dass die Reduktion von Unbehagen, also die negative Verstärkung, als relevanter erlebt wird als eine angenehme Emotion. Stellen wir uns vor, wir hätten die Wahl, entweder einen ansehnlichen Geldbetrag zu bekommen, wenn wir einen Nachbarschaftsstreit ausfechten (Ausgang ungewiss), oder aber dem Streit aus dem Weg zu gehen – wobei wir dafür allerdings unsere Zeitplanung so einrichten müssten, dass wir dem Nachbarn möglichst nicht begegnen. Wofür würden wir uns entscheiden? Falls wir, wie ich annehme, die Vermeidung wählen (»nicht um alles Geld der Welt will ich mit dem noch was zu tun haben«), würde uns das zwar zeitweise Erleichterung verschaffen; das Problem allerdings wäre damit weder gelöst noch nachhaltig beseitigt. Dass wir trotzdem zur negativen Verstärkung tendieren, dürfte somit vermutlich darin begründet sein, dass das Erleben angenehmer Emotionen, z. B. im Zusammenhang mit positiver Verstärkung, zwar sehr willkommen ist, jedoch nicht immer eine innere Notwendigkeit darstellt. Wir können nämlich auch »neutrale«[6], also weitgehend emotionsfreie Zustände gut ertragen und sind daher nicht darauf angewiesen, ständig erwünschte Emotionen zu generieren. Denn »neutrale« Situationen verlangen keine Veränderung (und willkommene Emotionen erst recht nicht). Ganz anders sieht es hingegen beim Auftreten von Unbehagen aus. Hier ist die Situation nicht neutral, weil bereits eine Emotion existiert – überdies noch eine unerwünschte – und wir fühlen uns sofort zum Einleiten von Gegenmaßnahmen veranlasst (siehe dazu die Kontrolltheorie von Powers, 1973). Selbstverständlich ist negative Verstärkung in vielen Situationen durchaus adäquat, nötig und rettend; nämlich da, wo es um die Abwendung oder Reduktion realer Bedrohung geht. Wo das aber nicht der Fall ist und im Umgang mit Gedanken und Gefühlen – und davon ist in diesem Buch die Rede – erweist sie sich immer wieder als regelrechter Rohrkrepierer. Merken wir uns vorerst den Begriff »neutral«; er wird später noch mehrfach eine Rolle spielen.

Tritt die negative Verstärkung als Folge von Vermeidung auf (was sehr oft der Fall ist), hat sie bei der Handhabung von Gedanken und Gefühlen einen ziemlich schlechten Ruf. Dieser wird noch schlechter, wenn sich aus Vermeidung regelrechte Vermeidungsziele entwickeln. Diese haben ihren Ursprung in unguten Erfahrungen und sind mit negativen Erwartungen bezüglich des eigenen Verhaltens verbunden

---

6 Gemeint sind Zustände ohne spezielle Emotion, Zustände des »einfach-nur-Seins«.

(Elliot, Sheldon & Church, 1997, zit. n. Boysen, 2011). Dadurch wirken sie lähmend und bringen die Betroffenen in die Defensive. Das Motto lautet hier »Um Gottes Willen, nur das nicht!«

Generell kann festgehalten werden, dass positive Verstärkung günstiger ist als ihre negative Verwandte. Das ist deswegen so, weil positive Verstärkung immer etwas zu tun hat mit Annäherung; denn die angenehmen Emotionen, die stets mit positiver Verstärkung einhergehen, sind ein Indiz dafür, dass jemand näher da ist, wo er sein möchte, oder mehr so ist, wie er sein möchte. Lesen wir an dieser Stelle, wie sich Klaus Grawe in einem Trialog in Buchform zum Zusammenhang von angenehmen Emotionen und Annäherung an gewünschte Ziele äußert:

> »Die hier angenommene andauernde Bewertung der Transaktionen im Hinblick auf Ist-Soll-Inkongruenzen entspricht genau der vorhin von Ihnen als zweite Komponente der primären Bewertung aufgeführten Kongruenzbewertung bei der Emotionsentstehung. Ist die Transaktion kongruent mit den Zielen, treten positive Emotionen auf, ist sie inkongruent, werden negative Emotionen ausgelöst.« (Grawe, 1998, S. 297)

Wenn wir an die vier psychischen Grundbedürfnisse nach Epstein denken (1990, zit. n. Grawe, 1998), können wir sagen, dass deren Befriedigung zunächst immer mit positiven Emotionen verbunden ist und dann oft für eine gewisse Zeit in einen Zustand ruhiger Wunschlosigkeit übergeht. Anders ausgedrückt bedeutet das, dass angenehme Emotionen darüber Auskunft geben, ob bzw. wie stark unsere Grundbedürfnisse befriedigt sind. Bettet man das in eine Plananalyse (z. B. Grawe & Caspar, 1984; Caspar, 1996, beide zit. n. Grawe, 1998), wird ersichtlich, dass positive Emotionen ziemlich verlässlich zurückmelden, wie nahe wir an unseren Plänen und Zielen sind, die wir verwirklichen bzw. erreichen wollen und die sich aus den vier Grundbedürfnissen ableiten. Da die Grundbedürfnisse als »oberste Sollwerte der psychischen Aktivität« gelten (Grawe, 1998, S. 383), sagen uns angenehme Emotionen in ihren Abstufungen also auch, wie sehr wir die sind, die wir sein möchten. Denn: »Das Selbst ist ... nach Epstein eine Theorie des Individuums darüber, was es tun muss und tun kann, um in der Welt, in der es lebt, die Bedürfnisse zu erfüllen, die jedem Menschen durch seine Eigenart als Mensch vorgegeben sind.« (Grawe, 1998, S. 383).

Negative Verstärkung dagegen ist mit einer *Abnahme von Unbehagen* verbunden und gibt nur an, wie weit wir uns von dem entfernt haben, was wir vermeiden oder *nicht sein wollen*. Daher dient sie nicht wirklich dazu, uns bezüglich unseres Selbst zu informieren oder darüber, wie sehr wir die sind, die wir sein wollen.

Vor dem Hintergrund dieses winzigen Abstechers in die Welt der Kontrolltheorien (z. B. Powers, 1973), in der dem Menschen persönliche Ziele zugeschrieben werden, muss der Blick auf die Verstärker geweitet werden. Da der Mensch etwas beabsichtigt oder will, stehen die Verstärkungen im Dienste seiner Intentionen. Im Umfeld von Intentionen aber finden vielfältige Prozesse statt, die man dem Bereich der Kognitionen zuordnen kann. Im Rahmen von Handlungsmodellen sind das u. a. Wertbestimmung, Absichtsbildung, Erwartungen, Prüfung von Wahrscheinlichkeiten und Realisierbarkeit etc. (siehe z. B. Heckhausen & Heckhausen, 2011). Das Streben nach Selbstbestimmung wiederum, nach Selbstverantwortung und Selbststeuerung, die Bedürfnisklärung, das Lösen von Konflikten, die Identifizierung persönlicher Werte, der Einbezug kultureller Gegebenheiten etc. sind weitere kognitive Vorgänge im Dunstkreis der Intentionen und z. B. wesentliche Bestandteile der Selbstmanagement-Therapie (Kanfer, Reinecker & Schmelzer, 1996).

Ziemlich sicher setzen diese Prozesse ein Mindestmaß an Selbstreflexion voraus und diese ihrerseits ist ebenfalls ein kognitives Phänomen. Damit halten kognitive Vorgänge Einzug in das operante Lernen oder, vielmehr, sie halten einen entscheidenden Anteil daran. Techniken wie Selbstverstärkung, Stimuluskontrolle und Selbstbeobachtung (Kriz, 1994) sind weitere Beispiele hierfür. Bei allen dreien sind mindestens Bewusstheit für die eigene Existenz, Fähigkeit zur Situationsanalyse und schlussfolgerndes Denken erforderlich.

Die reine Lehre der Lerntheorien ließ sich also in der Entwicklung der VT nicht aufrecht erhalten, denn es zeigte sich immer deutlicher, dass Kognitionen in all ihren Formen (▶ Kap. 3.2) eine entscheidende Rolle spielen, natürlich und gerade auch im Hinblick auf angepeilte Veränderungen des Erlebens und Verhaltens. Folgerichtig wurden daher kognitive Aspekte mehr und mehr in die VT integriert und daraus entstand schließlich, was man heute als kognitive Ansätze bezeichnet. Im Folgenden soll eine kleine Auswahl vorgestellt werden. Die Auswahl folgt Kriz (1994) und erwähnt bei jedem Ansatz prägende Autoren:

## Modelllernen

Die Person beobachtet das Verhalten anderer Personen (Modelle) und übernimmt dieses, auch ohne das Verhalten selbst einzuüben (Bandura, Blanchard & Ritter, 1969, zit. n. Kriz, 1994).

## Training sozialer Kompetenzen

Die Betroffenen lernen, sich in sozialen Situationen angemessen zu verhalten. Dazu gehören u. a. der sozial verträgliche Ausdruck eigener Bedürfnisse, das Einstehen für sich selbst, die umfeldbezogene Durchsetzung von Recht etc. (Fiedler, 1994, zit. n. Reinecker, 1994). Der kognitive Aspekt spielt insbesondere dann eine Rolle, wenn es darum geht, Kontext und Verhalten aufeinander abzustimmen.

## Problemlösen

An dieser Stelle sollen die prägenden Autoren direkt zu Wort kommen; die Präzision ihrer Definition wäre durch eine Umschreibung von meiner Seite kaum zu erreichen: »Problemlösen bedeutet das Beseitigen eines Hindernisses oder das Schließen einer Lücke in einem Handlungsplan durch bewusste kognitive Aktivitäten, die das Erreichen eines beabsichtigten Ziels möglich machen sollen.« (Betsch, Funke & Plessner, 2011, S. 138)

## Selbstinstruktion

Grundannahme ist, dass sich innere Selbstgespräche auf das Erleben und Verhalten auswirken, und zwar im positiven wie auch im negativen Sinn. Betroffene sollen durch Einüben hilfreicher Verbalisierungen in die Lage versetzt werden, ihr Erleben und Verhalten günstig zu beeinflussen (Meichenbaum, 1977, zit. n. Ambühl, Meier & Willutzki, 2001). Die Selbstinstruktion ist Teil der sog. kognitiven Umstrukturierung, da sie problematische Gedanken – die in sprachlicher Form repräsentiert sind – zu verändern versucht.

## Kognitive Therapie

Bei diesem Ansatz wird angenommen, dass es zwischen Emotionen und Kognitionen einen Zusammenhang gibt, und zwar dergestalt, dass Emotionen von Art und Inhalt der Kognitionen beeinflusst werden. Freundliche Gedanken erzeugen angenehme Emotionen, unfreundliche Gedanken entsprechend unangenehme Emotionen. Durch Hinterfragen und Umbau der Kognitionen soll es möglich sein, das emotionale Erleben zu verändern. Damit gehört auch die kognitive Therapie zur kognitiven Umstrukturierung. Im Zentrum dieses Therapieansatzes steht die Korrektur von sog. Denkfehlern wie z. B. Schwarz-Weiß-Denken, selektive Abstraktion, Übergeneralisierung, Übertreibung etc. Protagonist dieses Ansatzes ist Aaron T. Beck (z. B. 1976, zit. n. Ambühl et al., 2001).

## Rational-emotive Verhaltenstherapie (REVT)

Ausgangspunkt dieses Ansatzes ist die Aussage des griechischen Philosophen Epiktet (50–138 n. Chr.), wonach der Mensch nicht durch die Dinge an sich beunruhigt werde, sondern durch die Ansichten, die er über sie habe (Wikipedia, 2022a). Das bedeutet, dass emotionale Reaktionen nicht immer oder nicht ausschließlich und vor allem nicht absolut durch Ereignisse bzw. Erfahrungen ausgelöst werden, sondern durch Einstellungen, Bewertungen und Gedanken im Zusammenhang mit diesen Ereignissen. Damit werden Einstellungen, Bewertungen und Gedanken – wenn sie ungünstig sind – zur wichtigsten Ursache von psychischen Problemen, gleichzeitig aber auch zum Hauptansatzpunkt, um diese zu verändern. Albert Ellis hat aus diesen Überlegungen ein konkretes Therapiemodell, nämlich das A-B-C-Modell entwickelt, in dem die Probleme in drei Teile gegliedert werden: A = activating event, auslösendes Ereignis; B = belief system, Bewertungen, Einstellungen, Überzeugungen, Gedanken; C = consequences, Konsequenzen auf emotionaler, physiologischer und Verhaltensebene (Ellis, 1979, zit. n. Ambühl et al., 2001). Da einschränkende oder irrationale Überzeugungen und Einstellungen zu ebenso einschränkenden, irrationalen Gedanken und Bewertungen – und damit zu belastenden Emotionen – führen, steht das »belief system« im Mittelpunkt der Therapie. Es wird versucht, die Betroffenen von ihrem Überzeugungssystem zu lösen bzw. behindernde Grundannahmen durch solche zu ersetzen, die eine günstigere Sichtweise auf sich selbst und auf das Leben ermöglichen. Dazu werden die Grundannahmen

z. B. mithilfe des Sokratischen Dialogs in Frage gestellt und einer intensiven Überprüfung unterzogen. Ziel dabei ist es, die Betroffenen dazu zu bringen, dass sie die Unhaltbarkeit ihrer Grundannahmen, Gedanken und Schlussfolgerungen einsehen und diese deshalb verändern können. Damit ist die REVT eine weitere Variante der kognitiven Umstrukturierung.

Weil angenommen wird, dass Kognitionen, also die Inhalte des Überzeugungssystems, die Emotionen beeinflussen, sollen freundlichere oder wohlwollende Grundannahmen, Gedanken und Schlussfolgerungen freundlichere, angenehmere Emotionen erzeugen. Diese wiederum wirken sich dann auf das konkrete Verhalten aus, weil sie in den Betroffenen mehr Zuversicht und positive Erwartungen erzeugen und dadurch defensive, kontraproduktive oder destruktive Verhaltensweisen ablösen. Auf der technischen Ebene werden emotive, behavioristische und natürlich kognitive Techniken verwendet (Kriz, 1994). So sollen z. B. Emotionen möglichst direkt ausgedrückt werden, was Rückschlüsse auf dahinter liegende Überzeugungssysteme erlaubt – und gleichzeitig auch eine behaviorale Komponente beinhaltet: Der direkte Ausdruck von Emotionen ist ein Risiko und ermöglicht (hoffentlich) neue Erfahrungen. Von den kognitiven Techniken wurde der sokratische Dialog bereits erwähnt; darüber hinaus wird z. B. auch mit »Gegen-Indoktrination« gearbeitet.

## 3.5 Zusammenfassende Feststellungen

Nach dieser Reise durch die weite Landschaft der Lerntheorien und kognitiven Konzepte lohnt sich möglicherweise der Versuch, die zahlreichen Informationen zu vereinfachen, zu reduzieren und auf wenige Kernaussagen zusammenzufassen. Was also nehme ich oder nehmen wir mit von all den interessanten Ausführungen? Ich denke, dass wir mit folgenden Feststellungen gut bedient sind und auch gut weiterarbeiten können:

- Verhaltensbereitschaften und Verhalten sind nicht Schicksal, sondern werden durch Interaktionen mit der Umwelt gelernt. Das gilt für die gedankliche, emotionale und körperliche Ebene sowie die Ebene des konkreten, sichtbaren Verhaltens.
- Was gelernt wurde, ist nicht in Stein gemeißelt, sondern kann jederzeit verändert, also neu oder anders gelernt werden.
- Eine wichtige Art des Lernens ist die Konditionierung. Durch Verknüpfung zweier Reize wird ein ursprünglich neutraler Reiz zum Auslöser einer spezifischen Reaktion.
- Eine andere wichtige Art des Lernens ist die Verstärkung, die je nach Art bzw. Handhabung Verhalten entweder wahrscheinlicher oder unwahrscheinlicher macht. Sie kann gezielt eingesetzt, gestaltet und modifiziert werden.

- Positive Verstärkung erzeugt oder intensiviert angenehme Emotionen. Negative Verstärkung erzeugt Erleichterung (durch Reduktion oder Beseitigung von Unbehagen).
- Bestrafung erzeugt unangenehme, nicht willkommene Emotionen.
- Eine weitere wichtige Komponente bei Lernprozessen sind Kognitionen in all ihren vielfältigen Ausprägungen. Auch sie können, jedenfalls theoretisch, gezielt eingesetzt, gestaltet und verändert werden.
- Verstärkung und Kognitionen bestimmen weitgehend die Qualität der Emotionen (und des körperlichen Empfindens).
- Der Mensch hat persönliche Pläne, Ziele bzw. Herzenswünsche und ist bestrebt, diese zu verwirklichen.
- Annäherung an die Verwirklichung persönlicher Pläne erzeugt positive Emotionen; Entfernung von der Verwirklichung persönlicher Pläne erzeugt negative Emotionen.

# 4 Klassische Kognitive Verhaltenstherapie (KVT) bei Angststörungen

## 4.1 Was ist unter klassischer KVT zu verstehen?

In Kapitel 1.2 habe ich den Ausdruck »klassische KVT« verwendet, den ich hier nun präzisieren will. Unter klassischer KVT verstehe ich die Therapieformen, wie sie in Kapitel 3 soeben beschrieben wurden. Ergänzend dazu soll hier die Exposition oder, wie ich es nenne, das Expositionsprinzip erwähnt werden, da es bei der Therapie von Angststörungen die wohl wichtigste therapeutische Maßnahme darstellt und seinen Ursprung wahrscheinlich auch in den Lerntheorien hat. Wie bereits ausführlich dargelegt, ist die Vermeidung auf der Störungsseite der wichtigste Faktor, der die Angst am Leben erhält (▶ Kap. 2.2). Um diesbezüglich eine Veränderung in Form einer neuen Erfahrung zu ermöglichen (die befürchtete Vernichtung tritt nicht ein), müssen die Patientinnen und Patienten der Angst überhaupt erst einmal begegnen; andernfalls kann es keine neue Erfahrung geben. Begegnung heißt in diesem Fall, die Angst bewusst wahrnehmen, sie betrachten, beobachten, von ihr Notiz nehmen – und erleben, was *tatsächlich passiert.* Das nennt man Exposition oder Reizkonfrontation und speziell der erste Begriff ist insofern treffend, als er sehr genau beschreibt, wie sich die Betroffenen in dieser Situation fühlen: Ausgesetzt, hilflos und zunächst schrecklich gefährdet. Die Logik der Exposition ergibt sich aus den Überlegungen zur Dynamik der Vermeidung. Als therapeutisches Verfahren wurde sie nicht einfach eines Tages erfunden oder durch eine Person entwickelt. Vielmehr:

»*Das* Reizkonfrontationsverfahren existiert als *ein* feststehender Therapieplan sicherlich nicht. Es handelt sich auch hier um einen Sammelbegriff für Therapieformen, bei denen die ›Aufhebung von Meidungsverhalten mit Abbau der negativen kognitiv-emotionalen Reaktionen auf bestimmte Situationen, Objekte, Problemfelder oder Personen‹ (Hand, 1996, S. 139) angestrebt wird. Inhaltlich kann man die Reizkonfrontation als eine Weiterentwicklung der von Joseph Wolpe in den 50er Jahren entwickelten Systematischen Desensibilisierung (im Folgenden mit SD abgekürzt) betrachten.« (Haferburg, 2001, S. 4)

Dass die Exposition hohe Wirksamkeit bei der Angstreduktion besitzt, ist unbestritten. Wie der Wirkmechanismus genau aussieht, ist allerdings nicht eindeutig geklärt. Augenfällig ist jedenfalls, dass die Ereignisse während bzw. nach der Exposition die Befürchtungen der Betroffenen schlicht widerlegen; das Befürchtete tritt nicht ein. Das alleine besitzt bereits große Wirkkraft. Eine genauere Betrachtung zeigt, dass vermutlich mehrere Faktoren an der Wirkung der Exposition beteiligt sind (nach Bentz, Michael & Margraf, 2009):

- Habituation oder Gewöhnung: Die Relevanz von Reizen nimmt ab, wenn sie mehrfach dargeboten werden, ohne dass etwas Wichtiges passiert.
- Emotionale Verarbeitung: Emotionale Beeinträchtigungen werden neutralisiert, so dass anderes (auch inneres) Verhalten wieder möglich wird.
- Gegenkonditionierung: Angst wird mit einem Angst-inkompatiblen Zustand verknüpft (z. B. Entspannung) und kann so ihre Wirkung nicht mehr oder nicht mehr voll entwickeln.
- Extinktion oder Löschung: Das Auftreten einer gelernten Reaktion wird abgeschwächt und sie tritt schließlich nicht mehr auf, wenn der konditionierte (also ursprünglich neutrale) Reiz mehrfach alleine dargeboten wird.
- Erwartungseffekte: Die erwarteten bzw. befürchteten Ereignisse treten nicht ein. Oder, wie ich es weiter oben bereits formuliert habe, die Befürchtungen werden widerlegt.
- Kontrolle: Die Betroffenen erleben Selbstwirksamkeit während der Exposition, z. B. durch entsprechende Abmachungen (Gewähren von Freiheiten).
- Sicherheitssignale: Sie vermitteln die Erwartung, dass die befürchtete Angst weniger stark oder gar nicht eintritt. Solche Signale sind z. B. Glücksbringer, das Handy, evtl. sogar ein Medikament in der Hosentasche etc. Der große Nachteil besteht darin, dass diese Signale letztlich auf Vermeidung zielen und daher, meiner Meinung nach, bei einer Exposition *nicht* eingesetzt werden sollten.

Im Unterschied zur klassischen KVT, wie sie nun ergänzend beschrieben wurde, legen die neueren Varianten der KVT, die sog. Dritte Welle, den Fokus stärker auf Achtsamkeit und Emotionsregulation (siehe z. B. Voderholzer, 2019). Darauf werde ich in Kapitel 5 näher eingehen.

## 4.2 Konkrete Anwendung am Beispiel der Exposition

Die Begegnung mit der Angst ist das, was die Patienten um keinen Preis wollen, aber – wir haben das bereits mehrfach erklärt – sie ist die conditio sine qua non, um an der Angststörung wirkungsvoll etwas zu verändern. Vermeidung, oft über viele Jahre praktiziert, ist keine Option, weil sie die Angst sehr zuverlässig am Leben hält. Somit lautet der erste Grundsatz in der Therapie: »*Vermeide das Vermeiden!*« (bezogen auf die Exposition bedeutet das, dass die Patienten daran gehindert werden müssen, Vermeidung zu praktizieren). Das Befolgen dieses Grundsatzes ist sowohl für die Patientinnen als auch für die Therapeutinnen eine große, wenn nicht sogar die größte Herausforderung. Was die Patienten betrifft, leuchtet das unmittelbar ein. Dass aber auch viele Therapeuten mit der korrekten Durchführung von Expositionen ihre liebe Mühe haben, mag erstaunen. Ich habe unzählige Male von Patientinnen und Patienten gehört, dass sie in früheren Therapien bereits Expositionen durchgeführt hätten – leider jedoch ohne Nutzen; es habe sich an ihrer Angst nichts verändert. Genaues Nachfragen hat dann jeweils mehrere Gründe für das Misslingen ans Licht gebracht, für die allesamt die Therapeutinnen verantwortlich zeichneten: zu wenig oder zu wenig präzise Information über Sinn und Wirkweise der Exposition; zu kurze, nur oberflächliche oder gar keine Vorbereitung; schwammige Aussagen bezüglich des Ablaufs der Exposition; keine Überprüfung patientenseitiger Vermeidung während der Exposition; vermeidendes Verhalten auf Therapeutenseite oder Anleitung zur Vermeidung an die Patienten (!); beruhigendes Einwirken auf die Patienten; zu kurze zeitliche Dauer der Exposition. Anhand dieser Auflistung lassen sich nun umgekehrt die wichtigsten Punkte aufzählen, die von den Therapeuten im Hinblick auf bzw. während der Exposition zu berücksichtigen sind:

- Die Exposition ist das Schlimmste, was sich Betroffene vorstellen können.
- Die Patientinnen müssen nachvollziehen können, warum sie sich dem aussetzen sollen.
- Dazu bedarf es glasklarer Information über Sinn und Wirkung der Exposition.
- Die Vorbereitung ist alles; ohne Vorbereitung ist alles nichts.
- Der Ablauf der Exposition muss festgelegt werden und transparent sein.
- Jedes vermeidende Verhalten der Patienten, ob auf kognitiver Ebene, in Form von Redseligkeit oder Abbruchversuchen, muss erfasst und beendet werden (= Reaktionsverhinderung).
- Als wichtigste Maßgabe gilt: Möglichst nahe an der Angstkurve[7] (z. B. Wittchen et al., 1995) bleiben. Das heißt, dass die Patientinnen immer wieder auf den Angstverlauf zurückgeführt und angewiesen werden, diesen zu beobachten (»Wo auf der Angstkurve sind Sie jetzt?«).
- Auch die Gedanken, Emotionen und Körperempfindungen sollen anhand der Angstkurve regelmäßig abgefragt werden (»Was denken Sie gerade? Was fühlen Sie? Was spüren Sie?«).
- Die diesbezüglichen Antworten der Patientinnen sollen nicht kommentiert, sondern nur entgegengenommen und quittiert werden.
- Die Therapeutin muss ihrerseits ebenfalls nahe an der Angstkurve sein, um den Verlauf begleiten zu können.
- Alles, was die Patienten vom Beobachten ihres Angstverlaufs (Angstkurve) wegholt (»Was würde Ihnen jetzt guttun? Spüren Sie die Sonne? Bald ist es vorbei.«), ist verboten! Cave: Vermeidung!
- Beruhigendes Einwirken auf die Patienten soll unterlassen werden. Es verfälscht das Erleben der Angst bzw. des Verlaufes der Angstkurve. Damit nicht zu verwechseln ist die wichtige Botschaft der verlässlichen Begleitung nach dem Motto »wir schauen uns das gemeinsam an«.
- Die Exposition muss mindestens 30 Minuten dauern, damit der ganze Angstverlauf erfahren werden kann.
- Eine Nachbesprechung und Einordnung der gemachten Erfahrungen ist unerlässlich.

---

7 Angstkurve: Typischer Verlauf einer Angstattacke: Schneller Anstieg, Kulmination, langsame Abnahme.

## 4 Klassische Kognitive Verhaltenstherapie (KVT) bei Angststörungen

Für die Patienten haben sich, so meine Erfahrung, folgende Erklärungen zur Exposition, meist anhand einer Skizze der Angstkurve, immer als sehr gut nachvollziehbar erwiesen:

- Exposition bedeutet, sich dem auszusetzen, was Angst macht – und zu erfahren, dass man es überlebt.
- Die Befürchtung, wonach sich die Angst ins Unermessliche steigert, entspricht nicht dem tatsächlichen Angstverlauf.
- Jede Angst sinkt nach einer Kulminationsphase *von selbst* wieder ab – wenn man nicht dazwischen funkt. Vermeidende Aktionen sind unnötig.
- Ein Grund für diese selbständige Abnahme der Angst liegt in der Physiologie des Menschen, die für eine längere Dauer maximaler Aktivierung nicht geeignet ist und sich daher von selbst herunter reguliert.
- Entscheidend als neue Erfahrung ist *das Erleben der selbständigen Abnahme der Angst*, also der Teil nach der Kulmination, den die Betroffenen nicht mehr kennen und an den sie nicht mehr glauben, weil sie durch ihre Vermeidungsstrategien den natürlichen Verlauf der Angst bereits vorher unterbrochen haben.
- Vermeidung, egal in welcher Form, ist kein taugliches Mittel, denn sie verhindert die Erfahrung, dass die Angst von selbst wieder abnimmt.
- Vermeidungsversuche werden daher von Therapeutenseite verhindert.
- Die maximale Dauer eines Angstanfalls beträgt ungefähr 30 Minuten.
- Oft kommt es vor, dass während der Exposition die Angst verschwindet und eine andere, starke Emotion in den Vordergrund tritt. Das ist normal oder sogar erwünscht, denn es handelt sich dabei i. d. R. um etwas sehr Bedeutsames, das in der weiteren Therapie aufgegriffen werden kann.

Die Durchführung einer Exposition stellt an Patient und Therapeutin hohe Anforderungen und ist eine anspruchsvolle Sache. Herausfordernd sind die notwendige Präzision, das Dranbleiben und das Aushalten des oft sehr berührenden Leidens der Patienten, das leicht zu einem Abbruch verführen könnte. Aber: Eine abgebrochene Exposition ist verheerend, weil sie einerseits die Vermeidungsroutine der Betroffenen verstärkt und andererseits deren positive Besserungserwartung ruiniert.

Von den bekannten Expositionsformen der klassischen KVT seien hier die systematische Desensibilisierung (SD), die Exposition in sensu, die Exposition in vivo und das Flooding erwähnt. Die SD, bereits in Kapitel 3.4 beschrieben, habe ich in meinen Therapien ausgelassen, was in erster Linie damit zusammenhängt, dass ich über viele Jahre primär im Gruppensetting gearbeitet habe. Dort war es wichtig, dass möglichst alle Teilnehmenden von meinen Interventionen profitieren konnten, was ich bezüglich SD für schwierig hielt. Außerdem benötigt die SD aufgrund ihres Annäherungs-Designs relativ viel Zeit. Anders sah bzw. sieht dies jedoch bezüglich der Exposition in sensu aus, die ja darin besteht, dass sich die Patienten in ihrer Vorstellung direkt mit der Angst konfrontieren. Dafür kommt bei mir eine Form der kognitiven Exposition zur Anwendung, die ich zwecks besserer Verständlichkeit für die Patientinnen auch »Zwiebeltechnik« nenne. Dies deshalb, weil die Angst meist in Form ganzer Angstketten oder vieler Angstschichten existiert, was den Betroffenen i.d.R. nicht bewusst ist. Bei der »Zwiebeltechnik« geht es dann darum, die einzelnen Teile einer Angstkette zu identifizieren, bewusst zu machen und sich damit zu befassen, ausgehend von der Angst, die der Patient als erste benennen kann. Die einzelnen Ängste vergleiche ich dabei mit den Schalen einer Zwiebel, die wir, mit der äußersten beginnend, abfragen, betrachten – um auf diese Weise Schicht für Schicht weiter ins Innere der Zwiebel vorzudringen. Dabei gehe ich ähnlich vor wie eine Anwältin in einem US-amerikanischen Gerichtsfilm. Ich stelle bei jeder Angst (bei jeder Schicht der Zwiebel) die gleiche Frage (»Gesetzt den Fall, das wäre so – was würde Ihnen daran Angst machen?«) und halte die Patienten an, ausschließlich und präzise diese Frage zu beantworten. Entscheidend dabei ist, dass das Abfragen in keinem Augenblick von Furcht geleitet und auch dann weitergeführt wird, wenn eine Antwort z.B. lautet »ich könnte mir das Leben nehmen.« Konkret kann das so aussehen:

Pat.: »Ich könnte von meiner Familie verlassen werden.«
Th.: »Gesetzt den Fall, das wäre so – was würde Ihnen daran Angst machen?«
Pat.: »Dass ich meinen Lebensmut verliere.«
Th.: »Gesetzt den Fall, das wäre so – was würde Ihnen daran Angst machen?«
Pat.: »Dass ich mir das Leben nehmen würde.«
Th.: »Gesetzt den Fall, das wäre so – was würde Ihnen daran Angst machen?«
Pat.: »Dass mich niemand vermissen würde.« (Antwort kommt mit Verzögerung)

Und noch ein Beispiel:

Pat.: »Ich fürchte mich davor, dieses Telefonat zu machen, weil ich dabei vielleicht nicht das erreiche, was ich brauche.«
Th.: »Gesetzt den Fall, das wäre so – was würde Ihnen daran Angst machen?«
Pat.: »Ich würde mich schlecht fühlen, traurig, zu kurz gekommen.«
Th.: »Gesetzt den Fall, das wäre so – was würde Ihnen daran Angst machen?«
Pat.: »Ich könnte in ein seelisches Loch fallen und eine Dummheit begehen.«
Th.: »Gesetzt den Fall, das wäre so – was würde Ihnen daran Angst machen?«
Pat.: »Dass ich total die Kontrolle verliere.«
Th.: »Gesetzt den Fall, das wäre so – was würde Ihnen daran Angst machen?«
Pat.: »Dass ich mir etwas antun könnte; also, das Leben nehmen würde.«
Th.: »Gesetzt den Fall, das wäre so – was würde Ihnen daran Angst machen?«
Pat.: »Dass ich meine Familie im Stich lassen würde.«
Th.: »Gesetzt den Fall, das wäre so – was würde Ihnen daran Angst machen?«
Pat.: »Dass meine Familie und speziell meine Kinder auf Abwege geraten.«
Th.: »Gesetzt den Fall, das wäre so – was würde Ihnen daran Angst machen?«
Pat.: »Dass meine Kinder sich schlecht entwickeln und schließlich in der Gosse landen.«
Th.: »Gesetzt den Fall, das wäre so – was würde Ihnen daran Angst machen?«
Pat.: »Dass ich als Mutter komplett versagt hätte.«

Die Exposition endet, wenn die Patienten entweder antworten »nichts« oder aber, wenn sie eine Antwort geben, die ich als Therapeutin für essentiell halte. Im ersten Fall bleibt von der Angst nichts übrig und wenn die Betroffenen dann angewiesen werden, den Weg der Exposition rückwärts zu gehen, stellen sie fest, dass auch die zuerst genannte Angst deutlich verblasst ist. Im zweiten Fall ist durch die Exposition ein Kernthema zugänglich geworden, an dem in der weiteren Therapie gearbeitet werden kann (siehe dazu auch die Aussage des Patienten in Kapitel 2.2, wonach er nicht zur Schöpfung gehöre).

Wie anhand dieser Beschreibung ersichtlich wird, wirkt die (kognitive) Exposition auf zwei Ebenen: Einerseits ermöglicht sie die angestrebte neue Erfahrung »ich habe die Angst überlebt«; andererseits wirkt sie aufdeckend oder kann aufdeckend wirken, indem sie Kernthemen zugänglich macht, die von den Ängsten gewissermaßen eingekapselt sind. Beide Wirkungen zeigen sich im therapeutischen Alltag immer wieder. Weil das explizite Abfragen der Angstkette bzw. -schichten und die ebenso expliziten Antworten der Patienten hörbar und die Reaktionen der Befragten deutlich sichtbar sind, können weitere Anwesende, also z.B. Gruppenmitglieder, den Prozess gut mitverfolgen. Der zeitliche Aufwand für die »Zwiebeltechnik« hält sich in Grenzen und sie kann, einmal verstanden, von den Patientinnen und Patienten sehr gut auch selbständig weitergeführt werden.

Die Exposition in vivo wiederum, also das Aufsuchen der angsterzeugenden Situationen in der Realität, ist um einiges aufwendiger. Die Situationen sind möglicherweise nicht immer verfügbar, müssen also bisweilen abgepasst werden. Sodann müssen sie konkret aufgesucht werden, was meist mit einer Hin- und Rückreise verbunden ist. Je nachdem, wie die kritische Situation aussieht, müssen vor der Exposition Vorkehrungen getroffen werden, damit die Durchführung nicht gestört oder damit sie erlaubt wird (z.B. in einem Warenhaus, wo es evtl. um die mehrfache Benutzung eines Aufzugs geht oder wo der Hausdetektiv aufmerksam wird, wenn jemand wiederholt zwischen den gleichen Kleiderständern oder Regalen umhergeht). Auch muss dafür gesorgt werden, dass es vonseiten Unbeteiligter keine »Rettungsversuche« gibt, wenn sie einen Menschen sehen, der in größter Anspannung durchaus hilfebedürftig wirken kann. Schließlich stellt sich mitunter auch die Frage der Finanzierung, wenn man mit dem Patienten beispielsweise eine längere Zugfahrt unternehmen muss. Für den konkreten Ablauf der Exposition in vivo gelten die Punkte, die weiter oben als für die Therapeuten und Patienten relevant aufgezählt worden sind.

Das Flooding ist eine intensivierte Exposition (meistens in vivo) und besteht darin, die Patienten in maximaler Intensität mit dem stärksten Angstauslöser zu konfrontieren oder eben zu überfluten. Man dürfte das Flooding daher auch als Gegenpol zur SD bezeichnen. Bei dieser Intervention ist auf Patientenseite, auch wegen der Reaktionsverhinderung, mit größtem Leiden zu rechnen, mit Ekel, Schmerz und möglicherweise »entgleisendem« emotionalem Ausdruck. Dieser kann vom hemmungslosen Weinen bis zum Ausstoßen kreatürlicher Laute und grotesken Bewegungen gehen. Auf Seite des Therapeuten erfordert das maximale Belastbarkeit und bedingungslosen Kontaktwillen. Beide Seiten müssen das durchstehen und ich würde diese Variante der Exposition durchaus als brutal bezeichnen.

## 4.3 Kognitive Umstrukturierung in praxi

Damit wollen wir die zentrale Strategie in der Therapie der Angststörungen vorerst stehen lassen und uns weiteren Aspekten zuwenden. Zum Repertoire der klassischen KVT gehört an vorderster Front die kognitive Umstrukturierung, von der in Kapitel 3.4 bereits die Rede war. Wir erinnern uns, dass von dieser Technik verschiedene Spielarten existieren, die letztlich alle zum Ziel haben, dysfunktionale kognitive Prozesse oder Gedanken als solche nach Möglichkeit zu verändern. Je nachdem, ob die Veränderungen direkt oder eher indirekt herbeigeführt werden sollen, sind die einzelnen Varianten des Vorgehens unterschiedlich invasiv. Während das Hinterfragen von scheinbar naheliegenden Schlussfolgerungen und verfestigten Ansichten im Sokratischen Dialog noch einigermaßen behutsam vor sich geht, ist z. B. die Gegen-Indoktrination dann doch ziemlich rabiat.

Vor dem Hintergrund meiner praktischen Erfahrungen aus dem therapeutischen Alltag erlaube ich mir die Frage, ob und inwieweit der Sokratische Dialog bei Angstpatienten die gewünschte Wirkung entfaltet. Als quasi intellektuelle Technik ist er durchaus reizvoll und vermag die Betroffenen unmittelbar in ihren Überzeugungen tatsächlich zu verunsichern. Man hört dann Kommentare wie »so habe ich das noch nie überlegt« oder »wenn Sie natürlich so fragen, dann ...« Jedoch – diese momentanen Verunsicherungen bleiben auf merkwürdige Weise abstrakt, entfalten kaum je tiefere oder nachhaltige Wirkung. Das Ganze verharrt sehr oft auf der Ebene »Gedankenspiel« und sickert nur selten in tiefere Seelenschichten. Es ist denkbar, dass längere und zahlreich wiederholte Anwendungen des Sokratischen Dialogs vielleicht wirkungsvoller wären; nur fehlt dafür unter den aktuellen Gegebenheiten im Gesundheitswesen schlicht die Zeit. Viel eher als Zeit dürfte jedoch eine Rolle spielen, dass das Aufweichen von Überzeugungen und Konklusionsprozessen mithilfe der Vernunft kaum Erlebnisqualität besitzt und daher nicht wirklich *erfahren* wird. Damit hat die Vernunft bereits verloren, denn ihr gegenüber steht eine Armada aus unzähligen Angsterfahrungen, die ihre Kraft aus dem beziehen, was Vernunft allein nicht bieten kann: Erlebnisse im Sinne von höchstpersönlichem Empfinden, also auch einer Sinneswahrnehmung. Und diese sind, weil praktisch ausnahmslos mit Emotionen und eben sinnlichen Komponenten verbunden, immer von erster subjektiver Relevanz. Auch wenn es Angstpatienten bisweilen möglich ist, eine Angstsituation mit rationalen Überlegungen zu kontrollieren, bleibt das doch die große Ausnahme.

Der Umbau von Kognitionen wiederum ist ein Kraftakt und durchaus nicht immer von Erfolg gekrönt. Er erinnert nicht selten an ein Phänomen, das wir im Computer-Zeitalter wohl alle kennen: Man versucht, eine Textpassage zu verschieben, und immer wieder springt sie an den alten Ort zurück. Einzelne Gedankenbausteine tauchen innerhalb eines Gedankens an der gleichen Stelle wieder auf oder es werden, falls der Umbau gelingt, sofort Gedanken nachgeschoben, die letzteren anzweifeln und in Frage stellen. Speziell bei Patientinnen und Patienten, die über große kognitive Möglichkeiten verfügen, kann der Umbau von Kognitionen zur Falle oder gänzlich unmöglich werden. Als Beispiel dafür sei die Argumentationsbereitschaft eines Informatikstudenten angeführt, den ich mit viel Aufwand zum Umbau seiner zahllosen, wenig hilfreichen Gedanken zu bewegen versuchte. Er pflegte sämtliche Vorschläge zum Umbau seiner zentralen Angstgedanken mithilfe mathematischer Logik und anhand von Wahrscheinlichkeitsberechnungen zu prüfen – und damit zu torpedieren. Seine Haltung gegenüber gedanklichen Veränderungen entsprach in etwa der Frage: »Warum sollte ich das anders oder neu denken, solange es für die Stichhaltigkeit des Neuen keine Beweise gibt?« Die Berechtigung dieser Frage ist in der Tat nicht einfach von der Hand zu weisen – zumal die Stichhaltigkeit der Angstgedanken ja unzählige Male erlebt wurde, was einem Beweis sehr nahe kommt; und ehe man sich versieht, steckt man als Therapeutin in den allerschönsten Schwierigkeiten. Die Versuchung, selbst ins Argumentieren einzusteigen – was in dieser Situation natürlich eher ein Gegenargumentieren wäre – ist groß. Gleiches gilt für die Tendenz zu beweisen, dass die therapeutische (also eigene) Sichtweise die hilfreichere und daher richtigere sei. Auch für diese Sichtweise gibt es gute Gründe, denn schließlich verursacht diejenige des Patienten ja eben Leiden und *kann* daher überhaupt nicht richtig sein. Selbst wenn man diesen Gedanken als grundsätzlich zutreffend betrachtet, hilft er in Situationen, in denen man sich als Therapeutin aufs argumentative Glatteis hat führen lassen, nicht weiter. Denn Angstpatienten haben am Ende einer Diskussion immer noch einen Pfeil im Köcher, und der lautet: »Solange etwas nicht sicher bewiesen ist, ist es unsicher und damit gefährlich.«

Eine weitere Gefahr, der Therapeuten in diesem Moment erliegen können, besteht darin, den Patienten eine Verweigerungshaltung zu unterstellen (»er will nicht; sie kooperiert nicht; er ist nicht motiviert« etc.). Das dürfte in den allermeisten Fällen eine Fehleinschätzung sein, denn i. d. R. ist es nicht so, dass Angstpatienten tatsächlich nicht wollen; sondern sie haben schlicht keine andere Möglichkeit (mehr), als dem zu glauben, was ihnen die Angst diktiert. Das Vorstellungsrepertoire, in dem es außer der Angst noch etwas anderes gibt, ist ihnen nach oft jahrelangen Leidensgeschichten abhandengekommen oder dramatisch eingeengt worden. Der Umbau von Kognitionen erweist sich somit bei Angstpatienten als kräftezehrendes und keineswegs erfolgssicheres Unterfangen, denn irgendwo lauert immer ein listiger, ja perfider Elf, der flüstert: »Was, wenn das nicht wirklich sicher ist?«

Ich habe viele Jahre, insbesondere am Anfang meiner therapeutischen Tätigkeit, mit Techniken der kognitiven Umstrukturierung gearbeitet und einiges ausprobiert, um die Schwierigkeiten, die dabei auftauchen können, zu beseitigen. So habe ich z. B. eine Szene aus dem sechsten Streich von »*Max und Moritz*« (Busch, 1865/1925) bemüht, in der sich die beiden Knaben aus den Teighüllen, in die sie eingebacken sind, hinausknabbern und entkommen (ebd., S. 49):

»Knusper, knasper! – wie zwei Mäuse
Fressen sie durch das Gehäuse;«

Der Teig stand dabei für verkrustete Kognitionen, welche die Patienten fest umschlossen und gewissermaßen gefangen hielten. Daraus sollten sie sich durch eigene Aktivität erst einmal befreien, indem sie wie die berühmten Vorbilder von innen an der Kruste knabberten (→ Erlebnisqualität). Das Bild als solches entfaltete zwar durchaus eine Wirkung, indem es die Patienten ein Stück weit in Aktivität brachte; der Weg zu *neuen* Gedanken jedoch blieb schwierig. Kommt dazu, dass clevere Patientinnen vom sechsten sogleich auf den letzten Streich schlossen, der den beiden Jungen dann zum Verhängnis wurde. Wozu also aus der Kruste steigen? Insgesamt würde ich den Erfolg der kognitiven Umstrukturierung bei Angstpatienten als eher mäßig einschätzen. Damit sollen mögliche Verbesserungen keineswegs in Abrede gestellt werden; aber der dafür benötigte Aufwand steht doch des Öfteren in keinem Verhältnis zum Resultat.

## 4.4 Erfahrung als entscheidende therapeutische Größe

Wie weiter oben kurz angesprochen, ist die vielfach fehlende Erlebnisqualität bei der kognitiven Umstrukturierung einer ihrer Schwachpunkte. Wir können denken, was und wie wir wollen, langsam, schnell, träge, flexibel, einfach oder virtuos; wir können hinterfragen, was und wie wir wollen – ohne Erfahrung bleibt alles abstrakt. Mit Erfahrung meine ich hier das Zustands-Bewusstsein, das eigene So-Sein, also wiederum höchstpersönliches Empfinden – im Unterschied zum Denken, das dem Kompetenz-Bewusstsein zugeordnet werden kann (Ulich, 1989). Das Zustands-Bewusstsein hat emotionale Qualität bzw. ist, wie wir bei Ulich (1989) lesen können, von Wundt (1896, zit. ebd.) als Bezeichnung für Emotion verwendet worden. Wie in Kapitel 2.2 dargelegt, beinhaltet Emotion u. a. Selbstbetroffenheit und Identitätserleben. Erfahrung hat somit immer unmittelbare subjektive Bedeutung und entwickelt daher unvergleichlich größere Durchschlagskraft als reines Denken im o. a. Sinn. Wir sind demnach gut beraten, wenn wir in einer Therapie möglichst viele Gelegenheiten für Erfahrungen bieten, denn diese berühren a priori und definitionsgemäß immer die tiefsten Seelenschichten. Echte und nachhaltige (Um-)Strukturierungen entstehen also durch Erfahrungen und letztere sind durch nichts auch nur annähernd zu ersetzen. Über sie ergeben sich dann auch gedankliche Reorganisationen.

Nun bietet die KVT glücklicherweise durchaus die Möglichkeit zu erlebnis- oder eben erfahrungsorientiertem Arbeiten (zur Erlebensorientierung der KVT ▶ Kap. 3). Natürlich ist hier an erster Stelle die Exposition oder Konfrontation zu nennen. Aber auch Rollenspiele und szenische Darstellungen (z. B. Moreno, 1959, zit. n. Kriz,

1994) sowie Verhaltens-Experimente etc. bieten tolle Möglichkeiten für Erfahrungen und sind dabei immer auch größere oder kleinere Expositionen. Stellen wir uns vor, was es für Angstpatienten, die sehr oft auch interaktionelle Ängste haben, bedeutet, wenn sie in einem Gruppenspiel die Gelegenheit wahrnehmen sollen, anderen an den Karren zu fahren oder sie zu kritisieren. Das ist für viele eine echte Exposition, weil sie befürchten, sie könnten aufgrund einer kühnen Meinungsäußerung mit irgendwelchen negativen Konsequenzen (letztlich eben mit Vernichtung) belegt werden. Daher mussten viele meiner Patientinnen und Patienten in Gruppenspielen ausprobieren, wie es sein könnte, wenn sie auf der Interaktionsebene etwas riskieren. Ich habe dazu jeweils eine Situation und ein paar einfache Spielregeln vorgegeben. Eines dieser Spiele war die sog. Mieterversammlung mit folgenden Vorgaben:

Die Mieterinnen und Mieter eines Mehrfamilienhauses kommen zusammen, um sich über unangenehme Alltagsprobleme auszutauschen. Im Rahmen dieses Treffens ist fast alles erlaubt, außer tätlichen Angriffen, körperlichen Übergriffen, groben Beleidigungen und Verlassen des Settings. Auch das Aussteigen aus der gewählten Rolle und Rücksprachen mit der Therapeutin sind nicht gestattet. Voilà. Alles andere bleibt dem Moment und den spontanen Einfällen der Teilnehmenden überlassen.

Sehr oft war es so, dass zunächst artige Zurückhaltung über der Gruppe lag, dass niemand sich traute, einen Anfang zu machen; man hatte schließlich gelernt, was sich gehört, und dazu gehörte Frechsein sicher nicht. Das Risiko war zu groß, und zwar sowohl das externe (Reaktion des Gegenübers) als auch das interne (sich als schlechter Mensch fühlen). Dann wagte sich doch jemand aus der Deckung, sprach eine »Nachbarin« an – und damit war i. d. R. das Eis gebrochen. Die etwas Mutigeren erlaubten sich bald einmal eine erste Frechheit und waren sichtlich neugierig, was sie damit bewirkten. Damit ebneten sie den anderen den Weg und es war durchaus nicht selten, dass dann plötzlich die Scheuen auch ein Risiko eingingen und den Rest der Runde mit ihrem unerwarteten Vorpreschen erheiterten (emotionale Qualität). Wenn es gut lief, kam eine Dynamik in Gang, bei der sich die Teilnehmenden gegenseitig stimulierten und zu immer kühneren Vorstößen animierten, durchaus und zunehmend mit Genuss (emotionale Qualität). Die Pforten der Kreativität standen plötzlich weit offen und das befreiend Unverschämte strömte durch sie hindurch – im Schutz des Settings und meiner Vorgaben. Und es kam, wie im echten Leben: Von der Waschküche übers Treppenhaus bis zum abendlichen Damen- oder Herrenbesuch, von der lauten Musik übers Rauchen auf dem Balkon bis zum Abfallsack im Hauseingang wurde alles angesprochen, kritisiert und durchgekaut, sodass sich die Akteure oftmals nicht mehr wie Patienten, sondern wie echte Personen im realen Alltag fühlten. Das genau war das Ziel: Der Einbezug des Alltäglichen in die Therapie, das Nachstellen der Realität als Übung für den »Ernstfall« – als neue Erfahrung und verlässlicher Türöffner für neue Verhaltensmöglichkeiten.

Selbstverständlich gab es anschließend immer eine Nachbesprechung in der Gruppe, bei der sich alle zu den gemachten Beobachtungen und natürlich zu ihren

## 4.4 Erfahrung als entscheidende therapeutische Größe

Erfahrungen äußern konnten. Sehr oft zeigten sich die Teilnehmenden überrascht von ihrem eigenen Mut (Zustands-Bewusstsein) und zollten ihren Kolleginnen und Kollegen Anerkennung für deren (freche) Einfälle. Viele meinten, dass sie so etwas schon längst auch im Alltag hätten tun sollen, und fast allen fiel jemand ein, dem sie mal so richtig die Meinung sagen wollten. Angst war unmittelbar meist kein Thema mehr, wobei jedoch klar war, dass der direkte Transfer der gespielten Rolle ins normale Leben noch ein paar Anläufe benötigte. Der Ehrlichkeit halber darf nicht verschwiegen werden, dass es Patienten gab, die meinten, so etwas würden sie sich im Alltag nie zutrauen, aber – sie sprachen immerhin von einem Denkanstoß. Und, auch das sei gesagt, bisweilen kam es vor, dass sich jemand überhaupt nicht auf ein Gruppen-Rollenspiel einließ, doch blieb das glücklicherweise die Ausnahme.

Eine weitere Art des erlebnisorientierten Arbeitens bestand darin, dass die Patientinnen sich hinter ein improvisiertes Rednerpult stellen mussten (Zustands-Bewusstsein im physikalischen Raum), von mir ein Stichwort zugerufen bekamen und dann sofort vor der Gruppe einen kleinen Vortrag halten mussten, in dem sie sich lobend und werbend zu diesem Stichwort äußerten – unabhängig davon, ob ihnen das Wort bekannt war oder nicht. Nach ein paar Minuten mussten sie auf mein Kommando zum gleichen Begriff ein kritisierendes Referat abliefern, und zwar ohne jede Bedenkzeit. Die Idee entstammte einem Konglomerat aus unzähligen TV-Fasnachtssendungen, die ich während vieler Jahre anzuschauen pflegte. Sinn und Ziel dieser Aufgabe war es, die Vortragenden aus ihrem Sicherheitsverhalten zu lösen und zu schnellem Eingehen auf rasch wechselnde Bedingungen zu veranlassen. Die Erlebniskomponente bestand darin, nicht über die Vorgaben zu sinnieren, sondern im Moment ins Handeln zu kommen, und das sinnlich erfahrbar – z. B. über die Position hinter dem Rednerpult, die Stimmgebung oder die Gestik, die dem jeweiligen Anliegen Nachdruck verleihen sollte.

Natürlich sind Kognitionen bei beiden geschilderten Gruppenspielen beteiligt, aber eben immer im Verbund mit sinnlichen, emotionalen und selbstverständlich Verhaltensanteilen. Entscheidend dürfte sein, dass sich alle miteinander verzahnen und so ein Ganzes bilden, das erfahren wird. »Tu's einfach und lass dich ein.« Die Rückmeldungen der Patienten jedenfalls waren eindeutig: Kaum etwas zeigte eine derart nachhaltige Wirkung wie das, was sie aus den erlebnisorientierten Sitzungen mitnahmen. Sie konnten zurückgreifen auf Erkenntnisse, die sie nicht nur gedacht, sondern körperlich und emotional erfahren hatten. Diese Erfahrungen wirkten immer auch als Verstärkungen, wobei die Art der Verstärkung von der Art der Erfahrung abhängig war.

## 4.5 Was sich im Umgang mit Gedanken wirklich bewährt

Dass die Veränderung von Gedanken, die zu den Wesensmerkmalen der KVT gehört, mitunter problematisch sein kann, wurde bereits erwähnt. In Kapitel 3.1 wurde zudem angedeutet, dass eine Modifikation i. S. von »Positivierung« zwar oft angestrebt und von vielen als wichtig vermutet wird, dass allerdings nicht sicher ist, ob es tatsächlich um mehr positive bzw. positivere Gedanken gehen muss.

Schauen wir uns einmal an, was es für eine Angstpatientin bedeuten könnte, wenn sie sich in der positiveren Gestaltung ihrer Angstgedanken versucht. Eine Möglichkeit wäre, einen Angstgedanken etwas weniger beängstigend zu formulieren. Aus dem Gedanken »Es wird ganz schlimm werden.« würde dann z. B. »Ganz so schlimm wird es nicht werden.«. Während die zweite Formulierung für eine Person ohne Angststörung ganz passabel klingt, wird bei der Angstpatientin ziemlich sicher hängenbleiben, dass es zwar nicht ganz so schlimm, aber immer noch schlimm werden wird. Und das bleibt schlimm genug. In einem weiteren Versuch könnte der Angstgedanke durch einen explizit zuversichtlichen Gedanken ersetzt werden, also z. B. durch »Es wird gut werden.«. Dabei gibt es gleich mehrere Schwierigkeiten: Einerseits fehlt diesem Gedanken schlicht die Glaubwürdigkeit (denken wir an das Beispiel des Informatikstudenten zurück, der den fehlenden Sicherheitsbeweis ins Feld führte), andererseits wirkt er nicht etwa befreiend, sondern verpflichtend und setzt die Betroffene dadurch unter Druck. Damit ist natürlich nichts gewonnen; es ist, ganz im Gegenteil, davon auszugehen, dass dieser Druck die Anspannung und damit die Wahrscheinlichkeit für eine Angstattacke erhöht (zum Zusammenhang von Stress und Angstreaktion siehe z. B. Ambühl et al., 2001, S. 213). Die Sache mit der Stärkung der Positivität ist also ziemlich vertrackt.

Bleibt noch eine weitere Variante der Veränderung, nämlich das neutrale Feststellen. Das ist ein vermutlich nicht offizieller Begriff, den ich zuhanden meiner Patientinnen und Patienten geprägt habe, damit sie begreifen, worum es geht. Den Begriff in dieser Form habe ich recherchiert, jedoch nirgendwo gefunden. Die Idee dazu ergibt sich folgerichtig aus dem Angstkreis (z. B. Wittchen et al., 1995), dem ich sie entnommen habe. Details dazu folgen in den kommenden Abschnitten. Unter neutralem Feststellen verstehe ich das bewertungsfreie Konstatieren von dem, was gerade ist bzw. sich abspielt. Bezüglich unseres o. a. Angstgedankens könnte das dann so aussehen: »Ich stelle fest Doppelpunkt Ich befürchte das Schlimmste Punkt.« Der Satz (eigentlich sind es ja deren zwei) sollte genau so gedacht oder gesprochen werden, wie er hier steht, also in Form zweier Hauptsätze inklusive Doppelpunkt und Punkt. Der erste Hauptsatz konzentriert die Aufmerksamkeit auf das, was folgt, und stimmt auf die Neutralität ein; der zweite ist das, was festgestellt wird. Der mitzudenkende Punkt am Schluss der neutralen Feststellung dient als bewusst gesetztes Stopp-Signal, als Begrenzung der Feststellung, die verhindert, dass sofort Gedanken nachgeschoben werden, die das neutrale Konstatieren relativieren könnten. Diese wenig hilfreichen Gedanken heißen bei mir »Storno-Gedanken«, weil sie alles, was davor möglicherweise erreicht wird, rückgängig machen. Derartige »Storno-Gedanken« lauten: »Aber …«; »Ich weiß nicht so recht«; »Was, wenn das nicht funktioniert?«; »diese Scheiß-Angst!«; »Ich halte das nicht aus!« etc.

Worin unterscheidet sich nun das neutrale Feststellen von den beiden Versuchen, den Angstgedanken positiver zu gestalten? Der augenfälligste Unterschied besteht darin, dass nicht eine befürchtete Katastrophe oder sonst ein Ereignis fokussiert wird, sondern die eigene aktuelle Handlung, hier das Denken. Damit entfällt schon mal die böse Vorhersage, die sehr oft als self fulfilling prophecy fungiert – und damit die Gewissheit über das unausweichlich Furchtbare. Es ist also keineswegs mehr sicher, dass das Befürchtete eintritt. Auch die verpflichtende Festlegung auf ein gutes Ende fällt weg. Was die eigene Handlung (das Denken) angeht, wird diese einfach nur wahrgenommen und nicht bewertet (selbstverständlich bedarf es dazu einiger Übung). Damit wiederum entfällt die Notwendigkeit, unmittelbare Gegenmaßnahmen einzuleiten (Vermeidung, Kampf), denn etwas Neutrales muss weder vermieden noch bekämpft werden; man kann es einfach so stehen lassen. Der dritte Unterschied betrifft die Möglichkeit der weiteren Beobachtung. Vor etwas Neutralem braucht man sich nicht zu verschließen oder gar zu schützen. Man kann es sich genau anschauen, es erfassen und dadurch erkennen, wie es tatsächlich ist; d. h. man kann dem eigenen Angstgedanken – und der unweigerlich damit einhergehenden Angst – begegnen und dadurch neue Einsichten gewinnen (▶ Kap. 2.2). Zum Beispiel, dass einem der Gedanke nichts anhaben kann und, hier ist der Bezug auf die Emotion unausweichlich, dass die damit verbundene Angst von selbst wieder abnimmt und keine Katastrophe eintritt. Damit wäre dann auch das Prinzip der Exposition wieder verwirklicht, und zwar auf ziemlich ökonomische Weise. Dass das neutrale Feststellen überdies eine Form der Achtsamkeit darstellt, ist ein weiterer Vorteil; denn Achtsamkeit wirkt durch ihre Bewertungsferne bei Patienten, die mit ihren Angstgedanken und natürlich der Angst selbst einer der heftigsten Bewertungen überhaupt unterliegen, geradezu erlösend.

Entscheidend beim neutralen Feststellen ist nicht der Inhalt, also was man feststellt, sondern die Art und Weise, also *wie* man feststellt. Das muss man den Patienten gut erklären, damit sie begreifen, dass auch das Unangenehmste ohne Bewertung festgestellt werden kann. Ebenso muss gezeigt werden, dass nicht nur die Wortwahl, sondern auch die Sprech- oder Denkmelodie darüber entscheidet, ob eine Bewertung vorgenommen wird oder nicht. Am besten funktioniert das, indem man die Patientinnen einen Satz mit verbal neutralem Inhalt in mehreren unterschiedlichen Tonfallvarianten sprechen lässt. Da dies eine sinnliche Erfahrung darstellt (Stimmgebung, Tonmodulation), verhilft es rasch dazu, dass die Patienten den Unterschied zwischen bewertendem und neutralem Feststellen erkennen. Und schließlich muss unbedingt darauf hingewiesen werden, dass die gerade beschriebenen Kriterien fürs Feststellen auch dann wirksam sind, wenn man einen Gedanken nicht ausspricht, sondern nur denkt.

## 4 Klassische Kognitive Verhaltenstherapie (KVT) bei Angststörungen

Was das neutrale Feststellen bewirkt, kann auch gut am Beispiel des sog. Angstkreises[8] (z. B. Wittchen et al., 1995) gezeigt werden. Er macht den Zusammenhang von Reiz, Wahrnehmung, Bewertung und Angst verständlich und wird zunächst als lineare Abfolge dargestellt:

**Abb. 4.1:** Der Angstkreis als lineare Abfolge

Biegt man obige Zeile im Uhrzeigersinn kreisförmig zusammen, entsteht der Angstkreis; d. h. dass die zweite Bewertung unmittelbar zum Reiz aufschließt bzw. zum neuen Reiz wird – und der Ablauf somit weitergeht. Ohne Veränderung kann sich dieser Ablauf perpetuieren, wobei es aufgrund der Vermeidung Schwankungen gibt: Die Vermeidung erzeugt kurzzeitige Erleichterung, d. h. einen Rückgang der Angst. Dadurch jedoch wird, wie wir bereits wissen, die Angst nachhaltig am Leben erhalten und die nächste Gelegenheit für Angst geschaffen.

Die in der obigen Zeile fett geschriebene Vermeidung entspricht der unmittelbaren, also im Moment der Angst praktizierten Vermeidung aus Kapitel 2.2. Daneben existiert jedoch noch eine weitere Variante der Vermeidung, nämlich die Strategie, im Umgang mit der Angst *kritische Reize* möglichst *von vornherein zu vermeiden* (vorbeugendes Vermeiden) – um auf diese Weise den Angstkreis gar nicht erst in Gang zu bringen. Beides wurde in den Kapiteln 2.1 und 2.2 erklärt und ist, wie bekannt, die schlechteste aller Möglichkeiten. In letzter Konsequenz führt das dazu, dass Betroffene viele Situationen gar nicht mehr aufsuchen und dadurch in ihren Möglichkeiten ganz konkret eingeschränkt werden. Ein eindrückliches Beispiel hierfür ist ein Patient ca. Mitte 40, der das eigene Grundstück während mehreren Jahren nicht mehr ohne Begleitung verlassen konnte.

Das neutrale Feststellen nun, um dessen Wirkung auf unmittelbare bzw. akute Angst es hier geht, ist eine gänzlich andere und wesentlich hilfreichere Strategie. Es wird bei der gedanklichen Bewertung eingesetzt (in der obigen Zeile ist es kursiv geschrieben) und entfaltet dort seine bereits beschriebenen Wirkungen. Wird der Reiz neutral betrachtet, sinkt die Wahrscheinlichkeit für Angst und das Auftreten damit verbundener Körpersymptome. Damit wiederum muss nicht mehr vermieden werden und auch die zweite Bewertung, die den Angstkreis schließt, entfällt. Falls das nicht auf Anhieb funktioniert, lässt sich auf der emotionalen Ebene, also bei der Angst, das neutrale Feststellen ebenfalls bzw. ein zweites Mal anwenden. Dazu reicht es, die aktuelle Emotion einfach zur Kenntnis zu nehmen (»Ich stelle fest: Ich spüre Angst.«); alles Übrige läuft dann, wie oben im Zusammenhang mit der

---

8 Angstkreis: Kreisförmige bildliche Darstellung der Entwicklung bzw. des Verlaufs einer Angstattacke.

Möglichkeit der weiteren Beobachtung beschrieben. Siehe dazu auch die Überlegungen zu neutralen Zuständen in Kapitel 3.4.

Das Wunderbare am neutralen Feststellen besteht darin, dass es nicht nur die Handhabung unliebsamer Gedanken erleichtert und deren Umbau überflüssig macht, sondern, wie wir soeben gesehen haben, dass es in exakt gleicher Weise auch beim Umgang mit bedrohlichen Emotionen eingesetzt werden kann.

## 4.6 Unterschiedliche Vorgehensweisen bei verschiedenen Angststörungen?

Betrachtet man die S3-Leitlinie zur Behandlung von Angststörungen (Bandelow et al., 2014), findet man nur wenige Differenzierungen hinsichtlich des Einsatzes einzelner KVT-Techniken bei den verschiedenen Angststörungen. Einzig für die Panikstörung mit Agoraphobie und für die spezifischen Phobien wird explizit auf die Notwendigkeit von Exposition (in vivo) hingewiesen. Tatsächlich würde ich vor dem Hintergrund eigener therapeutischer Erfahrungen meinen, dass sich sämtliche Angststörungen ähnlich behandeln lassen bzw. dass es Techniken und Interventionen gibt, die sich bei allen Varianten der Störung als wirksam erweisen. Das soll im Folgenden etwas näher ausgeführt werden.

In der Einleitung und in Kapitel 4.1 habe ich vom Expositions*prinzip* (E-Prinzip) gesprochen. An dieser Stelle soll nun verdeutlicht werden, was damit gemeint ist. Unter dem E-Prinzip verstehe ich *das Gegenteil der Vermeidung in all ihren Ausprägungen*. Anders ausgedrückt besteht das E-Prinzip darin, *sich dem Bedrohlichen, also den Angstgedanken, der Angst selbst sowie den unheimlichen Körperempfindungen bewusst und offen zuzuwenden und sie zu beobachten – allerdings möglichst ohne damit ein konkretes Ziel oder ein zu erreichendes Resultat zu verbinden.* Damit unterscheidet sich das E-Prinzip ein wenig von der klassischen Exposition, bei der es ja meist durchaus um ein Ziel geht; nämlich ums Dranbleiben, Durchstehen und letztlich um eine neue Erfahrung, die zu mehr Freiheit führt. Ganz ziellos ist natürlich auch das E-Prinzip nicht, weil vermutlich sogar dem Beobachten eine winzige Ergebnisorientierung innewohnt, nämlich das Sehen(wollen), was ist. Umgekehrt ist es möglich, eine klassische Exposition weitgehend im Sinne des E-Prinzips durchzuführen, wenn man sie ergebnisoffen anleitet. Das steht zwar durchaus in einem gewissen Widerspruch zur Information der Patienten über die Angstkurve; dieser kann jedoch entschärft werden, indem man die Betroffenen zu Neugierde auffordert: »Beobachten Sie einfach mal, wie sich das Ganze tatsächlich abspielt.« Selbst, wenn der Verlauf der Angstkurve bekannt ist, bedeutet das nicht, dass im Moment der Exposition auf deren Ende gezielt werden muss (das wäre eine Variante der Vermeidung nach dem Motto »auf dem schnellsten Weg da durch«). Es geht, ganz im Gegenteil, gerade während der Exposition darum, die Angstkurve primär als Mittel zur Beobachtung des unmittelbaren Geschehens einzusetzen. Es ist ein bisschen wie beim Musizieren oder Theaterspielen: Ein bekanntes Ziel – das Stück (zu Ende) spielen – bedeutet nicht, dass man sich nicht aufs Spielen im Moment einlassen kann. Das sollte man sogar, denn andernfalls verliert die unmittelbare Spielaktivität an Präzision und Qualität. Vielleicht können wir uns darauf verständigen, dass das E-Prinzip eine Haltung definiert und immer durch Beobachtungsbereitschaft und Prozessorientierung bestimmt wird, wogegen die klassische Exposition als Aktivität bisweilen eher einem Resultat zustrebt. Jedenfalls ist das E-Prinzip mit wesentlich weniger Aufwand verbunden und kann als Haltung jederzeit und überall wirksam werden.

In Kapitel 2.1 habe ich darauf hingewiesen, dass alle Angstpatienten, mit denen ich zu tun hatte bzw. immer noch habe, der Vermeidung anheimgefallen sind und dass sich die verschiedenen Varianten der Angststörung in ihrem Erscheinungsbild darin unterscheiden, was situativ jeweils vermieden wird. Wir könnten also auf der Störungsseite auch vom Vermeidungs*prinzip* sprechen. Weil es als Bewältigungsstrategie allgegenwärtig ist und, wie an anderer Stelle ausführlich dargelegt, nur durch das Herstellen von Klarheit, sprich durch die Begegnung mit dem Vermiedenen aufgelöst werden kann, ist demzufolge auch das E-Prinzip mit seinen Möglichkeiten bei allen Varianten der Störung angebracht – nicht jedoch die Exposition im klassischen Sinne. Am besten lässt sich diese Unterscheidung am Beispiel der generalisierten Angst illustrieren, bei der sich eine Exposition in der Tat kaum durchführen lässt. Die rasche Abfolge von Vermeidungsnotwendigkeiten (grundsätzlich jede Herausforderung des Alltags kann zum Angstinhalt werden) macht es äußerst schwierig, die Anforderungen an eine Exposition zu erfüllen; es fehlt ganz einfach an den zeitlichen Möglichkeiten, was u. a. auch bedeutet, dass der natürliche Verlauf der Angstkurve nicht erlebt werden kann. Dazu kommt, dass sich die frei flottierende Unruhe, die zwischen den konkreten Angstmomenten permanent besteht, der Exposition entzieht, weil sie nicht wirklich fassbar ist. Man kann sich das so vorstellen, wie wenn man mit der Hand in Zuckerwatte greifen würde, um fest zuzupacken – ein Ding der Unmöglichkeit. Sehr wohl jedoch ist es möglich, bei bzw. gegenüber der generalisierten Angst eine beobachtende Haltung einzunehmen, und zwar sowohl, was die konkreten Angstmomente als auch die frei flottierende Unruhe angeht. Eine sehr gute Hilfe bietet dazu das neutrale Feststellen, das mit der nötigen Übung quasi automatisch die Verwirklichung des E-Prinzips in Gang setzt.

Das kann sogar bei Patienten mit einer Panikstörung funktionieren, die ja die Auslöser für einzelne Anfälle meist nicht kennen (Ehlers & Margraf, 1994, zit. n. Reinecker, 1994) und blitzschnell von der Panik attackiert werden. Bei ihnen geht es darum, das Einsteigen in die Beobachterrolle so gut zu trainieren, dass es gewissermaßen auf Knopfdruck stattfindet. Wenn das gelingt, haben Panikpatienten, sobald sie im Beobachtermodus sind, mit einem Mal ganz viel Zeit, können sich sozusagen innerlich zurücklehnen, um dem Panikgeschehen zuzuschauen.

Man kann also davon ausgehen, dass sich das E-Prinzip bei allen Varianten der Angststörung anwenden lässt und seine neutralisierende Wirkung entfaltet. So zumindest meine Erfahrung. Wo es sich anbietet bzw. möglich ist, sollte zusätzlich die klassische Exposition eingesetzt werden.

Mit den Themen der Kapitel 4.5 und 4.6 haben wir uns bereits ein Stück weit von der klassischen KVT entfernt bzw. haben sie um zwei Vorgehensweisen erweitert, die sehr deutliche Kennzeichen von Achtsamkeitstechniken enthalten. Während in der klassischen KVT immer wieder von Korrektur und Umgestaltung die Rede ist, geht es beim neutralen Feststellen und beim E-Prinzip um etwas ganz anderes; nämlich ums genaue und ergebnisoffene Beobachten. Damit sind wir beim zweiten Grundsatz für die Therapie angekommen: »*Vermeide das Bewerten!*« Die Veränderungen, die dadurch möglich werden, sind nicht etwa das Resultat des gezielten Umbaus von Gedanken- oder Verhaltensfehlern, sondern das Ergebnis einer sich ändernden Beziehung zum Problem. Und genau das wird uns im Hinblick auf die Besonderheiten der ACT weiterhin beschäftigen, denn es ist eines ihrer Kernmerkmale. Wir befinden uns also bereits in der Vorbereitung zur ACT und sind ihr mit dem neutralen Feststellen und dem E-Prinzip näher gekommen. Bevor wir richtig mit ihr Bekanntschaft machen, sollen jedoch noch zwei, drei Themen betrachtet werden.

## 4.7 Was müssen Patienten wissen?

Die einfachste Antwort auf diese Frage lautet: Möglichst so viel, dass sie die Dynamik der Störung verstehen und vor diesem Hintergrund nachvollziehen können, warum sie das tun sollten, was in der Therapie empfohlen wird.
Die Methode, mit der das erreicht wird, heißt Psychoedukation und ist nichts anderes als gezielte Wissensvermittlung. Wenn wir die oben gegebene einfache Antwort näher betrachten, wird klar, dass die Effekte von Psychoedukation auf mehreren Ebenen in Erscheinung treten. Einerseits geht es um die Ermöglichung von Einsichten und Aha-Erlebnissen, dann aber auch um die Rückgewinnung von Kontrolle. Was man versteht und nachvollziehen kann, lässt sich in die eigene Welt integrieren und wird so als kontrollierbar erlebt. Damit wächst auch das Zuständigkeits- oder Verantwortungserleben, denn es geht um etwas, das Teil der eigenen Erkenntnisstruktur geworden ist und dadurch als zu einem gehörend empfunden wird. Des Weiteren dürfte Psychoedukation auch motivierende Wirkung entfalten oder Motivation zumindest wahrscheinlicher machen: Verstehen eröffnet neue Perspektiven und schützt im besten Fall vor resignativer Passivität. Da Angstpatienten unter Leidensdruck stehen, sind sie meistens bereit, etwas für eine Veränderung i. S. von Verbesserung zu tun. Verstehen und Wissen helfen dabei, weil sie die interne Konsistenz der Problematik erklären und vor diesem Hintergrund passende Alternativen bzw. adäquate und hilfreiche Lösungen präsentieren. Sie führen damit oft zu direkter Handlungsbereitschaft, gemäß dem Motto »jetzt, wo ich weiß, was ich tun kann, mache ich das auch«. Zu den konkreten Inhalten der Wissensver-

mittlung bei Angststörungen gehören mindestens Erklärungen zur Dynamik der Vermeidung, die Angstkurve sowie der Angstkreis. Ebenfalls muss immer wieder darauf hingewiesen werden, dass das Üben des jeweils neu Instruierten als integrierender Bestandteil zum therapeutischen Prozess gehört und Verbesserungen nur möglich sind, wenn die Patientinnen und Patienten aktiv mitarbeiten. Dazu eignet sich die Bezugnahme auf Erfahrungen aus dem Alltag, denn kaum jemand wird bestreiten, dass es für den Erwerb neuer Fertigkeiten einiges an Übung braucht. Den Betroffenen muss ferner erklärt werden, dass ihre Kooperation u. a. in Form von Hausaufgaben gefordert wird. Und schließlich ist die Psychoedukation auch Teil des Selbstverständnisses der modernen Psychotherapie, in der die Patienten nicht als willfährige Untergebene, sondern als gleichberechtigte, informierte Partner betrachtet werden oder betrachtet werden sollten. Damit hat Wissensvermittlung auch einen ethischen Aspekt. (Für einen Artikel zum Thema Psychoedukation bei Angststörungen siehe z. B. Alsleben, 2005).

## 4.8 Beziehungsgestaltung

Eine vertrauensvolle, tragfähige Beziehung zwischen Patientin und Therapeut gilt heute als unabdingbare Voraussetzung für einen erfolgreichen Therapieprozess. Wollte man das eher technisch ausdrücken, ließe sich sagen, dass die Beziehung als Transportmittel für Interventionen dient. Umgekehrt bedeutet das: Ohne gute Therapiebeziehung braucht man als Therapeutin mit Interventionen gar nicht erst anzufangen.

> »Kein Befund der Psychotherapieforschung ist jedoch so häufig bestätigt worden wie der Zusammenhang zwischen dem allgemeinen Wirkfaktor Therapiebeziehung und dem Ergebnis von Psychotherapie. Der positive Zusammenhang zwischen einer guten Therapiebeziehung und dem Therapieerfolg wird mittlerweile durch mehrere Metaanalysen bekräftigt.« (Pfammatter, Junghan & Tschacher, 2012, S. 24)

Von außen betrachtet muss diese Beziehung insbesondere auf therapeutischer Seite folgende Eigenschaften aufweisen: Wohlwollen, Interesse, Respekt, Empathie, Wertschätzung, Authentizität, Verzicht auf Wertungen, klarer Umgang mit bzw. Wahrung von Grenzen usw., also Eigenschaften, die im Grunde genommen auch in anderen, nicht therapeutischen Beziehungen wünschbar wären. Eine etwas »psychologischere« Betrachtung lenkt die Aufmerksamkeit auf die Bedeutung der sog. komplementären Beziehungsgestaltung. Dieser Begriff wurde in den 1990er Jahren von Klaus Grawe geprägt und meint, dass man sich in der therapeutischen Beziehung ergänzend bzw. erfüllend zu den Beziehungszielen der Patienten verhalten sollte (Grawe, 1992, zit. n. Margraf & Schneider, 2009). Bei Margraf und Schneider (2009, S. 490) heißt es dazu: »Komplementarität bedeutet dabei nicht, dass Therapeuten immer bestätigend auf das unmittelbar vorangegangene Verhalten der Patienten reagieren. Gemeint ist vielmehr, dass der Therapeut dem Patienten Wahrnehmungen im Sinne seiner wichtigsten Beziehungsziele ermöglicht.«

Da sämtliche Ziele des Menschen letztlich oder vielmehr erstlich von den vier psychischen Grundbedürfnissen bestimmt werden (Epstein, 1990, zit. n. Grawe, 1998; Grawe, 1998), dürfte es legitim sein, komplementäres Verhalten direkt auf die Grundbedürfnisse zu beziehen. Das Konsistenzmodell von Grawe (1998, S. 441) veranschaulicht das normale psychische Funktionieren unter Einbezug der motivationalen Schemata und komplexer Rückkoppelungen. Aus Gründen der Vereinfachung werden wir hier nicht das Modell in seinen Details betrachten. Mitnehmen wollen wir jedoch die Bedeutung der sog. motivationalen Schemata, die Grawe als »intentionale Bereitschaften« bezeichnet (1998, S. 339) und über die er später sagt: »Die motivationalen Schemata bestimmen, was ein Mensch tut und erlebt.« (1998, S. 561). Sie entwickeln sich aus Erfahrungen mit der Welt und beziehen sich immer auf das übergeordnete Ziel, die Grundbedürfnisse möglichst ausgewogen zu befriedigen oder nicht zu gefährden. Man könnte diese Schemata demnach auch als operative Ebene bezeichnen, während die Grundbedürfnisse die höhergestellte Strategie vorgeben. Günstige Schemata ermöglichen die Befriedigung der Bedürfnisse ziemlich direkt bzw. in Annäherungsrichtung; problematische Schemata sind meist darauf ausgerichtet, die Bedürfnisse nicht in Gefahr zu bringen, und leiten deshalb eher zu Vermeidungen an. Wenn wir die Grundbedürfnisse der Patienten, das Bedürfnis nach Orientierung/Kontrolle, nach Bindung, nach Lusterhöhung/Vermeidung von Unlust und nach Erhöhung des Selbstwerts befriedigen, können wir davon ausgehen, dass wir uns komplementär verhalten. Dies trifft selbst oder gerade dann zu, wenn Patienten aufgrund negativer Erfahrungen dysfunktionale Schemata entwickelt haben und sich auf der operativen Ebene »schwierig« verhalten. In diesem Fall wirkt das komplementäre Vorgehen korrigierend in dem Sinn, als es die Befriedigung der vier Grundbedürfnisse sicherstellt und auf diese Weise den problematischen Schemata quasi die Notwendigkeit entzieht – Erfüllung garantiert → schützende Vermeidung nicht nötig – und zeigt, dass es auch anders geht, angenehmer, erfüllender. Dadurch erhalten die Betroffenen die Möglichkeit, neue und i. d. R. hilfreichere Schemata zu entwickeln; nämlich solche, die ziemlich direkt die Befriedigung der Grundbedürfnisse erlauben. Das bedeutet, dass die komplementäre Gestaltung der Beziehung weit mehr ist als ein wichtiges Transportmittel für Interventionen, nämlich ein echtes Therapeutikum.

Selbstverständlich gibt es in einer Therapie immer wieder Momente, in denen die Grundbedürfnisse für eine gewisse Zeit ausdrücklich nicht befriedigt werden können, z. B. das Bedürfnis nach Vermeidung von Unlust während einer Exposition. Das darf allerdings nur vorübergehend der Fall sein und muss stets im Dienste dessen stehen, was als gewünschtes Therapieziel definiert wurde.

Die Grundbedürfnisse können vermutlich auf fast ebenso viele Arten befriedigt werden, wie es Menschen gibt, und es ist in erster Linie Aufgabe der Therapeutin herauszufinden, wie das bei den einzelnen Patienten jeweils geschehen kann, und zwar bereits ab dem Erstgespräch. Dazu ist es dienlich, die Betroffenen ausführlich ihr Leiden schildern zu lassen, nachzufragen und das, was man verstanden hat, zur

Überprüfung durch die Patienten an diese zurückzumelden. Dadurch erzeugt die Therapeutin nicht nur eine Atmosphäre des Aufgehobenseins (kommt dem Bindungsbedürfnis und dem Bedürfnis nach Lusterhöhung entgegen), sondern appelliert auch an die Kompetenz und Expertise der Patienten – u. a. bezüglich der Störung (kommt dem Kontrollbedürfnis und dem Bedürfnis nach Selbstwerterhöhung entgegen). Die Theorien der Patienten zu ihrem Problem, ihre Vorstellungen über Verbesserungen und ihre Therapieziele sollten im Gespräch ebenso Platz finden. Da hinter jeder Aussage und jeder Verhaltensweise der Patienten die jeweils relevanten Schemata und erst recht die Grundbedürfnisse stehen, beinhaltet die Gestaltung der Beziehung auf Seite der Therapeuten immer ein Stück weit auch entdeckende Aktivität. Es gilt, das gerade am meisten aktualisierte Bedürfnis zu identifizieren und sich dazu komplementär zu verhalten – wobei wir uns darüber klar sein müssen, dass alle vier Grundbedürfnisse eigentlich immer gleichzeitig befriedigt werden wollen. Wie wir jedoch bei Grawe (1998) lesen, ist es so, dass sich das Bedürfnis-Quartett bzw. die daraus abgeleiteten Schemata bezüglich ihrer Aktualität in einem beweglichen Gleichgewicht befinden. Das bedeutet, dass sich die unmittelbare Wichtigkeit der einzelnen Bedürfnisse/Schemata ständig ändern kann, ähnlich wie sich die Teile eines Mobiles im dreidimensionalen Raum bewegen (dieser Vergleich stammt, wenn mich die Erinnerung aus meiner Studienzeit nicht trügt, ebenfalls von Grawe). Aus diesem Grund ist es wünschenswert, dass der Therapeut diese Bewegungen quasi mitmacht, d.h. möglichst erkennt, welches Bedürfnis gerade besonders wichtig ist, und sich dazu komplementär verhält. Das verlangt Elastizität und Flexibilität.

Wenn wir unsere Patienten als Kooperationspartner betrachten, auf ihre Fähigkeiten eingehen, Wissen zur Verfügung stellen, wenn wir für die Therapie zuverlässig verfügbar sind, wenn wir die Patienten für ihre Bemühungen loben und auch mal ein Kompliment aussprechen, haben wir bereits viel für die vier Grundbedürfnisse getan. Das sind nur ganz wenige Beispiele, wie komplementäres Verhalten in der Therapie aussehen kann, und die Leserinnen und Leser mögen sich nun weitere Möglichkeiten selbst ausdenken.

Aus eigener Erfahrung will ich an dieser Stelle noch ein paar Punkte ergänzen, die mir für die Beziehung zu Angstpatientinnen und -patienten wichtig scheinen. Aufgrund der Tatsache, dass Angst intensivste Verunsicherung und größtmöglichen Kontrollverlust mit sich bringt; dass zwischen Auftreten der Störung und korrekter Diagnose (und damit wirksamer Therapie) oft mehrere Jahre vergehen; dass das Vertrauen in therapeutische Möglichkeiten bzw. Personen dadurch oft erschüttert ist; dass sich die Patienten in der Therapie mit dem befassen sollen, was sie am meisten befürchten – aufgrund all dieser Tatsachen muss die therapeutische Beziehung möglicherweise mehr als bei anderen Störungsbildern stark und glaubhaft sichernd sein. Daraus ergeben sich ein paar spezifische Anforderungen an den Therapeuten, die teilweise denen ähnlich sind, die Ambühl und Meier (2003) für die Beziehungsgestaltung bei Zwangspatienten aufführen. Konkret sollte sich der Therapeut in seinem Vorgehen, zusätzlich zu den bereits erwähnten Beziehungstechniken, durch folgendes auszeichnen:

- explizite Kompetenz und maximale Klarheit
- Geduld bei gleichzeitiger therapeutischer Durchschlagskraft
- hieb- und stichfeste Erklärungen
- direktives Vorgehen (nicht i. S. von kommandieren, sondern i. S. von Sicherheit geben durch klare Anweisungen)

## 4.9 Ist die KVT nur pragmatisch oder bietet sie mehr?

Immer wieder habe ich erlebt, dass die KVT als primär oder nahezu ausschließlich bewältigungsorientierte Therapierichtung verstanden wird, sogar von Kolleginnen und Kollegen, die selbst psychotherapeutisch tätig sind. Ich werde nie vergessen, wie mich einst ein junger, in Ausbildung stehender Psychotherapeut staunend fragte, ob ich tiefenpsychologisch ausgebildet sei; und dies nur, weil ich eine Angstpatientin nach ihren Seelenbildern fragte. Der junge Kollege konnte es kaum fassen, dass eine solche Frage im Rahmen einer KVT gestellt wurde, war er doch so instruiert worden, dass es darum gehen müsse, pickelharte Konfrontationen bzw. Expositionen durchzuziehen. Ein anderer, längst zertifizierter Therapeut war der Meinung, dass die KVT im Bereich der Angststörungen vor allem für die Behandlung von Phobien und Panikstörungen geeignet sei, nicht aber für die Therapie von generalisierten Ängsten (bei denen sich in der Tat eine Exposition auf den ersten Blick nicht unbedingt als machbar aufdrängt, wie wir bereits gesehen haben) oder gar Traumatisierungen. Die KVT wird also auch im 21. Jahrhundert noch vielfach als Therapieform betrachtet, die sich vor allem für das eignet, was man dinglich anpacken kann. Nun ist die verhaltens- bzw. handlungsorientierte oder eben praktische Seite der KVT tatsächlich eines ihrer Bestimmungsmerkmale – und einer ihrer Vorteile; denn ohne Verhalten oder Handeln wird sich kaum etwas verändern. Das bedeutet aber natürlich nicht, dass keine Klärungsprozesse vorgesehen sind oder Klärung nicht stattfindet. Denn Klärung gehört, auch wenn sie z. B. mithilfe von imaginativen Techniken angestoßen wird, nicht irgendwo in einen mystischen Raum, sondern in die Welt der irdischen wissenschaftlichen Psychologie oder Psychotherapie. Und wer meint, die KVT sei für Klärung nicht zuständig, weil immer auf Elimination, Umbau oder Neukonstruktion bedacht, irrt gewaltig.

Klärung ist nicht das Monopol tiefenpsychologischer Therapien, sondern sollte zu den Kompetenzen aller Psychotherapeuten gehören: »Therapeuten sollten *bewältigungs- und klärungsorientiert* intervenieren können.« (Grawe, 1998, S. 704).

Klären meint zunächst nichts anderes als Klarheit herstellen oder gewinnen. Was das jeweils genau heißt, hängt von der einzelnen Situation ab. Klarheit herstellen kann vieles bedeuten: etwas Zugedecktes aufdecken, etwas Unsichtbares sichtbar machen, ein Durcheinander ordnen, einen Überblick herstellen, etwas klar machen i. S. von erklären, etwas bereinigen, etwas in Ordnung bringen etc. Man kann sich also sehr gut vorstellen, dass im Rahmen einer Psychotherapie eine oder mehrere der genannten Klärungsvarianten aktuell werden. Nehmen wir das Beispiel eines Patienten, der sich von seiner Angstsymptomatik umzingelt fühlt und kaum in der Lage ist, Entscheidungen zu treffen, die für das unmittelbare tägliche Leben wichtig wären (z. B. bezüglich Beruf, Wohnsituation, Partnerschaft). Er hat komplett den Überblick verloren und sieht sich mit einem administrativen und intrapsychischen Durcheinander konfrontiert, bei dem er keine Angriffspunkte erkennen kann. Solche Fälle gibt es, zumindest im stationären Setting, relativ häufig und es stellt sich die Frage, was am besten zu tun sei. Die Antwort lautet: Klarheit schaffen. Andernfalls wird weder ein Gespräch mit dem Arbeitgeber etwas bringen noch kann die Wohnsituation – eben – geklärt werden und bezüglich der Partnerschaft dürfte es ebenfalls schwierig bleiben. Man könnte nun meinen, hier sei das Herstellen von Klarheit in erster Linie die Aufgabe der Pflege oder des Sozialdienstes einer Klinik; das jedoch dürfte eine Fehlannahme sein. Es reicht nach meiner Erfahrung nämlich nicht, den Patienten in dieser Situation einfach zu Klarheit bzw. zu einer Entscheidung aufzurufen (»so, Herr Z, jetzt sollten Sie aber mal wissen, was Sie wollen«) – weil er noch gar nicht weiß, welches seine Entscheidungsgrundlagen sein können, oder weil er es inzwischen nicht mehr weiß. Der Patient hat im Verlauf der Störung seine wichtigsten Ziele aus den Augen verloren und, das ist vermutlich noch bedeutsamer, er weiß nicht mehr, was ihm am Herzen liegt. Wir erinnern uns an die Vernunft des Herzens, die in Kapitel 3.1 erwähnt wurde und in der Hierarchie des psychischen Funktionierens wahrscheinlich einen ziemlich hohen Stellenwert besitzt. Man könnte sie vielleicht irgendwo zwischen den Grundbedürfnissen und den motivationalen Schemata verorten, also an ganz wichtiger Stelle. Nun sind Krisen und psychische Störungen ja gerade auch dadurch charakterisiert, dass den Betroffenen ihre Herzenswünsche nicht mehr zur Verfügung stehen und somit ihre Steuerungsfunktion nicht mehr erfüllen können. Die Aufforderung, die Herzenswünsche nun endlich wieder in den Blick zu nehmen, dürfte daher ähnlich hilfreich sein wie die Aufforderung, im dichten Nebel eine Landschaft zu erkennen.

Unser Patient braucht also *therapeutische* Hilfe, um den Nebel zu durchdringen. Wenn wir uns auf Handlungstheorien beziehen, allen voran auf das Rubikonmodell von Heckhausen (1987, zit. n. Grawe, 1998), heißt Klärung folgendes: Aus einer Vielzahl von (Herzens-)Wünschen wird ein Ziel gewählt, das realisiert werden soll. Wichtige Auswahlkriterien sind dabei die Erwartung hinsichtlich Realisierbarkeit und der Wert, der diesem Ziel beigemessen wird. Klärung findet auf der linken Seite des Rubikon statt, nämlich da, wo es um den Prozess des Wählens geht. Um ein Ziel wählen zu können, muss der Patient natürlich die Welt seiner Wünsche kennen oder überblicken – und hier setzt die therapeutische Hilfe an, z. B. mit der sog. »Zetteltechnik«[9], wie ich das Vorgehen nenne und die nichts anderes ist als eine erweiterte Auslegeordnung. Man könnte sie evtl. auch als eine Variante der Impact-Technik betrachten (Jacobs, 1992, zit. n. Welsch, 2020), bei der es darum geht, Lernprozesse über möglichst viele Sinneskanäle laufen zu lassen (▶ Kap. 4.4). Noch näher dürfte die »Zetteltechnik« allerdings dem sog. Journaling sein, das 1966 an der Drew University durch den Psychotherapeuten Ira Progoff entwickelt wurde und einen

---

9 Nicht zu verwechseln mit Moderationstechniken gleichen Namens, z. B. für Gruppen, oder Techniken, die bei der Vortragsplanung oder in Schulprüfungen zur Anwendung kommen.

schreibenden Blick ins eigene seelische Innere darstellt (Wikipedia, 2023a). Das ist genau das, worum es mir hier geht, das (Wieder-)Finden von hoffentlich bereits Vorhandenem, von Wünschen und Herzensdingen. Mit der »Zetteltechnik« also ist es möglich, Patienten auf die Spur ihrer Wünsche zu bringen, dergestalt, dass sie sogar sehr handfest mit diesen umgehen können.

Konkret läuft das (in meinen Therapien) so ab, dass der Patient jedes Thema, das ihn irgendwie beschäftigt, einzeln auf einem kleinen Zettel notieren oder mit einem Symbol festhalten soll, ohne Zensur und ohne Frage nach gut oder schlecht. Es spielt auch keine Rolle, um welchen Inhalt es geht. Dieser Auftrag kann sehr gut als Hausaufgabe gegeben werden. In einer nächsten Sitzung bringt der Patient seine Zettelsammlung mit und berichtet, was er festgehalten hat. Hier sollte die Therapeutin darauf achten, ob auch die Themen vorliegen, die für das unmittelbare Leben bedeutsam sind (im Falle unseres Patienten Beruf, Wohnen, Partnerschaft) und ggf. nachfragen. Anschließend legt der Patient die Zettel auf dem Fußboden aus, so dass er alle Themen überblicken kann. Dann wird er aufgefordert zu überlegen, was er mit den Zetteln anfangen möchte (nur entsorgen ist verboten, das wäre eine Art Vermeidung). Weil an dieser Stelle häufig Ratlosigkeit herrscht, was gut zum chaotischen Erleben des Patienten passt, kann die Therapeutin Vorschläge machen. Die Zettel können z. B. unbearbeitet auf die Seite gelegt werden; das ist legitim, aber wenig änderungswirksam. Sie können sortiert oder gruppiert werden, und zwar nach mehreren Kriterien (nach Kategorien, Prioritäten, Kausalitäten, Bedrohlichkeit, Wünschbarkeit, Bezug zur Realität, Emotionalität etc.). Der Patient soll das Kriterium aussuchen, das ihm im Moment am wichtigsten ist. Entscheidend ist, dass die Gruppierung durch den Patienten von Hand vorgenommen wird und damit eine sinnliche Erfahrung darstellt. Der Patient muss sich für diese Handlung bewegen, bücken, wieder aufrichten usw. Das bedeutet, dass die Klärung, hier inventarisieren, ordnen, strukturieren, nicht nur gedacht, sondern erlebt wird und dadurch eine nachhaltige Wirkung entfaltet. Die Themen werden buchstäblich fassbar, schon nur dadurch, dass sie auf unterschiedlichen Zetteln festgehalten sind, und das Chaos, das vorher als massiver Klumpen vor dem Patienten stand, wird in seine Bestandteile zerlegt und diese können dann einzeln angegangen werden. Dabei ist es durchaus nicht selten, dass der Patient zu neuen Einsichten gelangt (»jetzt, wo ich das so vor mir sehe, fällt mir auf, dass …«). Ebenso häufig und im vorliegenden Fall ausdrücklich gewollt ist das Wiederauftauchen von Wünschen, die durch das Hantieren mit den Zetteln aktualisiert werden (»wenn ich diesen Zettel betrachte, fällt mir etwas wieder ein, das ich bereits als Kind immer wollte …«). Oder der Patient fragt sich nach der Bedeutung einzelner Themen (»warum beschäftigt mich das derart?«).

Wünsche können also in Erinnerung gerufen werden. Oder sie lassen sich aus den Themen, die den Patienten beschäftigen, erschließen. Sie können sich auch anhand dessen zeigen, was der Patient *anders* haben möchte. In allen Fällen begibt er sich auf einen Weg, der ihn seinen Wünschen wieder näher bringt, und das ist das Wichtigste, was in einem Klärungsprozess zunächst erreicht werden kann. Auf dieser Basis wird es möglich, anschließend einzelne Ziele zu bestimmen.

Die Ressourcenaktivierung, die von Grawe (1998) als eine von mehreren notwendigen therapeutischen Kompetenzen genannt wird, ist hier gleich mit dabei. Denn in einem tieferen Sinn bedeutet die Aktivierung von Ressourcen nichts anderes, als die Patienten auf die Spur ihrer Wünsche und damit in Richtung Befriedigung der Grundbedürfnisse zu bringen. Verfügbare Wünsche und Ressourcen hängen also aufs engste miteinander zusammen. Klärung, Ressourcenaktivierung, Beziehungsgestaltung und Veränderung der Schemaaktivität – von allen diesen Prozessen wurde im vorliegenden Buch bereits gesprochen – sind wichtige Faktoren im Therapieprozess, die in der KVT durchaus gut aufgehoben sind und deutlich machen, dass letztere wesentlich mehr zu bieten hat als Pragmatismus und rein mechanisches Wirken.

# 5 Wie sich die ACT von der klassischen KVT unterscheidet – und was die beiden gemeinsam haben

## 5.1 Ein Porträt der ACT, wie ich sie erlebe

Würde jemand ein Bild der Akzeptanz- und Commitment-Therapie (ACT) bei mir bestellen, müsste ich das mit dem Hinweis, dass ich nicht gut malen kann, ablehnen. Als Alternative würde ich jedoch anbieten, die ACT schriftlich zu porträtieren:

Die ACT ist eine sehr großzügige und liberale Form der Therapie. Anstatt die Patienten in ein Korsett strenger und vor allem anstrengender Interventionen zu stecken, öffnet sie den Horizont für Kreativität und Experimentierfreude. Sie ermutigt zu einem spielerischen und fantasiereichen Umgang mit der (subjektiven) Wirklichkeit, ohne deren Ernsthaftigkeit in Frage zu stellen. Wie alle echten Liberalen ist die ACT gewährend und dabei alles andere als beliebig. Sie ist freundlich und klar, schaut mit einem immer wohlwollenden Blick auf die menschlichen Unzulänglichkeiten und greift nur dort ein, wo letztere zu einem ernsten Problem werden. Besonders sympathisch ist sie auch deshalb, weil sie Störungen nicht als Attribut der Betroffenen begreift, das diese aus der »Normalität« ausschließt, sondern gewissermaßen als Auswuchs von grundsätzlich normalem psychischem Funktionieren (Hayes, Strosahl & Wilson, 2014). Anstatt den Mahnfinger zu heben und die Menschen zum Glücklichsein zu verpflichten, betrachtet sie das Leiden als grundsätzlich zum Menschsein gehörend und nicht als Versagen, das es um jeden Preis zu vermeiden gilt. Dadurch, dass sie das Leiden als Teil der conditio humana begreift, bringt sie die Möglichkeit ins Spiel, ihm offen zu begegnen und zu entdecken, dass es darin womöglich Vielfalt gibt und Leiden nicht immer und nicht ausschließlich Qual bedeutet. Das erinnert mich an eine Einsicht beim Betrachten von Bildern, welche christliche Heilige im Moment der Verzückung zeigen: Nie findet sich auf deren Gesichtern auch nur ansatzweise ein Ausdruck, den man mit Glück verbinden würde; es scheint, ganz im Gegenteil, so zu sein, dass die alles durchdringende Ekstase er-litten wird oder er-litten werden muss. Damit soll dem Leiden keineswegs ein Altar errichtet werden (was auch die ACT nicht macht); aber es dürfte ein Hinweis sein, dass gerade euphorischer Rausch etwas Schweres sein kann, das ernste Anforderungen mit sich bringt, bzw. dass Leiden eben nicht ausschließlich mit Qual verbunden ist.

Anstatt sich in diesbezügliche Erörterungen zu verbeißen, geht die ACT einen erfrischenden, anderen Weg. Sie nimmt nicht das Glück ins Visier, wohl wissend, dass sich dieses allen direkten Annäherungsversuchen entzieht, sondern die persönlichen Werte oder, das dürfte man so sagen, die Herzensangelegenheiten der Person. Auch da erweist sie sich als zutiefst liberal: Sie ermutigt die Menschen, das zu tun, was ihnen am Herzen liegt, und nicht einfach artig irgendwelchen Vorgaben zu folgen, welcher Art diese auch sein mögen. Sie weist damit in Richtung Freiheit und befindet sich nach meinem Verständnis auf einer ähnlichen Linie wie Viktor Frankl mit seiner Sinn-Frage: »*Die geistige Freiheit des Menschen, die man ihm bis zum letzten Atemzug nicht nehmen kann, lässt ihn auch noch bis zum letzten Atemzug Gelegenheit finden, sein Leben sinnvoll zu gestalten.*« (Frankl, 1977/1982, S.109). Nicht umsonst wird von Hayes et al. (2014) mehrfach Bezug auf Frankl genommen und auch bei Harris (2012) wird Frankl zitiert. Was in der ACT die Werte, sind bei Frankl die Verantwortung, d.h. das Antworten auf die für jedes Individuum einzigartigen Anforderungen des Lebens – das wie in der ACT nur im Handeln stattfinden kann – und der darin enthaltene Sinn:

> »Leben heißt letztlich eben nichts anderes als: Verantwortung tragen für die rechte Beantwortung der Lebensfragen, für die Erfüllung der Aufgaben, die jedem einzelnen das Leben stellt, für die Erfüllung der Forderung der Stunde. Diese Forderung, und mit ihr der Sinn des Daseins, wechselt von Mensch zu Mensch und von Augenblick zu Augenblick. Nie kann also der Sinn menschlichen Lebens allgemein angegeben werden, nie lässt sich die Frage nach diesem Sinn allgemein beantworten – das Leben, wie es hier gemeint ist, ist nichts Vages, sondern jeweils etwas Konkretes, und so sind auch die Forderungen des Lebens an uns jeweils ganz konkrete.« (Frankl, 1977/1982, S. 125)

Und in Bezug auf das weiter oben erwähnte Leiden findet sich bei Frankl, der während seiner Lagerhaft in Auschwitz die von der ACT erwähnte Allgegenwärtigkeit des Leidens in der wohl entsetzlichsten, unwiderlegbarsten Art erfuhr, eine erstaunliche Aussage:

> »Aber nicht nur schöpferisches und genießendes Leben hat einen Sinn, sondern: *wenn Leben überhaupt einen Sinn hat, dann muß auch Leiden einen Sinn haben* ... Hat dieses ganze Leiden, dieses Sterben rund um uns, einen Sinn? Denn, wenn nicht, dann hätte es letztlich auch gar keinen Sinn, das Lager zu überleben. Denn ein Leben, dessen Sinn damit steht und fällt, daß man mit ihm davonkommt oder nicht, ein Leben also, dessen Sinn von Gnaden eines solchen Zufalls abhängt, solch ein Leben wäre nicht eigentlich wert, überhaupt gelebt zu werden.« (ebd., S. 110)

Frankl schreibt überdies von »Wertmöglichkeiten«, die dem Menschen durch Leiden und Schicksal geboten werden und die dieser ergreifen kann oder auch nicht. Es dürfte ihm aufgrund der Tatsache, dass er alles das im KZ selbst durchlebt und bei den Lagergenossen beobachtet hat, kaum zu widersprechen sein. Leiden kann also nicht nur einen Sinn haben, sondern auch im Dienste von Werten stehen; ein Gedanke, der sich auch in der ACT genau so findet. Harris (2012) schildert diesen Zusammenhang anhand der Situation, in der jemand wegen einer höchst bedrohlichen somatischen Erkrankung vermutlich bereit ist, eine beschwerliche Therapie auf sich zu nehmen, weil diese (und das damit einhergehende Leiden) im Dienste eines Wertes steht, nämlich dem der eigenen Gesundheit bzw. des eigenen Lebens.

Für die Verwirklichung und Verteidigung wichtiger Werte darf, ja muss bisweilen gelitten werden, und zwar nicht von anderen, sondern von einem selbst. Damit ruft die ACT zur Eigenverantwortung auf oder, wie Frankl schrieb, zum Ver-Antworten dessen, was das Leben jeweils verlangt. Die ACT sieht den Menschen als für sich selbst zuständig und darin letztlich als souverän – unter der Voraussetzung, dass er die diesbezüglichen Gelegenheiten ergreift. Die ACT ist also auch aufklärerisch und spricht allen das Recht auf Individualität und Einzigartigkeit zu bzw. ermutigt die Menschen zu ihrem jeweils eigenen Weg. In diesem Sinne hat sie sogar etwas Revolutionäres und erinnert mich an das berühmte Gemälde von Delacroix »Die Freiheit führt das Volk«, zu besichtigen im Louvre in Paris. Nun also doch ein Bild, allerdings nicht von mir gemalt. Einige der wichtigsten Kennzeichen der ACT, Engagement für einen wichtigen Wert, aktives Handeln, Vitalität und freundliche Ernsthaftigkeit treten auf diesem Bild sehr eindrucksvoll zutage. In der Tat steht die ACT für Befreiung, für das Aussteigen aus einschränkenden Bezügen und den Aufbruch in einen neuen Raum der Möglichkeiten. Sie ist mitreißend und begeisternd – ohne jede Überheblichkeit. Darüber hinaus ist sie eine begabte Handwerkerin, hält sie doch für die konkrete Umsetzung ihrer Anregungen passende und leicht zu begreifende Werkzeuge bereit. Die komplexen Hintergründe, auf denen ihre Empfehlungen beruhen, münden in einfache, konkrete, stets handlungsorientierte Anweisungen, die der Anwenderin und dem Anwender zuverlässig zur Verfügung stehen.

Das Engagement schließlich, das uns die ACT ans Herz legt, verwirklicht sie auch selbst, denn sie lässt die Patienten nie im Stich. Sie versteckt sich nicht hinter dem Vorwand, wonach alle alles allein herausfinden müssen, und verzichtet auf die Bequemlichkeit, die Menschen auf ihrer Suche einfach sich selbst zu überlassen. Sie hat, ganz im Gegenteil, den Mut, eine Haltung einzunehmen, für diese zu stehen und den Menschen mit konkreten Hinweisen beizuspringen. Die ACT ist damit wertorientiertes Modell; sie steht für genau das, worauf sie mit ihren Anregungen hinweist: eine neue Seins-Möglichkeit – die sie mit ihrem Wesen auch gleich verwirklicht.

## 5.2   Eigenständigkeit ...

Wie bereits in Kapitel 3 greife ich auch an dieser Stelle auf die (oftmals sehr hilfreiche) Strategie zurück, an einen komplexen Sachverhalt heranzugehen, als ob ich ihn einem Laien näher bringen wollte. Die Frage lautet demnach, wie ich jemandem, der nichts von Psychotherapie versteht, erklären würde, wie bzw. worin sich die ACT von der klassischen KVT unterscheidet. Dazu stelle ich zunächst ganz bewusst das augenfällig Andersartige in den Vordergrund. Als Erstes fallen mir ein paar Schlagworte ein: Verzicht auf kognitiven Umbau; Verzicht auf emotionales Aushalten; Veränderung der Beziehung zum Problem; weniger Anstrengung; mehr Eleganz und Geschmeidigkeit. Durch Einstreuen von etwas mehr fachlicher Differenzierung ergeben sich, für das Vorgehen bei Angststörungen, folgende Unterschiede:

## 5 Wie sich ACT und klassische KVT unterscheiden und was die beiden verbindet

**Tab. 5.1:** Vergleich von Klassischer KVT und ACT

| Klassische KVT | ACT |
| --- | --- |
| Anstrengende Expositionen Konkretes Aufsuchen angsterzeugender Situationen | Verzicht auf anstrengende Expositionen E-Prinzip anstelle von Exposition Kreativer, ergebnisoffener Umgang mit Ängsten |
| Kognitive Umstrukturierung Umbau angsterzeugender Kognitionen | Verzicht auf kognitive Umstrukturierung Entschärfung anstelle von Umbau |
| Emotionales Aushalten Durchstehen/Überleben bedrohlicher Emotionen | Verzicht auf emotionales Aushalten Raumgeben anstelle von Durchstehen |
| Ansatz direkt am Problem Direkte Veränderung problematischen Denkens und Verhaltens | Ansatz an der Beziehung zum Problem Veränderung der Problembeziehung anstelle von direkten Veränderungsversuchen |

Angesichts dieser Unterschiede könnte man nun meinen, dass die Therapie einer Angststörung mithilfe der ACT fast zum Spaziergang wird, verglichen mit dem, was die klassische KVT verlangt. Und in der Tat, ganz falsch ist diese Vorstellung nicht. Zwar würde ich nicht von einem Spaziergang sprechen, denn das hieße, den Aufwand, das Bemühen, das einem auch die ACT nicht erspart, deutlich zu unterschätzen; aber ich meine doch, dass die ACT um einiges rücksichtsvoller, weicher und einfühlsamer zu Werke geht und insgesamt so gut wie keine Kraftakte erfordert. Was ich über all die Jahre, in denen ich die ACT bei meinen Angstpatienten anwende, regelmäßig beobachte, ist eine beeindruckende Leichtigkeit, mit der die Betroffenen die instruierten Techniken anwenden. Während es in Zeiten, in denen ich vor allem mit dem klassischen KVT-Repertoire gearbeitet habe, für die Patienten immer wieder Momente größter und tatsächlich schweißtreibender Anstrengung gab, zeigt sich bei der Berührung mit den ACT-Techniken höchstens eine anfängliche Skepsis (vor allem bei Männern mittleren Alters), ob diese auch wirklich etwas bewirken können, weil sie so spielerisch daherkommen. Nie jedoch habe ich erlebt, dass sich jemand an ihnen die Zähne ausgebissen oder vor lauter Kraftaufwand eine »Seelenzerrung« erlitten hätte. Es macht doch einen Unterschied, ob jemand zitternd und schwitzend eine Angst überleben muss oder ob er, der Angst und sich selbst alle Freiheit lassend, das Ganze beobachten kann, wie er es will. Es ist ein Unterschied, ob jemand einen angsterzeugenden Gedanken mühevoll umzubauen versucht oder ob er den Gedanken nur in einen anderen Kontext setzt und ihm dadurch den Zünder entfernt. Es ist ein Unterschied, ob jemand den Verlauf der Angstkurve in toto zu erleben hat oder ob er lediglich einen (Frei-)Raum herstellen muss, in dem die Angst und er einander nicht ins Gehege kommen – was ihm dann ermöglicht, sich einer Sache zuzuwenden, die ihm am Herzen liegt. Letzteres sogar, ohne der Vermeidung anheimzufallen, da er die Angst ja durchaus als präsent wahrnimmt. Und es ist ein Unterschied, ob sich jemand in eine korrigierende Exposition begibt, trotz des Gefühls, diese möglicherweise nicht zu überstehen, oder ob er die Angst dank einer gelasseneren Haltung als weniger bedrohlich erlebt und daher weder kognitive Umstrukturierung betreiben noch schmerzhafte neue Verhaltensweisen einführen muss. Zu den Techniken, die hier angedeutet werden, komme ich zu einem späteren Zeitpunkt im Detail zurück.

Fasst man die soeben aufgeführten Unterschiede zwischen ACT und klassischer KVT zusammen, läuft es darauf hinaus, dass es in der ACT *weder um Angstreduktion noch um »Bewältigung« geht* (erstere wäre eine Art Vermeidung, letztere wäre eine Form von Kampf), *sondern um die Wahrung oder Herstellung eines Freiraumes,* in dem sich Mensch, Gedanke und Gefühl frei bewegen können, ohne einander in die Quere zu kommen. Einerseits. Es wird also ein Raum geschaffen, in dem keiner der drei Beteiligten etwas muss, in dem es keine unmittelbare Berührung gibt und in dem sich die Kraft der (bedrohlichen) Gedanken und Gefühle auf möglichst großer Fläche verteilt und somit, durchaus in Anlehnung an physikalische Prinzipien, ihre potentiell zerstörerische Wirkung gar nicht erst entfaltet (zu den Möglichkeiten, das gut verständlich zu erklären, komme ich später).

Andererseits geht es darum, *bestehende Bezüge,* die wir zwischen einzelnen Dingen herstellen und die im Alltag äußerst hilfreich, für gesundes psychisches Funktionieren jedoch oftmals hinderlich sind, *zu flexibilisieren bzw. zu verändern* (Hayes et al., 2014). Mit diesen Bezügen sind Verbindungen zwischen Situationen, Gegenständen, Menschen, Bedingungen, Folgerungen etc. gemeint, die wir primär durch die Sprache herstellen bzw. nach Belieben herstellen können – auch wenn es diese Verbindungen in der realen Welt nicht gibt oder wir sie vielleicht noch nie erlebt haben. Sie erlauben die Ableitung von (abstrakten) Regeln und (abstrakten) »Erfahrungen« – eine contradictio in adiecto – und erzeugen entsprechende Verhaltensbereitschaften (Kensche & Schweiger, 2015; Törneke, 2012). Für schnelles Lernen sind derlei Bezüge enorm nützlich, denn sie ersparen uns reale, teilweise mühselige und zeitaufwendige Erfahrungen; für die psychische Gesundheit sind sie u. U. schädlich, weil sie (bedrohliche) Dinge scheinbar schicksalshaft miteinander verknüpfen – ohne dass diese Verknüpfungen überprüft oder korrigiert werden. Wie solche Bezüge entstehen können, will ich, von einem Erlebnis ausgehend, das ich vor vielen Jahren hatte, erläutern.

Als ich einmal auf einer Wanderung in den Berner Alpen mittags in ein kleines Bergrestaurant einkehrte, bestellte und genoss ich Schweinswürstchen mit Kartoffelsalat. Im späteren Nachmittag verschlechterte sich mein Befinden und ich verspürte zunehmende Übelkeit. Es folgte ein anstrengender Abend mit wiederholtem heftigem Erbrechen. Ich hatte, so die nachfolgende Einschätzung, ziemlich sicher das Pech gehabt, ein verdorbenes Würstchen zu essen. Da dieses Erlebnis massivstes Unbehagen erzeugte und damit sehr eindrücklich war, ist es mir bis heute in Erinnerung geblieben, inklusive vieler Einzelheiten des betreffenden Tages. Wenn ich an das starke Unwohlsein zurückdenke, sehe ich z.B. das Restaurant und die Wanderroute wieder vor mir und es fällt mir ein, wie meine Unterkunft ausgesehen hat, wie das Dorf heißt usw. Eine beeindruckende Gedächtnisleistung also, aber nicht mehr, Gott sei Dank. Die Wirksamkeit der Bezüge, die ich nach dieser Erfahrung herstellte, betrifft Dinge, die eigentlich ganz brauchbar sind: Ich kann sofort Informationen über den Ort abrufen, über die Landschaft, das Hotel, die Wanderroute und vieles mehr. Da ich aus diesem Vorfall nichts anderes abgeleitet habe, esse

## 5 Wie sich ACT und klassische KVT unterscheiden und was die beiden verbindet

ich Würstchen und Kartoffelsalat nach wie vor. Denkbar ist nun jedoch auch, dass man aus einem derart aversiven Erlebnis Folgerungen zieht oder Regeln ableitet, z. B die Folgerung »Restaurants in den Bergen sind eine hygienische Katastrophe« oder die Regel »Schweinswürstchen sollte man nie essen, es könnte einem übel werden«. In meinem Fall wären das die weniger günstigen Bezugsvarianten gewesen, denn sie hätten mich wohl dazu verleitet, in Zukunft ähnliche Situationen zu vermeiden. Damit wäre es mir vermutlich kaum mehr möglich gewesen, *situativ* zu entscheiden, ob ich ein anderes Mal und unter ganz anderen Umständen wiederum in einem Bergrestaurant zu Gast sein oder irgendwo Schweinswürstchen essen will. Ich wäre also in einer Folgerung bzw. Regel hängen geblieben, anstatt mich im jeweiligen aktuellen Augenblick für oder gegen etwas zu entscheiden. Denkbar ist ferner, dass eine andere Person, der ich diese Geschichte nur erzähle, ebenfalls eine Vermeidungsregel ableitet, obschon sie selbst noch nie mit verdorbenen Schweinswürstchen in Berührung gekommen ist: »Seit Du mir diese Geschichte erzählt hast, verzichte ich vorsichtshalber auf Schweinswürstchen, obschon ich diese eigentlich sehr mag.« Diese Person entwickelt also allein aufgrund von verbalen Informationen Gedanken bzw. Regeln, die sie offenbar niemals in der Realität überprüft, obschon sie unter deren einschränkender Wirkung vermutlich leidet. In der ACT geht es nun darum, solche einschränkenden Bezüge dahingehend zu verändern, dass die Person in jeder Situation auf die unmittelbare Gegenwart, also auf die *tatsächlichen* Gegebenheiten reagieren kann (z. B. Kensche & Schweiger, 2015) und nicht in einmal festgelegten Bezügen verharren muss. Im Zusammenhang mit Angststörungen bedeutet dies, dass aus Angst hergeleitete Folgerungen und Regeln (»solange etwas nicht sicher bewiesen ist, ist es unsicher und damit gefährlich«) aus ihren starren Einrahmungen herausgelöst und in andere Kontexte oder Bezüge gesetzt werden. Man kann diesen Prozess vergleichen mit dem Rahmenwechsel bei einem Bild, das durch diese einfache Maßnahme für die Betrachterin tatsächlich sein Aussehen und damit oft seine Aussage ändert. Auch das Aufhängen des Bildes an einem anderen Platz verändert den Kontext bzw. den Bezug. Die Kontextveränderung geschieht in der ACT mithilfe einfacher Techniken und ist ein erster Schritt zur sog. kontextuellen Kontrolle (Hayes et al., 2014), was, vereinfacht ausgedrückt, die Möglichkeit darstellt, sich in unterschiedlichen Kontexten flexibel zu verhalten oder unterschiedliche Kontexte überhaupt erst wahrzunehmen, teilweise sogar herzustellen oder mindestens zu beeinflussen. Das heißt nicht, dass wir in der physikalischen Realität beliebige Kontexte erschaffen können; aber in der Welt der Gedanken und Gefühle funktioniert das ziemlich gut, was wir ja gerade anhand der unglücklichen, einengenden Bezüge sehen, die für seelisches Leiden mitverantwortlich sind.

Es geht also darum, zu entdecken, dass man nicht immer alles in unabänderlich gleichen Zusammenhängen oder unter gleichen Bedingungen denken und erleben muss, sondern dass man Kontextualisierung durchaus mitgestalten kann. Viele Menschen wissen wohl irgendwie um diese Tatsache, denn die landläufige Aufforderung, etwas aus einer anderen Perspektive zu betrachten, deutet darauf hin.

Vorderhand dürfte man vermutlich festhalten, dass das gerade beschriebene Einerseits und Andererseits zur Folge hat, dass sich die Beziehung der Betroffenen zu ihrem Angstproblem verändert. Sie erfahren einerseits, dass sie trotz oder mit ihrer

Angst ihre Freiheit behalten (es gibt genügend Platz für alle), was wiederum bedeutet, dass sie weniger und mit der Zeit vielleicht gar keine Einschränkung mehr durch die Angst erleben – womit es unerheblich wird, ob diese existiert oder nicht. Es ist irrelevant geworden und die Beziehung zur Angst neutral. Andererseits erleben die Betroffenen, dass bestehende Kontexte aufgelöst und verändert werden können, wodurch insbesondere bedrohliche Gedanken, die für ihre Bedrohlichkeit auf ganz bestimmte Bezüge angewiesen sind, ihre absolute Gültigkeit verlieren; ähnlich wie die Musterung eines Vorhangs, die z. B. nachts unter gewissen Bedingungen zum angsterregenden Monster wird, sich jedoch in dem Moment, in dem sich der Kontext durch Tageslicht verändert, als das erweist, was sie tatsächlich ist: eine Musterung. Die Tatsache, dass man auf Kontextualisierung sehr oft Einfluss nehmen kann – im Beispiel der Vorhangmusterung muss man nicht einmal auf das Tageslicht warten, sondern kann durch Betätigung des Lichtschalters eigenhändig den Kontext verändern – vermittelt das Erlebnis von Kontrolle (nämlich der kontextuellen Bedingungen) und öffnet das Tor für etwas, das bei vielen Angstpatienten längst aus dem Blickfeld geraten ist: die Möglichkeit, Entscheidungen zu treffen. Dadurch wandelt sich erlebte Hilflosigkeit (die Angst bestimmt, was geschieht) in Freiheit und die Beziehung zur Angst ist auch deshalb von nun an eine andere.

Anhand der Gegenüberstellung am Anfang des Kapitels 5.2 soll nun erläutert werden, wie die Unterschiede zwischen der ACT und der klassischen KVT im Einzelnen aussehen.

## Exposition vs. E-Prinzip

An die Stelle der (meist sehr anstrengenden) Exposition der klassischen KVT, egal ob in sensu oder in vivo, tritt in der ACT das E-Prinzip, das ich in Kapitel 4.6 beschrieben habe. Sein Kern besteht darin, sich dem Bedrohlichen, also den Angstgedanken, der Angst selbst sowie den unheimlichen Körperempfindungen bewusst und offen zuzuwenden und sie zu beobachten – allerdings möglichst *ohne damit ein konkretes Ziel oder ein zu erreichendes Resultat zu verbinden*. Der natürliche Verlauf der Angstkurve, bei der klassischen Exposition zentral, spielt beim E-Prinzip keine Rolle, da es sich nicht daran orientiert, wie die Kurve verläuft und ob sie insbesondere wiederum absinkt. Das E-Prinzip interessiert sich genau genommen nicht einmal dafür, ob es überhaupt eine Kurve gibt. Vielmehr folgt es einer Anleitung, wie sie der Hesychast[10] Makarios dem Journalisten Piero Scanziani gibt: »Leiste deinen Teil, den Teil, den dir derjenige zugewiesen hat, der mich als Anachoreten und dich als Schriftsteller haben will. Schreibe, engagiere dich, aber sorge dich nicht um das Resultat ... Wenn wir uns freimachen von der Versessenheit auf das Resultat, ... sind wir gerettet.« (Scanziani, 1985, S. 270). Das bedeutet, dass der Mensch jeweils das tun sollte, was richtig ist in dem Sinn, als es das Leben im Moment von ihm erwartet –

---

10 Hesychast: Orthodoxer Mönch, der spirituellen Lehre des Hesychasmus verpflichtet, dessen Zentrum auf dem Berg Athos liegt. Der Hesychast strebt nach innerem Frieden. Das griechische Wort Hesychia bedeutet Ruhe, Stille.

ohne sich um ein Ergebnis zu kümmern. Ergebnis oder Resultat haben keine Relevanz, wohl aber das unmittelbare Tun oder, wie wir moderner formulieren, die Konzentration auf den unmittelbaren Prozess.

## Kognitive Umstrukturierung vs. Entschärfung

An die Stelle der mühseligen und durchaus nicht immer von Erfolg gekrönten kognitiven Umstrukturierung der klassischen KVT (▶ Kap. 4.3) tritt in der ACT die Technik der Entschärfung. Sie besteht darin, einen (ungünstigen oder bedrohlichen) Gedanken so zu lassen, wie er ist, und ihn einfach in einen anderen Kontext zu setzen, wodurch er als das entlarvt wird, was er ist: ein Gebilde aus Wörtern und nicht die Realität (z.B. Harris, 2012). Da Gedanken im menschlichen Gehirn meistens in sprachlicher Form repräsentiert sind, erfolgt die Kontextveränderung so, dass der ausformulierte Gedanke *konkret* in andere Bezüge gesetzt wird. Deren gibt es viele. So kann z.B. der Gedanke als Schriftzug auf Autos, Schaufenstern, Werbeplakaten, Anzeigetafeln im Bahnhof etc. gesehen werden; oder er wird mit verfremdeter Stimme oder ganz langsam oder ganz schnell gesprochen etc. Die ursprünglichen, oft verfestigten Bezüge eines Gedankens und seine scheinbar regelhafte Gültigkeit werden durch die Veränderungen der kontextuellen Bedingungen unmittelbar aufgelöst, womit die Voraussetzungen, die er für seine Existenz als »Wahrheit« benötigt, dahinfallen. Mit diesem Vorgehen wird also einem Gedanken die Sprengkraft entzogen, ohne dass er auch nur ansatzweise umgebaut werden müsste. Damit ist die Entschärfung um ein vielfaches ökonomischer als jeder Versuch der Umstrukturierung. Sie befreit von einer einschränkenden »Wahrheit« der Gedanken und schafft auf diese Weise Freiraum, in dem der Mensch sich auf das besinnen kann, was ihm am Herzen liegt. Dass die Entschärfung überdies noch Spaß macht, ist ein zusätzlicher Vorzug.

## Emotionales Aushalten vs. Raumgeben

An die Stelle des kräftezehrenden, schmerzhaften und oft in Verzweiflung gipfelnden emotionalen Aushaltens der klassischen KVT (▶ Kap. 4.2) tritt in der ACT die Technik des Raumgebens. Sie besteht darin, einem (bedrohlichen) Gefühl möglichst viel Platz zur Verfügung zu stellen – anstatt es einzuschließen, zu verkleinern, zu bekämpfen oder zu eliminieren, was, wie wir wissen, sowieso nicht funktionieren würde. Dadurch, dass das Gefühl viel Raum bekommt, geschieht zweierlei: a) Das Gefühl breitet sich aus und trifft auf eine große Fläche, wodurch sich seine (potentiell destruktive) Kraft, die ja von den Betroffenen so sehr gefürchtet wird, verteilen kann. Das wiederum bedeutet gemäß physikalischem Wissen, dass ihre Wirkung abnimmt. Das Gegenstück dazu wäre, die Kraft auf eine möglichst kleine Fläche einwirken zu lassen – wie es z.B. in den asiatischen Kampfkünsten geschieht – und dadurch eine maximale Wirkung zu erzielen. (Genau das passiert im Übrigen, wenn versucht wird, Gefühle einzusperren oder einzudämmen.) Natürlich ist das eine Metapher, aber eine sehr wirkungsvolle und für die Betroffenen meist gut nachvollziehbar. b) Dank genügend Raum kommen sich Gefühl und Mensch gegenseitig nicht in die Quere, sondern können sich frei bewegen, wobei der Mensch das Gefühl immer im Auge haben und beobachten kann, wenn er das will. Das Gefühl, in unserem Fall die Angst, kann überdies seinen Lauf nehmen, ohne dass der Mensch sich unmittelbar daran beteiligen oder diesen mitmachen muss. Damit ist das Raumgeben eine geradezu bestechend elegante Möglichkeit für den Umgang mit Gefühlen und hat mit dem Durchstehen oder Aushalten so gut wie gar nichts mehr gemein. Da das Gefühl nicht als bedrängend erlebt wird, muss es auch nicht durchgestanden werden.

## Ansatz direkt am Problem vs. veränderte Beziehung zum Problem

An die Stelle der direkten Veränderung problematischen Denkens und Verhaltens der klassischen KVT (▶ Kap. 4.2 und ▶ Kap. 4.3) tritt in der ACT die Veränderung der Beziehung zum Problem; im Fall von Angststörungen die Veränderung der Beziehung zur Angst und allem, was zu ihr gehört. Das wurde weiter oben bereits ausgeführt und hat nun, in den drei soeben vorausgegangenen Abschnitten, eine detaillierte Erklärung erfahren. Alle drei Werkzeuge, das E-Prinzip, die Entschärfung und das Raumgeben, verändern *die Beziehung* zum Problem und nicht das Problem an sich. Das ist ein entscheidender Unterschied zur Herangehensweise der klassischen KVT.

Dazu gesellt sich eine weitere ACT-spezifische Besonderheit:

## Selbstkonzept vs. Selbst-als-Kontext

Ganz grundsätzlicher Natur ist eine Spezialität der ACT, die sie von vielen Formen der Psychotherapie, u.a. auch von der klassischen KVT, unterscheidet, nämlich die Idee des Selbst-als-Kontext (Hayes et al., 2014). Während in der wissenschaftlichen Psychologie und den darauf aufbauenden Therapieformen i.d.R. das Selbstkonzept eine wichtige Rolle spielt, bringt die ACT das Selbst-als-Kontext ins Spiel, das man vielleicht auch als Möglichkeitsraum bezeichnen könnte. Wie sich Selbstkonzept und Selbst-als-Kontext voneinander unterscheiden, wird im Folgenden erläutert.

Das Selbstkonzept beinhaltet, vereinfacht gesagt, alles, was ein Mensch über sich selbst denkt. Eine etwas differenziertere Beschreibung findet sich im Dorsch (2024, Stichwort *Selbstkonzept*); dort ist vom »Gesamtsystem der Überzeugungen zur eigenen Person und deren Bewertung« die Rede, speziell vom »Wissen über persönliche Eigenschaften, Kompetenzen, Interessen, Gefühle und Verhalten«. Man könnte also das Selbstkonzept als Theorie einer Person über sich selbst bezeichnen, als mehr oder weniger elaboriertes »inneres Gerüst,« bestehend wahrscheinlich aus getroffenen Annahmen einerseits und gesammelten Erfahrungen andererseits. Es wirkt strukturgebend, haltend, orientierend und eingrenzend und wird sich im Laufe der Zeit i.d.R. verfestigen. Hilfreich daran dürfte sein, dass es Identität stiftet oder mit stiftet, dass es Klarheit anbietet und Eindeutigkeit vermittelt. Wirklich hilfreich ist das allerdings nur dann, wenn es überwiegend Freundliches (oder evtl. auch Neutrales) enthält. Sind die einzelnen Bestandteile des Selbstkonzeptes dagegen überwiegend unfreundlicher Natur, wird aus dem, was auf den ersten Blick so hilfreich scheint, Beeinträchtigung und Behinderung – und diese ist unglücklicherweise ebenso identitätswirksam, klar und eindeutig. Sicher würden die meisten zustimmen, wenn ich sage, dass ein Mensch mit mehrheitlich positiven oder freundlichen Überzeugungen zu sich selbst leichter und besser durchs Leben geht als einer, dessen Überzeugungen negativ und unfreundlich sind. Und doch kann auch ein freundliches Selbstkonzept vermutlich einschränkend wirken, weil es seine Trägerin oder seinen Träger auf etwas festlegt und in diesem Sinne eine Art Wahrheitsanspruch stellt bzw. eine endgültige Definition vorgibt. Man mag nun annehmen, dass letzteres im Falle eines insgesamt freundlichen Selbstkonzeptes ausnahmslos von Gutem sei – was gibt es schließlich Besseres als Positivität? Denkbar ist jedoch auch, dass gerade eine derart »positiv definierte« Person mit dieser Freundlichkeit immer wieder einmal überfordert sein wird; nämlich dann, wenn sie feststellt, dass letztere schlicht nicht funktioniert oder gelebt werden kann, zumindest nicht immer. Was also ist in Momenten, in denen eine »positiv definierte« Person beim besten Willen weder freundlich noch wohlwollend über sich denkt, sich unfreundlich verhält oder an den eigenen Kompetenzen zweifelt? Es ist durchaus möglich, dass sich diese Person genau dann aufgrund der Diskrepanz zwischen unmittelbarer Realität und Selbstkonzept z. B. unzulänglich oder vielleicht sogar schuldig fühlt. In diesem Fall würde aus dem positiven Selbstkonzept ganz unvermittelt eine Überforderung, mit ungewissen Konsequenzen. Die Festlegungen, mit denen ein Selbstkonzept stets einhergeht, haben demnach eine Kehrseite, auch oder gerade dann, wenn das Selbstkonzept an sich ein freundliches ist.

Die soeben erwähnte Diskrepanz tritt bei vielen meiner Angstpatientinnen und -patienten zutage, wenn sie berichten, eigentlich seien sie keine ängstlichen Menschen und würden z. B. im Berufsleben oder im Sport immer wieder einiges wagen. Dass sie trotzdem an einer Angststörung leiden, wird ihnen durch die Festlegung auf Beherztheit und Risikobereitschaft umso unverständlicher, ja erscheint beinahe wie ein rätselhaftes Schicksal. Auch das Gegenteil habe ich schon oft erlebt, nämlich, dass sich Patienten selbst als »schon immer eher ängstlich« beschreiben, was die Angststörung in ihrer Wahrnehmung als passend erscheinen lässt. Allerdings tritt bei dieser Festlegung der eigenen Person auf »schon immer eher ängstlich« ein anderes Problem auf; und zwar die Überzeugung, für alle Zeit mit der Angst leben zu müssen, bzw. der Zweifel, dass die Therapie wirklich nachhaltige Besserung bringt. Außerdem kann sich bei »schon immer eher ängstlichen« Personen, quasi als Bewältigungsversuch, ein stark ausgeprägtes kontraphobisches Verhalten entwickeln, wie das bei einem Mann mit einer generalisierten Angst der Fall war, der bei einer Eliteeinheit einer Polizei in besonders gefährlichen Situationen zum Einsatz kam und damit eine intensive Vermeidung betrieb. Diese beiden Varianten des Selbstkonzeptes, mit denen ich bei meinen Patientinnen und Patienten regelmäßig zu tun habe, mögen als kleine Illustration dafür dienen, wie problematisch Festlegungen der eigenen Person sein können.

Dass das Selbstkonzept ziemlich feste Bezüge schafft bzw. auf solchen beruht, kann also durchaus des Öfteren auch von Nachteil sein, wie wir bereits verstanden haben; und zwar genau dann, wenn diese Bezüge das Eingehen und Reagieren auf unmittelbare Gegebenheiten behindern, starre Zusammenhänge herstellen, diese als »Wahrheit« verkaufen und dadurch kontextuelle Kontrolle und Flexibilität blockieren. Überspitzt ausgedrückt könnte man formulieren, dass das Selbstkonzept in diesem Falle geradezu für Verknöcherung und Sturheit steht, ganz nach dem Motto »es ist so, weil ich es so denke, und kann nicht anders sein«. Die Nähe des Selbstkonzeptes zur Theorie über die Bezüge oder eben Bezugsrahmentheorie (Hayes et al., 2014) ist offensichtlich und wird von diesen Autoren ganz explizit beschrieben.

Auch ich gerate, wie viele Menschen, immer wieder einmal in Schwierigkeiten, wenn ich dem Selbstkonzept in die Falle tappe. Es ist noch gar nicht so lange her, dass ich im Zusammenhang mit meinem Beruf ganz plötzlich mit einer Situation konfrontiert wurde, die mein Selbstkonzept zutiefst erschütterte und mich entsprechend irritierte. Mit einem Mal war aus dem ganzen Gebäude ein wesentlicher Teil einfach weggebrochen, so schien es mir, und mein inneres Gerüst geriet ins Wanken. Es kam mir vor, als stünde ich auf einem Untergrund, der schlagartig seine Sicherheit gebende Festigkeit verloren hatte und zu einem schwebenden, beweglichen Etwas geworden war, auf dem ich mich nur mit Mühe im Gleichgewicht zu halten vermochte. Wie ich aus dieser höchst unerfreulichen Situation herauskam, werde ich am Schluss dieses Unterkapitels erzählen.

Wenden wir uns nun dem Selbst-als-Kontext zu. Was können wir uns darunter vorstellen? Möglicherweise kommen wir der Sache etwas näher, wenn wir lesen, »… dass wir in unserem essentiellen, grundsätzlichen Zustand reines Bewusstsein sind. Reines Bewusstsein ist reines Potential; es ist das Feld aller Möglichkeiten und der unendlichen Kreativität. Reines Bewusstsein ist unsere spirituelle Essenz.« (Chopra, 2005, S. 19) Und auch: »… drei Aspekte der Wirklichkeit – Seele, Verstand und Körper oder Beobachter, Beobachtung und Beobachtetes – …« (ebd., S. 15). Chopra geht noch weiter und setzt das Selbst mit dem göttlichen Anteil im Menschen gleich. Damit, so verstehe ich ihn, meint er den Teil, der gewissermaßen immer schon da ist und sich dann im einzelnen Menschen manifestiert; den Teil, der nicht bewertet, nicht urteilt, nicht kritisiert und seinerseits nicht beurteilt oder gar verändert werden kann. Dieser zeitunabhängige, unveränderliche und keinen Kriterien unterworfene Teil des Menschen dürfte eng mit dem verwandt sein, was Harris (2012, S. 211) das *Beobachtende Ich* nennt:

- »Das Beobachtende Ich ist von Geburt bis zum Tod da und unveränderlich.
- Es ist aller Dinge, die Sie tun, gewahr, aber es urteilt nicht über sie.
- Es kann in keiner Weise verletzt oder beschädigt werden.
- Es ist immer anwesend, auch wenn wir es vergessen oder nichts von ihm wissen.
- Es ist die Quelle wahrer Akzeptanz.
- Es ist kein ›Ding‹. Es besteht nicht aus physischer Materie und besitzt keine physische Beschaffenheit. Sie können es nicht messen, nicht quantitativ bestim-

men, nicht extrahieren oder untersuchen. Sie können es nur durch direkte Erfahrung kennen.
- Es kann in keiner Weise verbessert werden; es ist deshalb also vollkommen.«

Das Selbst ist demnach eine freie Instanz, unabhängig und nicht antastbar; eine Präsenz, die den einzelnen Menschen permanent im Blick hat und immer um alles weiß, was dessen Existenz ausmacht. Oder auch ein Zustand, in dem alles von uns abfällt außer dem reinen Innewerden unseres Seins. Das Selbst *ist* möglicherweise sogar das von physikalischen Kriterien losgelöste Sein, das als größere Instanz gewissermaßen die Existenz umfasst. Während die Existenz stets an zeitliche und örtliche Kriterien gebunden ist, ist das Sein von alledem gelöst. Der Begriff des Selbst nun wird alles andere als einheitlich verwendet, doch vielleicht könnte man sich darauf verständigen, dass es den Wesenskern des Menschen ausmacht und gleichzeitig das Feld darstellt, in dem sich (dessen) Existenz abspielt. Das scheint auf den ersten Blick unmöglich, doch wenn wir z. B. an die Quantentheorie denken, sollten wir uns durch ein Paradoxon nicht verwirren lassen. Das Selbst kann beides sein, Kern und Feld; und erst die nähere Beobachtung entscheidet zugunsten des Einen oder des Anderen. Sowohl bei Chopra als auch bei Harris werden dieser Instanz neben Unveränderlichkeit und Vollkommenheit als weitere wichtige Eigenschaften das Gewahrsein bzw. das bewertungsfrei Beobachtende zugeschrieben. Es geht also offensichtlich mindestens um zweierlei: einerseits um einen Zustand, in dem unser Sein erfassbar wird (nicht die Existenz); andererseits um den Modus des Beobachtens – und zwar aus der Perspektive des Seins bzw. des Selbst. Das klingt nun in der Tat und zugegebenermaßen etwas kompliziert, kann aber möglicherweise mithilfe einer Metapher vereinfacht und besser verständlich gemacht werden. Das Selbst bzw. das Sein ist wie ein Garten, in dem eine große Vielfalt an Lebewesen existiert, die miteinander in Kontakt stehen, interagieren, sich gegenseitig beeinflussen, einander bedingen, miteinander kämpfen und vieles mehr. Die einzelnen Lebewesen stehen für Gedanken und Gefühle, für Annahmen, Ideen, Überzeugungen, Wünsche, Ziele – kurz, für alles, was sich im Seelengarten[11] eben so tummelt. Der Garten bildet dabei den Bereich oder den Kontext, innerhalb dessen die Lebewesen aktiv sind; das Selbst bildet den Kontext, innerhalb dessen sämtliche psychischen Prozesse stattfinden. Das ist gemeint mit Selbst-als-Kontext. Eine andere Beschreibung hierfür ist die berühmte Schachbrett-Metapher (z. B. Lotz, 2012), in der dem Selbst die Gestalt eines Schachbretts gegeben wird, auf dem sich die psychischen Phänomene als Figuren bewegen. Weder der Garten noch das Schachbrett sind in die Aktionen der Lebewesen bzw. Figuren involviert; sie stellen einfach den Raum dafür zur Verfügung. Das Gleiche macht das Selbst; es bietet den Platz, auf dem sich die seelischen Spieler befinden und bewegen, ohne sich an deren (Inter-)Aktionen zu beteiligen.

Das Selbst-als-Kontext unterscheidet sich demnach ganz wesentlich vom Selbstkonzept. Während letzteres ein Gerüst oder eine Struktur mit ziemlich stabilen

---

11 Klar abzugrenzen von der Idee des Seelengartens, die bei Pass (2012) verwendet wird und den Zugang zum Unbewussten ermöglichen soll. Im vorliegenden Text ist der Seelengarten eine Metapher für das Selbst-als-Kontext.

Verbindungen bildet, bietet das Selbst-als-Kontext einen Raum, in dem auch Bewegung – und damit natürlich Flexibilität und Veränderung – möglich ist. Der stabile Teil beim Selbst-als-Kontext besteht aus dem Selbst – das, wie wir gelesen haben, unabhängig von Dimensionen der Bewertung einfach da ist, sozusagen als unantastbares Absolutum – und eben nicht aus Festlegungen. Das Selbst ist mithin die Beobachtungsstation, von der aus sämtliche Vorgänge im Seelengarten betrachtet werden können. Auf einer tieferen Ebene sind sodann Überlegungen möglich, ob, wo und was ggf. an den Aktionen bzw. dem Einfluss der Bewohner des Seelengartens, der »Seelen-Protagonisten« verändert werden soll. Für das Wie dieser Änderungen stehen z. B. einzelne ACT-Techniken zur Verfügung. Und damit sind wir u. a. wiederum bei der Veränderung der Beziehung zu Gedanken, Gefühlen, Annahmen, Überzeugungen etc. angekommen.

In der Terminologie von Harris (2012) würden wir vom Beobachtenden Ich reden, das dem Selbst entspricht. Auf den tieferen Ebenen finden sich sodann das Denkende Ich und schließlich noch das physische Ich. Bei Chopra (2005) ist die Rede von Beobachter, Beobachtung und Beobachtetem. Bei allen erwähnten Autoren, ob Hayes et al., Harris oder Chopra, wird zwischen der nicht antastbaren beobachtenden Instanz und ihr untergeordneten bzw. in ihr enthaltenen Ebenen unterschieden.

Nun will ich noch erzählen, wie ich vor einiger Zeit aus der heftigen Irritation, in die mich mein erschüttertes Selbstkonzept geführt hatte, herausgekommen bin. Ich befand mich also in einem Zustand, in dem ich den beruflichen Teil meines Selbstkonzeptes in Frage gestellt sah. Unglücklicherweise übertrug sich die diesbezügliche Instabilität auf weitere Elemente meines inneren Gerüstes, so dass ich mich im Leben nicht mehr eindeutig verorten konnte. Wie ein Flaschenkorken auf bewegter See, so kam ich mir vor, Wind und Wellen ausgesetzt und ohne Richtung einfach treibend. Da stieß ich eines Abends völlig unerwartet auf einen Film im Fernsehen, der mir auf einen Schlag meinen Seelengarten zugänglich machte, ihn richtiggehend sichtbar werden ließ. Der Film war eine Metapher für meinen inneren Garten bzw. mein Selbst-als-Kontext, was ich anhand des unmittelbar eintretenden Gefühls der Beheimatung erkannte, und führte mir bildhaft ein Feld der Möglichkeiten vor Augen, in dem ich mich bewegen und gleichzeitig viele meiner »Seelen-Protagonisten« beobachten konnte, dabei frei und gelöst bleibend, ohne mit ihnen zu verschmelzen oder in ihrem heftigen Getümmel zu verschwinden. Damit erwuchs mir der Mut, auf der Bühne meines Seelenlebens (um noch eine weitere Metapher zu verwenden) eine etwas andere Inszenierung anzugehen, neue Arrangements zu wagen, sodass ich z. B. mit eher ungewöhnlich zusammengestellten Gedanken Ideen entwickeln und meinem Leben wieder eine Richtung geben konnte, und zwar unabhängig von den realen Gegebenheiten meines Alltags. Ich musste mich nicht mehr mit zermürbenden Überlegungen zu den Ursachen meiner Erschütterung befassen oder in ein erschöpfendes Abwägen sämtlicher Konsequenzen einsteigen; ich brauchte mich nicht mehr mit meinen bedrohlichen Gedanken und Gefühlen herumzuschlagen. Mit dem Sichtbarwerden meines Seelengartens wusste ich plötzlich (wieder), wer ich war, hatte (wieder) Zugang zu meinem Selbst, zu dem die Verbindung wohl doch nicht gänzlich abgebrochen war. Damit vermochte ich mein Innenleben aus einer buchstäblich um-fassenden Perspektive zu betrachten, zu beobachten und konnte dann entscheiden, wo ich zusteigen, mich einmischen und fortan wieder nach meinen Werten gestalten wollte. Das war etwas gänzlich anderes als der Versuch, an meinem beschädigten Selbstkonzept Reparaturen durchzuführen, herausgebrochene Teile zu ersetzen und Unpassendes um jeden Preis passend zu machen. Dieses Erlebnis war so eindrücklich, dass ich es ganz persönlich als eine Art Wunder erlebte. Es war mir offenbar geglückt, das unflexible Gerüst meines Selbstkonzeptes gegen einen Möglichkeitsraum zu tauschen und dort aus dem Aufruhr, der sich unter meinen »Seelen-Protagonisten« ausgebreitet hatte, auszusteigen.

Dass wir, wenn uns das gelingt, tatsächlich alle Möglichkeiten und unendliche Kreativität zur Verfügung haben, wie Chopra (2005) meint, ist vielleicht etwas euphemistisch. Aber es dürfte doch wesentlich mehr drin sein als wir uns gemeinhin vorstellen.

## 5.3 ... und Gemeinsamkeiten

Nachdem bis hierher wesentliche Unterschiede zwischen ACT und klassischer KVT beschrieben worden sind, soll zum Schluss der guten Ordnung halber noch ein bisschen Raum sein, um auch die Gemeinsamkeiten beider Therapieverfahren gebührend zu erwähnen. Dies aufgrund der Tatsache, dass sich die ACT als eine der neueren Varianten der KVT aus ebendieser weiterentwickelt hat und auf vieles zurückgreift, was die klassische KVT bereits hervorgebracht hatte. Es erschiene mir unredlich, darauf nicht einzugehen.

Ich kann mich zunächst kurz fassen: Die wichtigsten Gemeinsamkeiten bestehen in der Annahme, dass Verhalten bzw. Verhaltensbereitschaften zu einem großen Teil gelernt werden, dass Gelerntes nicht in Stein gemeißelt ist und Neues gelernt werden kann. Einerseits. Andererseits spielt bei beiden Therapieverfahren das Phänomen der Verstärkung eine entscheidende Rolle. Mal unabhängig davon, was genau in der ACT als Verstärkung betrachtet oder für wesentlich gehalten wird, dürften die Wirkungen von positiver und negativer Verstärkung sowie Bestrafung unbestritten sein.

Bei Hayes et al. (2014) finden sich zahlreiche Ausführungen zu den Gemeinsamkeiten von ACT und klassischer KVT, denen wir an dieser Stelle in einer kleinen Auswahl für einen Moment unsere Aufmerksamkeit zuwenden wollen.

### Exposition

Bei der ACT handelt es sich den Autoren zufolge »... um eine auf Exposition beruhende Intervention – beruhend auf einem kontextuellen Blick auf das Wesen der

Exposition.« (ebd., S. 399). Weiter wird darauf hingewiesen, dass während einer Exposition die Defusion (von Gedanken und Gefühlen) geübt werden kann. Hier würde ich noch weiter gehen und, im Hinblick auf Angstpatienten, postulieren, dass es in jedem Fall um das Einsetzen von Entschärfung und Raumgeben, also um Defusion gehen sollte – damit die Betroffenen einen Freiraum herstellen können, in dem sie sich ihren Herzenswünschen (in der ACT Werte genannt) zuwenden können. Die Verbindung mit Werten wird von den Autoren als mögliche Hilfe bei Expositionen erwähnt; nämlich dann, wenn es gelingt, im Dienste eines Wertes in einer als bedrohlich empfundenen Situation zu bleiben, anstatt sie zu vermeiden. Dazu kann ich ein eindrückliches Beispiel beisteuern. Eine Patientin, beruflich mit großer Begeisterung als Tierpflegerin im Rahmen des Naturschutzes tätig, interessierte sich für eine Fortbildung, bei der ein Projekt zur Erhaltung gefährdeter Tiere vorgestellt werden sollte. Wegen ihrer generalisierten Angst war sie nicht sicher, ob sie die Teilnahme schaffen würde, denn es standen mehrere angstauslösende Hindernisse im Weg, z. B. die typische Sorge, ob der betreffende Tag überhaupt zu überstehen sei, oder die Frage der Reise an den Fortbildungsort, die evtl. Ängste auslösen würde. Bis zum letzten möglichen Moment kämpfte die Frau mit der Überlegung, ob sie die Teilnahme, die mit der gefürchteten Anreise beginnen musste, riskieren sollte oder nicht. Sie wählte schließlich den Wert »Herzblut für den Beruf«, bestieg mit oder trotz starker Angst ein öffentliches Verkehrsmittel und machte sich auf den Weg. Damit hatte sich die Patientin mit für sie wichtigen Werten verbunden und um derentwillen die in ihrem Erleben äußerst unangenehme oder sogar bedrohliche Reise an den Fortbildungsort auf sich genommen. Als Verstärker wirkten, aus Sicht der klassischen KVT, der Stolz im Gefolge der entwickelten Aktivität in Richtung eines erwünschten Ziels – das aus einem wichtigen Wert geboren wurde – sowie die Befriedigung über eine (trotz Ängsten) insgesamt erfolgreich absolvierte, interessante Fortbildung. Aus Sicht der ACT hatte wohl schon die Eigenschaft der vorgenommenen Handlungen (einsteigen in ein öffentliches Verkehrsmittel, anreisen) durch ihre Verbindung mit wichtigen Werten *inhärent* verstärkend gewirkt. »Diese Handlungen haben durch ihre Verbindung zu verbal ausgedrückten Lebenswünschen verstärkende Eigenschaften.« Und: »Die Wirkung von Werten ist die, dass sie andere Ereignisse als Verstärker etablieren.« (Hayes et al., 2014, S. 127). Gemäß ACT erzeugte demnach bereits die wertegeleitete Handlung der Patientin als solche eine Verstärkung, noch bevor Konsequenzen überhaupt eingetreten waren.

## Einüben von Fertigkeiten

Das Training von Fertigkeiten wird von den drei Autoren als wichtige Komponente der ACT bezeichnet, da sie nahezu alle ACT-typischen Werkzeuge wie z. B. Achtsamkeit, Gewahrsein oder das Eintauchen in das Selbst-als-Kontext in ihrer Anwendung als Fertigkeiten betrachten. Außerdem sehen sie das Fertigkeitstraining auch in einem möglichen Zusammenhang mit Herzenswünschen oder Werten; erworbene Fertigkeiten dienen dazu, diese zu verwirklichen oder sich auf den Weg dazu zu begeben. Die oben soeben beschriebene Geschichte der Patientin gibt auch hierfür ein Beispiel: Die Reise an die Fortbildung war ihr auch deshalb möglich, weil sie bereits gelernte Techniken zur Defusion einsetzte.

## Hausaufgaben

Diese dienen dazu, erworbene Fertigkeiten mittels Übung in den jeweiligen Alltag der Patientinnen und Patienten zu transferieren und für deren Lebensvollzug nutzbar zu machen. »Der ACT-Therapeut arbeitet gemeinsam mit dem Patienten Hausaufgaben aus, die sich explizit auf die Werte des Patienten beziehen und deren Ausführung engagiertes Handeln im Dienste dieser Werte ist.« (Hayes et al., 2014, S. 405). Bei der Arbeit mit Angstpatienten, für die sehr oft der Wert der (wieder zu gewinnenden) Freiheit von großer Bedeutung ist, bedeutet das z. B., dass sie einzelne Techniken, die in der Therapie vermittelt werden und den Weg zu persönlicher Freiheit ebnen helfen, mit einer möglichst großen Disziplin ausprobieren und einüben sollten.

## Kontingenzmanagement

Die Handhabung von Verstärkern kann gemäß Hayes et al. (2014) die Selbstregulierung von Patienten fördern, sofern sie möglichst unmittelbar mit deren Werten verbunden wird – obschon die Tatsache, dass hier Verstärkung »von außen« kommt (z. B. durch andere Menschen), nicht ganz mit den Prinzipien der ACT kompatibel ist, da diese den frei gewählten Werten und vermutlich auch der inhärenten Verstärkung den Vorzug gibt. Im Falle von Angstpatienten könnte das Kontingenzmanagement demzufolge so aussehen, dass Betroffene z. B. für eine absolvierte Exposition, mit der sie sich wieder ein Stück Freiheit erobern, von anderen Personen explizit mit Bezug auf diese Freiheit gelobt werden.

## Stimuluskontrolle

Der Einsatz von Stimuluskontrolle ist dann ACT-konform, wenn er nicht als Vermeidung oder Bestrafung, sondern als bewusste Hilfe zum Erreichen eines persönlich wertvollen Zieles verstanden und gehandhabt wird; also im Kontext von Annäherungsverhalten. Bei Menschen mit Angststörungen kommt das Thema der Stimuluskontrolle früher oder später zur Sprache, und zwar meist im Zusammenhang mit »magischen« Objekten, welche vor der nächsten Angstattacke schützen sollen, dadurch Vermeidung hervorrufen und zu diesem Zwecke von den Patienten ständig mit sich herumgetragen werden. Ich habe im Verlauf meiner therapeutischen Tätigkeit in schöner Regelmäßigkeit meine Patientinnen und Patienten von ihren »magischen« Beschützern trennen müssen (und muss das nach wie vor), was zunächst immer große Verunsicherung, ja beinahe Entsetzen auslöste und verständlicherweise erst einmal als Bestrafung oder Schikane von meiner Seite verstanden wurde. Dies aber glücklicherweise nur so lange, bis die Patienten meine Erklärung verstanden hatten, wonach das Mitführen eines solch beschützenden

Objektes letztlich nichts anderes bewirke als Vermeidung; ein Sich-Verstecken hinter dessen vermeintlich schützender Wirkung, wodurch das bewusste und offene Beobachten der Angst natürlich hintertrieben werde; gerade das Beobachten jedoch sei der Weg zu einem günstigeren Umgang mit Angst und damit zu wieder mehr Freiheit. Die Anordnung, auf den beschützenden Gegenstand zu verzichten, stand dann durch diese Erklärungen mit einem Mal im Dienste des so wichtigen Wertes der Freiheit, dem die Patienten ja mithilfe der Therapie wieder näher kommen wollten.

## Verhaltensaktivierung

Die Aufforderung zum aktiven Handeln ist bereits in den drei Buchstaben ACT enthalten, die als Akronym genau auf die Bedeutung des Aktivseins hinweisen. Der Aufbau von Aktivität(en) gehört zum Standardrepertoire der klassischen KVT und gilt, da weitgehend ohne Eingehen auf kognitive oder emotionale Fragestellungen möglich, als eher leicht anzuwendende Intervention. Entscheidend dabei ist, über Aktivitäten wieder mehr sinnstiftende, erfüllende Erfahrungen zu generieren; auch Erlebnisse, die Zufriedenheit vermitteln, sind bereits ein Erfolg und wirken, wie ihre anspruchsvolleren Verwandten, als positive Verstärker. Eine kleine Geschichte mit einer meiner Patientinnen möge das verdeutlichen. Die Patientin stand wegen Agoraphobie mit Panik seit einiger Zeit in Behandlung und war daran, ihren Bewegungsradius zu erweitern. Eines Tages kam die Rede auf ihren Wunsch, sich wieder einmal bei einem professionellen Coiffeur die Haare schneiden zu lassen; etwas, das sie lange Zeit vermieden hatte. Sie berichtete über ihre diesbezüglichen Erwägungen, blieb dabei jedoch in einem unentschlossenen Hin und Her hängen und hatte noch zu keiner Entscheidung gefunden. Anstatt die Organisation des Coiffeur-Besuchs als Hausaufgabe mitzugeben, entschied ich mich für unmittelbare Verhaltensaktivierung. Ich wollte von der Patientin wissen, ob sie denn überhaupt schon einen Coiffeur ausfindig gemacht habe, den sie aufsuchen könnte. Weil die Patientin dies bejahte, schlug ich vor, die telefonische Vereinbarung eines Termins an Ort und Stelle, d.h. in der Therapiesitzung vorzunehmen, unter meiner Assistenz. Die Patientin reagierte zunächst irritiert, wollte meinen Vorschlag nicht wirklich ernst nehmen. Ich wurde daher etwas direktiver und forderte sie auf, ihr Handy aus der Tasche zu nehmen und den Coiffeur-Salon unmittelbar anzurufen, wobei ich reichlich auf den Fundus der Ermutigungen zugriff. Die Patientin tat, wie ihr geheißen, und vereinbarte während der Sitzung einen Termin fürs Haareschneiden. Das Lob und die Anerkennung von meiner Seite waren ihr gewiss (externe positive Verstärkung). Die Tatsache, dass sie mit dem Telefonat eine Handlung i. S. eines wichtigen Zieles (Haare schneiden) oder sogar eines Wertes (Freiheit) vornahm, dürfte gemäß den Annahmen der ACT bereits im Moment des Tuns als inhärente Verstärkung gewirkt haben. Und schließlich erschien die Frau einige Tage später mit tollem neuem oder überhaupt wieder einem Haarschnitt in der Therapie und erlebte neben der eigenen Zufriedenheit ein weiteres Mal explizite externe positive Verstärkung in Form mehrfacher Komplimente von meiner Seite. Diesen waren, wie die Patientin erzählte, bereits viele nette Äußerungen von Menschen aus ihrem Umfeld vorausgegangen.

Lassen wir zum Schluss dieses Unterkapitels Hayes, Strosahl und Wilson nochmals zu Wort kommen:

> »Trotz ausgeprägter Konzentration auf die Felder der Kognition und Emotion handelt es sich bei der ACT letztendlich um eine ziemlich reine Form der Verhaltenstherapie, und zwar im doppelten Wortsinn. Erstens ist sie eine Therapie, die durchgehend auf Prinzipien der Verhaltenswissenschaft gründet. Ihre theoretische Begründung liegt im Behaviorismus, der Verhaltensanalyse und der funktional-kontextuellen Philosophie. Zweitens ist sie letztlich auf das Verhalten ausgerichtet. Das Endziel der Therapie liegt im Entwickeln von Verhaltensmustern, die für den Patienten funktionieren; nichts anderes gilt als Erfolg.« (Hayes et al., 2014, S. 385).

# 6 Die ACT und ihre wichtigsten theoretischen Grundlagen

## 6.1 Was ist die ACT?

Die Akzeptanz- und Commitment-Therapie ist eine Variante der klassischen kognitiven Verhaltenstherapie und gehört wie andere Varianten, die Achtsamkeit und Emotionsregulation betonen, zur sog. Dritten Welle der KVT (z. B. Voderholzer, 2019). Wie wir am Schluss des Kapitels 5.3 gelesen haben, fußt sie auf dem Behaviorismus, der Verhaltensanalyse und der funktional-kontextuellen Philosophie.

Zum Behaviorismus, dessen Herleitung und Weiterentwicklung wurde bereits im Kapitel 3.3 einiges erläutert.

Die Verhaltensanalyse (VA) ist eine Methode, mithilfe derer einzelne Bedingungen oder Faktoren, die für das (problematische oder gestörte) Erleben und Verhalten eine Rolle spielen, aufgeschlüsselt werden können. Dabei wird unterschieden zwischen der Betrachtung eines unmittelbaren Ablaufs von Erleben und Verhalten in einer konkreten Situation, also vom Auslöser bis zum Verhalten und dessen Konsequenzen einerseits (sog. horizontale VA) und der Betrachtung von Faktoren, die für überdauernde Verhaltensbereitschaften verantwortlich sind (sog. vertikale VA). Die horizontale VA erfolgt nach folgender Gliederung: S-O-R-K-C (Kanfer & Saslow, 1969, 1974, zit. n. Margraf & Schneider, 2009). S steht dabei für Stimulus, also für den Reiz, der alles Folgende auslöst. O steht für die sog. Organismusvariable, die alles, was eine Person mitbringt oder in sich trägt, umfasst, also z. B. die biologische Ausstattung, die Lerngeschichte, die Anamnese etc. R steht für Reaktion (auf den Stimulus) bzw. das konkrete Verhalten. K steht für die Kontingenz, also die Regelmäßigkeit des Auftretens von Verstärkung oder Bestrafung. C schließlich steht für Consequence oder Konsequenz, die auf die Reaktion bzw. das konkrete Verhalten folgt. Die vertikale VA (Grawe & Caspar, 1984, zit. n. Grawe, 1998) erklärt das konkrete Verhalten anhand der Frage, in welcher Beziehung es zu Regeln, Zielen bzw. Plänen und den psychischen Grundbedürfnissen steht. Die horizontale VA dient demnach zur Aufschlüsselung unmittelbaren Verhaltens in einem konkreten Moment; die vertikale VA dient zur Aufschlüsselung überdauernder Verhaltensmuster. Beide Varianten der VA werden sowohl für die Diagnostik als auch im Hinblick auf konkrete Möglichkeiten für Verhaltensänderungen eingesetzt. Sie ermöglichen das Erkennen oder Begreifen von verhaltensrelevanten Bedingungen und damit assoziiertem (dysfunktionalem) Verhalten. Anhand dieser Einsichten wird es dann möglich, mithilfe der Therapie Veränderungen herbeizuführen, wobei Veränderungen auf der Verhaltensebene vermutlich einfacher zu bewerkstelligen sind als solche auf der Bedingungsebene.

Zur weiteren Vertiefung der Themen Behaviorismus und VA empfiehlt sich das Studium der entsprechenden umfassenden Fachliteratur.

Die funktional-kontextuelle Philosophie schließlich findet in der ACT ihren Niederschlag in Form der Bezugsrahmentheorie oder Relational Frame Theory (RFT) (Hayes et al., 2014). Dieser Theorie sind wir ansatzweise bereits in Kapitel 5.2 begegnet; wir müssen uns nun jedoch intensiver mit ihr befassen, denn sie bildet, neben der Achtsamkeit und den bereits erwähnten Erkenntnissen der KVT, den theoretischen Kern der ACT.

## 6.2 Bezugsrahmentheorie oder Relational Frame Theory (RFT)

»Eine andere Sprache ist wie eine andere Sicht auf das Leben.«
Federico Fellini

Die Bezugsrahmentheorie, für die im Folgenden die englische Abkürzung RFT verwendet wird, erklärt den Zusammenhang, der zwischen gedanklichen Prozessen und dem Erwerb der menschlichen Sprache besteht. Im Weiteren äußert sich die RFT auch zum Einfluss der Sprache und des Denkens auf die Wahrnehmung der Realität. Da von berufener Seite bereits ausführliche Erläuterungen der RFT vorliegen, dürfte es einerseits sinnvoll sein, diesen zu folgen. Andererseits werden wir um eine gewisse Vereinfachung nicht herum kommen, da es nicht das Ziel des vorliegenden Buches ist, die RFT gründlich darzulegen; es geht vielmehr darum, sie für ein vertieftes Verständnis der ACT zu nutzen.

Gemäß Hayes et al. (2014) besagt die RFT folgendes: Der Kern von Sprache und höherer Kognition besteht aus der Fähigkeit zu lernen und aus der Anwendung von Bezugsrahmen, sog. Relational Frames (RF). Die Bildung von RF gilt als erlerntes Verhalten, mit folgenden drei Eigenschaften unter willkürlicher kontextueller Kontrolle: wechselseitige Bezugnahme, kombinatorische Bezugnahme und Transformation von Stimulusfunktionen. Was bedeutet das im Einzelnen?

*Die wechselseitige Bezugnahme* besteht darin, dass Menschen einen erlernten Bezug oder eine erlernte Relation ebenso in der Gegenrichtung anwenden können und das auch tun. Wenn wir z. B. in einem bestimmten Kontext lernen, dass Gabriela größer ist als Fritz, hat das zur Folge, dass wir daraus schließen, dass Fritz kleiner ist als Gabriela.

*Die kombinatorische Bezugnahme* besteht darin, dass Menschen wechselseitige Bezüge oder Relationen miteinander kombinieren können und das auch tun. Wenn wir z. B. in einem bestimmten Kontext lernen, dass Gabriela größer ist als Fritz und Karl größer als Gabriela, hat das zur Folge, dass wir daraus schließen, dass Karl größer ist als Fritz.

*Die Transformation von Stimulusfunktionen* besteht darin, dass sich eine neue Eigenschaft, die einem Reiz in einem bestimmten Bezugs- oder Relationsnetzwerk gegeben wird, auf (bereits bestehende) Relationen überträgt, sie verändert und gleichzeitig durch sie verändert wird. Grundlage ist der ursprünglich erlernte (und im realen Leben vielfach trainierte) Bezug. In unserem Beispiel lautet der erlernte kombinatorische Bezug »größer als«, was nichts anderes bedeutet als »mehr davon«. Wenn wir nun den Bezug zwischen Gabriela, Fritz und Karl nehmen und Fritz zusätzlich als attraktiv bezeichnen, hat das zur Folge, dass wir daraus schließen, dass Karl noch attraktiver ist als Fritz (»mehr davon«), auch wenn wir keine weiteren Fakten über Fritz und Karl zur Verfügung haben. Diese Transformation wirkt auch beim Hinzufügen von anderen, z. B. negativen Eigenschaften. Wenn wir im vorliegenden Beispiel Fritz zusätzlich als hässlich bezeichnen, hat das zur Folge, dass wir daraus schließen, dass Karl noch hässlicher ist als Fritz. In beiden Fällen hat sich die zunächst ziemlich neutrale Funktion des Reizes zu einer bewertenden Funktion verändert (von »mehr davon« zu »attraktiv/er« bzw. zu »hässlich/er«).

Die RFT betrachtet die Herstellung von Bezügen, Bezugsrahmen und Bezugsrahmennetzen als entscheidendes Merkmal von Sprache und stark entwickelter Kognition. Ein verbaler Reiz ist gemäß Hayes et al. »ein Ereignis, das Effekte hat, weil es zu einem Bezugsrahmen gehört« (2014, S. 70). Die drei Autoren verstehen denn auch unter den Begriffen »verbal« und »kognitiv« ein »Erlernen, welches zu abgeleiteten Relationen führt« (ebd.). Je größer die Übung in der Bildung von Bezugsrahmen oder RF, desto einfacher oder vielleicht sogar selbstverständlicher ist die Bildung von daraus *abgeleiteten* Bezügen. Das sind dann eben solche, die auf abstraktem Terrain entstehen, also ohne entsprechende Erfahrung in der realen physikalischen Welt. Die Tatsache, dass RF durch Sprache (und somit durch Kognitionen) willkürlich hergestellt werden können – es ist nur eine Frage der Definition, wie die Bezüge zwischen einzelnen Dingen aussehen – macht es möglich, dass alles zu allem auf schier unendlich viele Arten in Bezug gesetzt werden kann; und das unabhängig davon, ob diese Bezüge mit der physikalischen oder erlebten Realität etwas zu tun haben. Darin liegt auf der einen Seite eine fantastische Möglichkeit für unglaubliche Vielfalt und Freiheit. Man denke nur einmal an berühmte Fantasiegeschichten, die alle davon leben, dass Bezüge und deren Rahmen mit der Sprache nach Belieben hergestellt und dann innerhalb der jeweiligen Geschichte als »magische« Gesetzmäßigkeiten für die Dramaturgie verwendet werden. Auf der anderen Seite liegt ebenso großes Potential für Leiden darin, dass RF willkürlich über Sprache hergestellt werden können; wenn Menschen mit Angststörungen z. B. über viele Jahre in ihren Ängsten gefangen bleiben, obschon sie diese vielleicht nur über verbale Botschaften ihrer einstmals wichtigsten Bezugspersonen erlernt und durch deren Resonanz als »wahr« eingeübt haben – auch wenn es für diese »Wahrheit« in der realen Welt niemals eine Bestätigung gab. Wir werden etwas später darauf zurückkommen.

Im Folgenden werden wir uns mit einzelnen Aspekten der RFT ausführlicher beschäftigen.

## 6.3 Zwei unterschiedliche Arten von Kontext

Wie wir bereits in Kapitel 5.2 gesehen haben, spielt der Kontext, also der Umstand, dass Dinge und ihre Begleitumstände zueinander in Beziehung[12] stehen oder in Beziehung gebracht werden, eine ganz entscheidende Rolle. In Kapitel 6.2 haben wir die Bedeutung von Kontexten anhand der Aussagen der RFT noch etwas eingehender betrachtet. Jetzt wollen wir uns der Tatsache zuwenden, dass sowohl die RFT als auch die ACT zwischen zwei Kontextarten unterscheidet, nämlich zwischen dem relationalen und dem funktionalen Kontext.

*Der relationale Kontext* bestimmt, auf welche Weise die Dinge zueinander in Beziehung stehen oder in Beziehung gebracht werden. Die Relation oder Beziehung der beteiligten Dinge ist der entscheidende Faktor. Ein typisches Beispiel für einen relationalen Kontext ist die schon erwähnte Aussage »Gabriela ist größer als Fritz«, wobei hier die Beziehung in einem Vergleich besteht. Ein weiteres Beispiel für einen relationalen Kontext bildet die Aussage »weil es regnet, sind die Straßen nass«; hier ist die Beziehung der beteiligten Dinge eine kausale. Ein drittes Beispiel für einen relationalen Kontext bietet die Aussage »Sicherheit hat oberste Priorität (vor allem anderen)«; hier ist die Beziehung eine hierarchische. Das sind bloß drei Beispiele, viele weitere sind denkbar, z. B. prognostische bzw. konditionale Beziehungen (»jedes Mal, wenn …, dann …«). Man kann sich nun vorstellen, dass relationale Kontexte im Zusammenhang mit psychischen Störungen von großer Bedeutung sind, weil sie im ungünstigen Fall und je nach den Dingen, die kontextualisiert werden, die Entwicklung und Aufrechterhaltung ungünstigen Erlebens und Verhaltens unterstützen. Wenn wir an die Angstpatienten denken, die ihre Angst über sprachliche Mitteilungen ihrer wichtigsten Bezugspersonen gelernt haben, ist anzunehmen, dass relationale Kontexte dabei eine Schlüsselrolle spielten. So kann einem Kind die Welt als gefährlich beigebracht werden, indem man es einerseits zu wiederholten Malen auf diese Gefährlichkeit hinweist und andererseits bei eventuellen Fragen von seiner Seite, warum denn die Welt gefährlich sei, z. B. zur Antwort gibt »weil ich es dir sage.« Damit wäre ein relationaler Kontext etabliert – die Gefahr steht mit der Aussage einer nahestehenden Person in Beziehung –, der durch seine kausale Natur nicht überprüfbar und schon gar nicht widerlegbar scheint. Ähnlich konstruierte relationale Kontexte können auf vielen weiteren Ebenen einer indivi-

---

12 Die Begriffe »Beziehung«, »Bezug« und »Relation« werden synonym verwendet.

duellen Lerngeschichte eingreifen und massiven Einfluss ausüben. So können z. B. hierarchische Kontexte das Erfahren der eigenen Wichtigkeit formen, wenn ein Kind entweder immer als erstes oder als letztes berücksichtigt wird; oder vergleichende Kontexte können entweder zu Leistungsorientierung oder zu Passivität und Hilflosigkeit führen, je nachdem, ob ein Kind den Vergleich als Ansporn oder als Zurücksetzung erlebt etc. Wie wir bei Hayes et al. (2014) lesen, gibt es praktisch unendlich viele Möglichkeiten für relationale Ableitungen von Beziehungen oder Bezügen, unglücklicherweise auch für ungünstige, die kaum wirklich kontrolliert werden können. Durch vielfache Wiederholung verfestigen sie sich im Gedächtnis und erreichen eine sehr beeindruckende Stabilität.

In der therapeutischen Situation kann der relationale Kontext genutzt werden, um bestehende Bezüge zu verändern, was vermutlich primär dadurch geschieht, dass bestehenden Netzwerken neue und eben andere Bezüge hinzugefügt werden, die dann wieder eingeübt werden müssen. Das können Erweiterungen oder neue Kombinationen von Relationen sein, die das Feld der Möglichkeiten für die Patienten erweitern. Dass es gelingt, relationalen Kontext tatsächlich bzw. von Grund auf umzubauen, also nicht einfach nur durch neue Bezüge quasi zu übertönen, wird von Hayes et al. allerdings explizit in Zweifel gezogen. Eine ähnliche Ansicht wurde von mir in Kapitel 4.3 im Zusammenhang mit der praktischen Anwendung der klassischen KVT-Technik der kognitiven Umstrukturierung bereits vertreten.

Dienlich ist der relationale Kontext in Situationen, in denen argumentierfreudige Patienten immer das letzte Wort haben, mit dem sie dann auch therapeutische Hinweise und Anregungen unterlaufen. Wir erinnern uns an den argumentativ fitten Informatikstudenten aus Kapitel 4.3, der alle meine Vorschläge zum Umbau seiner vielen Angstgedanken mit mathematischer Logik und Wahrscheinlichkeitsberechnungen zu torpedieren pflegte. Bei ihm hätte vermutlich der Einsatz des relationalen Kontextes etwas gebracht, und zwar einer der kausalen Art. Wenn ich ihm auf seine Frage, warum er etwas neu denken sollte, solange die Stichhaltigkeit des Neuen nicht bewiesen sei, einfach geantwortet hätte »weil ich es Ihnen sage«, hätte ich aus der Logikfalle aussteigen können und er wäre möglicherweise über den kausalen Anspruch meiner Antwort derart verblüfft gewesen, dass ihm kein Gegenargument mehr eingefallen wäre. Ich habe im Laufe der Jahre, mit zunehmender therapeutischer Erfahrung, tatsächlich immer mal wieder diese Kausalbeziehung eingesetzt, und zwar immer dann, wenn es eben gerade *nicht* darum gehen sollte, etwas zu erklären und damit in seine Einzelteile zu zerlegen, sondern um ein Wagnis, ein Risiko, das endlich einmal einzugehen war.

Schließlich muss der Vollständigkeit halber darauf hingewiesen werden, dass gerade der relationale Kontext auch seine Vorteile hat, wenn es um schnelles Lernen geht. Wenn Eltern einem kleinen Kind beibringen, dass Straßen gefährlich sind, indem sie z. B. formulieren »Straße macht Aua«, stellen sie damit die Dinge »Straße« und »Aua« in eine kausale Beziehung zueinander; sie etablieren eine Ursache-Wirkung-Beziehung[13]. Das Kind wird daraus die Folgerung ableiten, dass »Straße« etwas ist, das mit Unangenehmem zu tun hat; weiter dürfte es die Regel ableiten, dass

---

13 Außerdem kreieren sie einen Wort-Ereignis-Rahmen.

»Straße« etwas ist, was es vermeiden sollte. Wenn es dann erlebt, dass das unangenehme »Aua« nicht eintritt, wenn »Straße« sozusagen nicht stattfindet, und die Eltern außerdem auch noch Zufriedenheit zeigen, lernt das Kind, im Umgang mit »Straße« zurückhaltend und vorsichtig zu sein; und zwar auch dann, wenn es weitergehende Erklärungen zu den Gefahren der Straße noch gar nicht verstehen kann. Vermutlich noch wirkungsvoller dürfte es sein, wenn die Eltern sagen »Straße *ist* Aua«, denn damit stellen sie die Dinge »Straße« und »Aua« in eine noch engere Beziehung zueinander, nämlich die der Ununterscheidbarkeit. Nur am Rande sei darauf hingewiesen, dass wir mit diesen Überlegungen wieder mitten in den Lern- und Verstärkungstheorien gelandet sind – was die Leserinnen und Leser mit Sicherheit bereits bemerkt haben.

*Der funktionale Kontext* »bestimmt den Effekt der relationalen Reaktion« (Hayes et al., 2014, S. 73). Oder, um es einfacher auszudrücken, er *beeinflusst, was jemand in einer ganz bestimmten Situation und deren Begleitumständen schließlich macht* – im Hinblick auf beabsichtigte Resultate. Zu beabsichtigten Resultaten kommt man, wie wir bereits in Kapitel 4.8 gesehen haben, grundsätzlich auf zwei Arten oder in zwei Richtungen, nämlich »hin zu« oder »weg von« – was nichts anderes heißt als mittels Annäherung oder Vermeidung (bezogen auf die Befriedigung bzw. den Schutz der psychischen Grundbedürfnisse). Um Verhalten zu verstehen und ggf. zu verändern, muss man es in seinem jeweils unmittelbaren und einzigartigen Kontext und seiner dadurch festgelegten Funktion erfassen. Gemäß DGKV (2023) ist der funktionale Kontextualismus »eine philosophische Haltung, nämlich die, bereit zu sein, das, was ist, so anzunehmen, wie es ist, und mit ihm so umzugehen, dass es neue und wirksame Möglichkeiten der Einflussnahme eröffnet«. Es geht also um Einflussnahme oder ums Mitreden und Mitgestalten, mit anderen Worten um Kontrolle. Damit verbunden ist unweigerlich das Thema Selbstwirksamkeit, was natürlich im Zusammenhang mit psychischen Problemen und deren Therapie eine wichtige Sache ist; denn es geht ja gerade auch darum, die Patienten aus einer teilweise jahrelang erlebten Hilflosigkeit zu lösen und ihnen die Erfahrung zu ermöglichen, dass sie durchaus etwas in der Hand haben, um ihr Leben nach ihren Vorstellungen zu gestalten. Der funktionale Kontext ist wohl einfacher zu verändern als sein schwerfälliger relationaler Bruder, weil jede Situation und ihre Begleitumstände jeweils einzigartig und deshalb vermutlich weniger verfestigt sind. Außerdem können Handlungen besser kontrolliert (und damit z. B. verändert) werden als lange eingeübte Bezüge. Diese Umstände dürften in zahlreichen Situationen den Zugang zu Freiheit und Mitbestimmung öffnen oder wieder öffnen.

Bezogen auf Angststörungen könnte die Therapeutin z. B. den funktionalen Kontext so verwenden, dass sie dem Patienten klarmacht, dass jede Angstsituation einmalig oder einzigartig ist und gerade *nicht*, wie der Patient vermutlich meint, immer gleich und daher auch *nicht* schicksalshaft gegeben. Etwas akademischer ausgedrückt ginge es also darum, jede Situation, die beim Patienten Angst auslöst, aus ihrem relationalen Rahmen in einen funktionalen zu transferieren oder zumindest den funktionalen Anteil zu sehen; in einem »gesetzmäßig immer so« könnte dann ein »gerade jetzt und einzigartig« entdeckt werden. Ähnliches haben wir bereits in Kapitel 5.2 gesehen, und zwar bei der Gegenüberstellung von Exposition und E-Prinzip, wo es darum ging, dass der Mensch sich in seinem Verhalten immer auf das beziehen sollte, was das Leben *in einem bestimmten Augenblick* von ihm erwartet. Und in Kapitel 5.1 wurde erwähnt, dass Viktor Frankl das Leben geradezu als Verantwortung für die Erfüllung der Forderung der Stunde bezeichnete, also, wie die Kontextualisten vermutlich sagen würden, als etwas ausgesprochen Funktionales.

Nun drängt sich an dieser Stelle die Frage auf, wie denn Erfahrung (auch i. S. von Erinnerung) dazu passt, dass jede Situation einzigartig ist; welchen Stellenwert die Erfahrung besitzt in einer Welt, in der jeder Augenblick als unverwechselbar betrachtet wird; was Erfahrung überhaupt soll. Dazu ein kleiner Exkurs.

Als Erstes ist sicher zu konstatieren, dass wir ohne Erfahrung vermutlich kaum lebens- oder funktionsfähig wären. Erfahrung ist gedächtnistechnisch gesprochen eine Form der Erinnerung und was wir ohne Erinnerungen wären, lässt sich in einfachen Worten ausdrücken: Wir müssten in jedem Augenblick mit allem von Neuem beginnen, da wir auf nichts zurückgreifen könnten. Spätestens, wenn wir mit Menschen zu tun haben, die Gedächtnisstörungen aufweisen, wird die Tragweite des Erinnerns bzw. des Nicht-mehr-Erinnerns schlagartig klar. Sogar scheinbar einfache Handlungen wie Essen und Trinken sind, da u. a. vom Erinnern abhängig, bei gewissen schweren Gedächtnisstörungen nicht mehr sicher möglich. Von Identität oder Wissen um die eigene Existenz oder das eigene Sein gar nicht zu reden, denn auch diese komplexen Erlebnisvarianten bedürfen des Erinnerns – was z. B. Menschen, deren Angehörige oder Freunde an Alzheimer erkrankt sind, auf sehr schmerzliche Weise erfahren. Es gäbe ohne Erinnern und ohne Erinnerung wohl nichts, was den Menschen ausmacht, und damit wäre auch das vorliegende Buch überhaupt nie begonnen worden. Erinnerung und Erfahrung sind demnach notwendige oder möglicherweise sogar definierende Aspekte des Menschseins. Wie also lassen sich Erinnerung bzw. Erfahrung in den funktionalen Kontext, in dem ausgerechnet Einmaligkeit eine wichtige Rolle spielt, einordnen?

Mir fallen dazu mehrere Antworten ein. Zunächst bedarf es für die Erkenntnis, wonach etwas einmalig ist, eines Referenzkriteriums. Es muss einen Anhaltspunkt geben, anhand dessen eine Situation als einmalig erkannt werden kann, und dieser Anhaltspunkt besteht in der Erfahrung bzw. Erinnerung. Denn nur anhand von Erfahrung wissen wir, ob etwas bereits bekannt, also eine Wiederholung ist, oder eben nicht. Erfahrung ist demnach gerade im Hinblick darauf, dass etwas als »einmalig« erkannt wird, unabdingbar. Eine weitere Antwort betrifft die Annahme, dass Erfahrungen auch in einer Welt voller Einmaligkeiten sinnvoll sind, und zwar in Form eines »Erfahrungs-Portfolios«. Damit meine ich eine Sammlung vieler einzelner Erfahrungen, von denen manche in zahlreichen Situationen zumindest annäherungsweise passend sind und eine funktionale Bedeutung bekommen (man hat bereits eine Ahnung, was im Hinblick auf beabsichtigte Resultate zu tun ist). Noch eine Antwort betrifft die Vorstellung, dass Erfahrungen, gerade wenn sie zahlreich sind, so geformt oder kombiniert werden können, dass sie eine große und durchaus funktionale Generalisierbarkeit annehmen. Denn: Viele Erfahrungen bedeuten auch viele erlebte unterschiedliche Situationen – und dadurch wiederum entsteht ein »Situationen-Portfolio«, das zahlreiche Vorlagen enthält, die als Orientierungshilfen dienen. Es ist daher nach menschlichem Ermessen davon auszugehen, dass trotz der Einmaligkeit des Augenblicks nicht in jeder Situation das Rad gänzlich neu erfunden werden muss, sondern dass es ausreicht, die vorhandenen »Erfahrungs-Folien« an die unmittelbaren Gegebenheiten anzupassen. Und schließlich ist eine weitere, ganz wichtige Antwort auf die Frage nach dem Stellenwert von Erfahrung – die Erfahrung, dass man in vielen Situationen, so unterschiedlich sie auch waren, plötzlich genau wusste, was man zu tun hatte, um zu bestehen und im eigenen Sinne mitzuwirken, sich also funktional zu verhalten (u. U. gerade auf dem Hintergrund bereits gemachter Erfahrungen). Einmaligkeit und Erfahrung schließen einander also nicht aus, was aus den soeben angestellten Überlegungen deutlich geworden sein dürfte.

Kehren wir zurück zu der Frage, wie in der Therapie eines Angstpatienten der funktionale Kontext eingesetzt werden kann. Nachdem wir nun verstanden haben, dass jede Situation zwar als unmittelbar einmalige Gegebenheit betrachtet werden sollte, die Erfahrung aber eine durchaus wichtige Rolle spielt, dürfte es wohl darauf ankommen, einzelne Situationen vor dem Hintergrund der Erfahrung als jeweils einzigartige und immer wieder neu auftauchende *Gelegenheiten* zu begreifen; nämlich für ein ebenso neues und immer wieder frisches Abwägen und schließlich Entscheiden. Genau das tun Angstpatienten ja eben nicht mehr, wenn sie sich in allen einander ähnlichen Situationen immer exakt gleich verhalten (indem sie entweder vermeiden oder in den Kampfmodus schalten). Es wäre also vermutlich einiges gewonnen, wenn man den Patienten zu mehr oder überhaupt einer Differenzierung verschiedener Situationen hinführen könnte. Eben, wie weiter oben bereits erwähnt, zu mehr »gerade jetzt und einzigartig«. Als Metapher dafür ließe sich vielleicht das Bild einer Straße in einer Stadt einsetzen, in dem die Gebäude und die Infrastruktur für bereits gemachte Erfahrungen stehen und die Menschen, die sich in der Straße aufhalten oder bewegen, die zirkulierenden Fahrzeuge, Tiere, die wechselnden Licht- und Wetterbedingungen für ständig neu entstehende Situationen. Wenn wir uns selbst in dieser Straße befinden, sind wir auch dann, wenn wir die Straße kennen und mit einem Plan unterwegs sind, gut beraten, die unmittelbaren örtlichen Gegebenheiten zu berücksichtigen und unser Verhalten so zu steuern, dass wir z. B. an einer Baustelle oder schlampig parkierten Fahrrädern vorbeikommen oder mit einer unvermuteten Umleitung der Buslinie umgehen können. Dieses flexible Reagieren auf die unmittelbar aktuellen Gegebenheiten wiederum dürfte umso leichter sein, je besser wir mit den bestehenden örtlichen Verhältnissen vertraut sind; wenn wir also wissen, wie wir am schnellsten zur umgeleiteten Buslinie kommen oder die Baustelle möglichst mühelos umgehen können – indem wir z. B. den Weg durch ein Warenhaus mit mehreren Ein- und Ausgängen wählen; mit anderen Worten, wenn unsere Erfahrung beteiligt ist. Man dürfte somit festhalten, dass (der Zugriff auf) Erfahrung flexibles Verhalten erleichtert. Das trifft jedenfalls für Menschen zu, die nicht an einer psychischen Störung leiden.

Bei Angstpatienten muss die Anwendung der Metapher etwas angepasst werden. Der Erfahrungsraum dieser Menschen ist, wie bereits bekannt, über die Zeit der teilweise jahrzehntelangen Leidensgeschichten dramatisch eingeengt bzw. »beschädigt« worden, und zwar im Sinne dessen, was ihnen die Angst diktiert. Erfahrung bedeutet daher i. d. R. Angst, Unbehagen und »rette sich, wer kann«.

Wie also können Angstpatienten dazu gebracht werden, ihre (oft sehr unguten) Erfahrungen als Unterstützung für Flexibilität zu nutzen? Als Faktor, der flexibles Verhalten begünstigt oder zumindest trotzdem erlaubt? Für den Anfang dürfte es sich bewähren, die Patienten darauf hinzuweisen, dass ihnen die Straße samt Infrastruktur bestens bekannt ist, dass sie die Gegend also kennen. Mithilfe der Metapher können die in der Wahrnehmung der Betroffenen zahlreichen negativen Erfahrungen sodann als bröckelnde Hausfassaden oder beschädigte Fahrleitungen der Buslinie betrachtet werden, als Schlaglöcher im Belag der Straße vielleicht auch oder als leerstehende, unbelebte Ladenlokale. Dann können die Patienten darauf hingewiesen werden, dass diese Schäden an der Infrastruktur nicht zwangsläufig bedeuten, dass die Straße als Ganzes auf jeden Fall gesperrt und für immer gemieden werden muss, sondern dass sie doch frequentiert werden kann, wenn auch vielleicht zunächst nur auf der einen Seite oder mit häufigen Seitenwechseln oder über einfach gebaute Holzstege. Die Aufforderung, sich in diesem etwas schwierigen Terrain einmal versuchsweise zu bewegen und zu beobachten, wie das funktioniert, wäre der nächste Schritt. Schließlich werden die Betroffenen angewiesen, sich in den Strom der ständig wechselnden Gegebenheiten einzuschleusen und zu erproben, wie sie sich darin bewegen müssen, um von A nach B zu gelangen.

## 6.4 Regelgesteuertes Verhalten

Regelgesteuertes Verhalten ist gewissermaßen eine Konsequenz, die sich aus den Phänomenen ergibt, welche in der RFT beschrieben werden. Es hat seinen Ursprung darin, dass mit der Sprache Regeln bzw. Regelnetzwerke geschaffen werden können, die ihrerseits als Verhaltensvorgaben dienen. Wie bereits an früherer Stelle erwähnt, bieten solche Regeln unzweifelhaft viele Vorteile, weil sie uns zeitraubende und u. U. gefährliche reale Erfahrungen ersparen. Gerade in diesen Vorteilen liegen jedoch auch die Nachteile von regelgesteuertem Verhalten: Da nicht an der Realität bzw. an eintretenden Veränderungen überprüft, behält es oft eine fast unheimliche Gültigkeit über alle tatsächlichen Gegebenheiten hinweg und wird dadurch zur Einschränkung oder sogar Behinderung. Hayes et al. (2014) sprechen vom Unempfindlichkeitseffekt: »Eine Verhaltensweise bleibt erhalten (sowohl im Privatbereich als auch in der Öffentlichkeit), obwohl bereits direkte Erfahrungen mit ihrem negativen Potential gemacht wurden.« (S. 78). Von den drei Arten der Regelbefolgung, die ebd. beschrieben werden, dürfte die sog. Pliance für das Verhalten von Angstpatientinnen am wichtigsten sein. Sie besteht darin, dass Regeln nicht etwa deshalb befolgt werden, weil sie sich inhaltlich als zutreffend und hilfreich erwiesen haben, sondern weil sie soziale Konsequenzen haben bzw. sozial verstärkt werden. Das kann in Form von positiver Verstärkung geschehen, wenn Regeln befolgt werden; es ist aber auch möglich, dass negative Verstärkung zum Zug kommt, wenn

z. B. drohendes Unbehagen durch Regelbefolgung vermieden oder bestehendes Unbehagen durch Regelbefolgung reduziert werden kann.

Ich werde niemals eine Patientin vergessen, welcher in der Kindheit von ihren Eltern eingeimpft worden war, die Welt »da draußen«, also außerhalb des elterlichen Hauses, sei gefährlich, voller Schmutz und Kontaminationsrisiken. Diese verbale Lehre wurde durch konkrete Forderungen der Eltern an ihr Kind unterstützt: Die Tochter musste jedes Mal, wenn sie von der Schule nach Hause kam, eine regelrechte Schleuse passieren, bevor sie die Wohnräume betreten durfte. In dieser Schleuse musste sie sich aller Kleider entledigen und einer gründlichen Waschprozedur unterziehen; ohne dieses Procedere war es ihr untersagt, das Innere des Hauses zu betreten. Die Regel, wonach die Welt draußen gefährlich sei, war in einem relationalen Kontext entstanden; es war so, weil die Eltern es sagten. Hier muss erwähnt werden, dass eine Regel nicht nur eine Vorschrift, sondern auch eine Festlegung oder ein Grundsatz sein kann und auch deshalb ihre enorme psychologische Wirkung entfaltet. Aus dem Grundsatz also, dass die Welt verschmutzt und gefährlich sei, ergab sich die Folgerung und die durch die Eltern abgeleitete konkrete Forderung, dass das Zuhause unbedingt vor Kontaminationen geschützt werden müsse. Erst wenn das Kind dieser Forderung nachgekommen war und sich der befohlenen Reinigungsprozedur unterzogen hatte, um vor den Eltern zu bestehen, wurde es mit der Erlaubnis belohnt, wirklich nach Hause zu kommen. Die Regel über die Gefährlichkeit der Welt und die Notwendigkeit einer ausführlichen Reinigungsprozedur vor dem Betreten des heimischen Bereiches hatten für die Patientin absolute Gültigkeit und führten über die Zeit schließlich wegen der Angst vor Verschmutzung zur Entwicklung eines schweren Waschzwangs. Darin zeigt sich exemplarisch, wie Pliance zu rigidem Verhalten führt oder führen kann. Über relational entwickelte Angst vor gefährlicher Verschmutzung/den Wunsch, vor den Eltern zu bestehen/die positive Verstärkung beim Befolgen der Regel bzw. des Grundsatzes und – wahrscheinlich – die Angst, bei dessen Nichtbefolgen vonseiten der Eltern negative Konsequenzen zu erfahren, entwickelte diese Patientin ein absolut unflexibles, immer gleiches Verhalten im für sie stets gleichen Kontext. Pliance wird denn von Hayes et al. (2014) auch als »besondere Quelle« für Rigidität bezeichnet (S. 79).

Kann vom regelgesteuerten Verhalten in Form der Pliance im therapeutischen Prozess profitiert werden? Möglicherweise ja, und zwar in Form eines shaping of behavior (Dorsch, 2024, Stichwort *Shaping*). Damit meine ich, dass i. S. der operanten Konditionierung die patientenseitige Tendenz zur Regelbefolgung genutzt werden kann, um durch Vorgabe neuer Regeln und damit verbundene positive Verstärkung neues Verhalten einzuleiten; oder anders gesagt, um die Patienten mit konsequenter positiver Verstärkung der Befolgung neuer – therapeutisch sinnvoller! – Regeln allmählich zu einem günstigeren Verhalten hinzuführen.

## 6.5 Übermäßige Ausweitung verbaler Prozesse

Für diesen Aspekt der RFT und die damit einhergehenden möglichen Schwierigkeiten sollen Hayes et al. (2014) möglichst unmittelbar zu Wort kommen. Sie weisen darauf hin, dass menschliche Sprache meistens, wenn auch unausgesprochen, als Entsprechung der realen Welt oder der Realität verstanden wird (wir erinnern uns, dass das, was für Sprache gilt, auch für Kognitionen zutrifft). Sie nennen das den Kontext der Buchstäblichkeit. Sprache tritt dabei an die Stelle der Wirklichkeit und führt sehr oft zu Verhalten, für das es keine oder noch keine realen Auslöser gibt. Beispielsweise funktioniert nahezu jede Vorsichtsmeldung, die wir aus dem Alltag kennen, nach diesem Prinzip. Allein der – sprachliche – Begriff »Vorsicht« enthält mehrere Zutaten, die zu sofortigem Agieren oder Reagieren veranlassen: Er etabliert einen zeitlichen und prognostischen Kontext (die Gefahr steht kurz bevor) und erhebt gleichzeitig eine Art Wahrheits- oder Prophezeiungsanspruch (es ist so bzw. es könnte so kommen); außerdem enthält er eine eindeutige Bewertung, nämlich eine negative. Natürlich ist das alles in diesem Fall höchst sinnvoll und nutzbringend; denn niemand würde bezweifeln, dass es besser ist, sich *vor* einer Gefahr zu schützen als *danach*. Jedenfalls bei realen Gefahren.

Unglücklicherweise entfaltet der Kontext der Buchstäblichkeit seine Wirkung aber auch in Situationen, in denen er weder sinnvoll noch nutzbringend ist, weil überhaupt keine realen Auslöser existieren und auch nicht zu erwarten sind; in Situationen also, die in keinerlei Hinsicht Handlung oder, wie in unserem Beispiel, Vorsicht verlangen. Und genau diese unglückliche Wirkung der Buchstäblichkeit ist ein zentraler Faktor bei Angststörungen. Erinnern wir uns an die Patientin, die durch verbale Äußerungen ihrer Eltern gelernt hatte, dass die Welt außerhalb des Hauses gefährlich sei. Wie wir gesehen haben, spielte in ihrer Geschichte das regelgesteuerte Verhalten eine wichtige Rolle – aber nicht nur. Mit großer Wahrscheinlichkeit dürfte der Kontext der Buchstäblichkeit, also der Umstand, dass Sprache als Entsprechung der Realität aufgefasst wird, kräftig bei der Entstehung der Angststörung und des späteren Waschzwangs mitgewirkt haben. Die Aussage »die Welt da draußen ist gefährlich« war für die Patientin nicht nur ein sprachliches Gebilde aus Buchstaben und Wörtern, sondern eine Tatsache. Dass die Frau als Kind nicht zwischen Sprache und Realität unterscheiden konnte, ist sehr gut nachvollziehbar; sie hatte dazu keine Gelegenheit und es war ihr nicht erlaubt. Dass sie auch später, im Erwachsenenalter, den Unterschied zwischen Sprache und Realität nicht erkannte, mag vielleicht erstaunen, kann aber mit der übermäßigen Ausweitung verbaler (und kognitiver) Prozesse erklärt werden. Die Patientin hatte gelernt, wie sie das Problem »die Welt da draußen ist gefährlich« lösen konnte, das einerseits mit allerlei Gefahren drohte und andererseits, gerade wegen dieser Gefahren, das Ausgeschlossensein vom heimischen Bereich in Aussicht stellte. Bei dieser Lösung waren verbale (und kognitive) Prozesse der folgenden Art vermutlich hilfreich: »Wenn ich nach dem gefährlichen Aufenthalt draußen die verlangte Reinigungsprozedur absolviere, bekomme ich Zutritt zum Zuhause und die Zufriedenheit meiner Eltern. Letzteres ist wesentlich besser als alleine draußen zu bleiben.« Nach Hayes et al. (2014) sind für diese Überlegungen nur drei Bezugsrahmen nötig: Wörter-Ereignisse-Rahmen, Vorher-nachher-Rahmen und vergleichende Rahmen. So faszinierend diese Art von Problemlösung auch ist, sie hat einen wesentlichen Nachteil: »Ein Problemlösungs-Geisteszustand ist eingeschränkt, zukunfts- und/oder vergangenheitsorientiert, mitunter rigide, wertend und nimmt alles wörtlich ... Das Problem mit der Problemlösung ist, dass dieser Geisteszustand nicht ›weiß‹, wann er aufhören muss. Er wird leicht zu stark beansprucht. Er kann Intuition, Inspiration, unvoreingenommene Beschreibung und Beobachtung, Engagement, Anerkennung, Staunen, emotionale Intelligenz und alle anderen Formen des Wissens und Erlebens verdrängen, die nicht temporal oder komparativ sind.« (ebd., S. 82). Genau das war bei unserer Patientin der Fall, und zwar gerade oder typischerweise in ihrem Erwachsenenalter oder, anders ausgedrückt, auch dann noch, als sie bereits erwachsen war. Die früher einmal erlernten Lösungsprozesse, damals vermutlich mangels echter Alternativen sinnvoll, wurden über diese Notwendigkeit hinaus ausgeweitet und stellten auch bei der erwachsenen Person die vorherrschende Strategie zum Umgang mit dem Thema »Gefährlichkeit der Welt« dar. Die Prozesse kamen immer in der gleichen Weise zur Anwendung, boten eine »garantierte« Lösung an, ersparten der Patientin andere, kreative, aber möglicherweise aufwendigere Wege und schützten überdies vor dem Erleben allzu unangenehmer Emotionen. In den Worten der drei erwähnten Autoren: »Ein einheitlicher, unflexibler Problemlösungs-Geisteszustand fördert also zwei der unbestreitbar größten Verhaltensrepertoire beschränkenden Prozesse, die die Psychologie kennt, nämlich übermäßige Regelanwendung und Erlebensvermeidung.« (ebd., S. 83). Genau diese Beiden, gewissermaßen Geschwister im Geiste und gigantische Verhinderer, kamen in der später von der Patientin entwickelten schweren Zwangsstörung exemplarisch zur Geltung.

Könnten übermäßig ausgeweitete verbale (und kognitive) Prozesse dem therapeutischen Fortschritt irgendwie dienlich sein? Die Antwort lautet »Nein«, schon allein aus Gründen der Semantik: Übermäßig ist eben des Guten zu viel. Sprechen wir jedoch nur über ausgeweitete verbale (und kognitive) Prozesse, also ohne den Begriff »übermäßig«, lautet die Antwort »Ja«. Das bedarf natürlich einer Erklärung. Das »Ja« hat seine Berechtigung, wenn es um Generalisierung verbaler (und kognitiver) Prozesse geht, die in *jedem* Falle hilfreich sind; und die gibt es durchaus. Allerdings nur dann, wenn offene, beobachtende und bewertungsferne Prozesse an die Stelle der einengenden, unflexiblen getreten sind. Wenn es also gelingt, mithilfe der Sprache eine ergebnisoffene Haltung einzunehmen (»sorge dich nicht um das Resultat«; »schau'n wir mal, dann seh'n wir schon«) und den eigenen Zustand bzw. innere Vorgänge einfach zur Kenntnis zu nehmen (neutral feststellen), kann in jeder Situation genau die Offenheit geschaffen werden, die nötig ist, um situativ Entscheidungen zu treffen. Die Ausweitung besteht dann in der umfassenden Anwendung von Prozessen, die Freiraum herstellen. Und diese dürfen so auch gerne generalisiert oder eben ausgeweitet werden.

# 7 Die sechs Kernprozesse der ACT und wie sie in meinen Therapien erklärt werden bzw. zur Anwendung kommen

## 7.1 Das Ziel der ACT

Es ist das erklärte Ziel der ACT, psychische Flexibilität herzustellen bzw. zu begünstigen, um auf diesem Weg ein erfülltes Leben zu ermöglichen. Wenn wir auf die gerade gemachten Ausführungen zu den einzelnen Aspekten der RFT zurückblicken, können wir ableiten (!), worin psychische Flexibilität mit Sicherheit *nicht* besteht; nämlich *nicht* im Verharren in relationalen Kontexten, *nicht* im Verweilen bei regelgesteuertem Verhalten und *nicht* in der übermäßigen Ausweitung verbaler (und kognitiver) Prozesse. Psychische Flexibilität wird möglich, wenn wir uns an funktionalen Kontexten orientieren, jeweils die im Moment tatsächlich vorliegenden Gegebenheiten beachten und verbale (und kognitive) Prozesse nur insofern ausweiten, als sie in jedem Falle Offenheit und aufmerksames Beobachten ermöglichen, also Freiraum und folglich Entscheidungs- bzw. Handlungsfreiheit schaffen – damit wir unsere Herzenswünsche bzw. Werte leben können. Eine möglichst gut ausgebildete Kontrolle des jeweiligen Kontextes ist dabei wichtig und hilfreich, wie bereits in Kapitel 5.2 anhand der Aussagen zur Mitgestaltung von Kontextualisierung erläutert wurde.

## 7.2 Ein paar (er)klärende Worte

Konkret kennt die ACT sechs Kernprozesse, die für das Erreichen der psychischen Flexibilität eingesetzt und im Folgenden beschrieben werden. Es ist am einfachsten, sich dazu an Hayes et al. (2014) zu halten, die diese sechs Prozesse im Übrigen in einer grafischen Darstellung, dem sog. Hexaflex, verbildlicht haben (ebd., S. 91). Zu jedem Prozess gebe ich einerseits eine Erklärung und andererseits konkrete Beispiele aus meiner therapeutischen Arbeit mit Patientinnen und Patienten. Das bedeutet, dass in diesem Kapitel vermehrt von mir als therapeutischer Person die Rede sein wird, da es nun ganz konkret um die Weitergabe meiner Erfahrungen im therapeutischen Alltag geht. Der Kontext ist also gesetzt und die Bezugnahme auf meine Tätigkeit legitimiert, auch wenn es sich bei meinen Aussagen um Erfahrungsberichte und nicht um empirisch gestützte Befunde handelt.

## 7 Die sechs Kernprozesse der ACT

Die Leserinnen und Leser werden auf dieser Etappe unserer gemeinsamen Reise durch die therapeutischen Gefilde feststellen, dass ich immer wieder einmal Begriffe verwende, die höchst wahrscheinlich keine offiziellen Fachwörter, sondern von mir selbst eingeführte Ausdrücke sind. Anlass für diese (hoffentlich einigermaßen kreative) Handhabung der Sprache war das Bestreben, für meine Patientinnen und Patienten möglichst verständlich zu sein. Weiter werden wir der Tatsache begegnen, dass die sechs Kernprozesse nicht auf strikte Weise voneinander abgegrenzt werden können, sondern Überschneidungen aufweisen und Unschärfen, die den therapeutischen Fortgang bzw. Fortschritt allerdings in keiner Weise beeinträchtigen. Weil die ACT Kreativität nicht nur erlaubt, sondern geradezu fördert, werden wir auch dafür immer wieder Beispiele sehen, und zwar nicht nur auf meiner Seite, sondern auch aufseiten meiner Patientinnen und Patienten. Es war durchaus nicht selten, dass diese am Schluss meiner Erklärungen die Idee für eine einfallsreiche Umsetzung konkreter psychologischer Techniken präsentierten und von mir nur noch wissen wollten, ob diese Idee dem Kern meiner Erklärungen entspreche. Weiter möchte ich den Umstand, dass die sechs Kernprozesse in diesem Kapitel nicht alle mit exakt der gleichen Ausführlichkeit besprochen werden, kurz erklären. Das liegt vermutlich in erster Linie an meiner Art zu therapieren: eher aktiv und mit Intensität. Dadurch stehen die Prozesse, die diesen beiden Merkmalen entsprechen, etwas im Vordergrund.

Bevor wir uns den einzelnen Kernprozessen zuwenden, muss noch der Stellenwert des oben verwendeten Begriffes »psychologische Technik« erklärt werden. Darunter verstehe ich konkrete Anweisungen, was die Patienten genau tun sollen, um die jeweils gerade günstige Haltung zu finden bzw. in den jeweils angepeilten Prozess zu kommen. Aus meiner Sicht darf man hier durchaus den Vergleich mit einem Kochbuch, einer Gebrauchsanweisung oder einer Bedienungsanleitung bemühen, denn es geht ganz ausgesprochen darum, dass die Betroffenen begreifen können, was sie wann und wie zu tun haben, um eine hilfreiche Haltung einzunehmen bzw. einen gewünschten Vorgang anzustoßen. Das Heranziehen handfester Vergleiche ist keine Profanierung der Psychotherapie, sondern erweist sich immer wieder als probates Mittel, um komplexe Phänomene verständlich und damit letztlich im Alltag gezielt – und das bedeutet unter kontextueller Kontrolle – nutzbar zu machen. Somit dürfte bereits das Begreiflichmachen als ACT-typisch oder zumindest ACT-nahe bezeichnet werden. Die Techniken also oder die Werkzeuge, die den Patienten an die Hand gegeben werden, dienen dazu, zu einer günstigen Haltung zu finden bzw. die angestrebten Prozesse in Gang zu setzen. Die möglichst klare und nachvollziehbare Vermittlung der Techniken ist bei der Therapie von Angststörungen entscheidend, denn es geht ja, wie wir bereits wissen, an vorderster Stelle gerade darum, einen günstigen oder überhaupt einen Umgang mit der Angst zu erlernen, der nicht von Vermeidung oder Kampf bestimmt wird. Ich informiere daher alle meine Patientinnen, dass die Therapie von Angststörungen über weite Strecken eine *technische* Disziplin sei, gewissermaßen also ein Handwerk, das, wie jedes andere Handwerk auch, der Übung bedarf. Das entspricht nicht nur den Tatsachen, sondern vermittelt den Betroffenen auch die Perspektive des Machbaren. Unglücklicherweise, das weiß ich von zahlreichen Patienten, wird offenbar nicht immer so verfahren, dass der technischen oder handwerklichen Seite der Therapie genügend und vor allem präzise Aufmerksamkeit zuteilwird. Allzu oft wird darauf verzichtet, die Patientinnen mit genauen Instruktionen zu versehen, und diese Ungenauigkeiten sind nicht nur ein therapeutisches Versäumnis, sondern werden überdies auch Teil des Universaldüngers, der die Angst am Leben erhält. (Wir erinnern uns, dass Angst bei Unklarheit ganz prächtig gedeiht.) Umgekehrt betrachtet lässt sich festhalten: Was von einigen Kolleginnen und Kollegen womöglich als Profanierung oder Banalisierung der Psychotherapie bezeichnet wird, nämlich die handwerklich konkrete und anwendungsklare Vermittlung psychologischer Techniken, steht im Dienste der Etablierung einer günstigeren Haltung und der Aktivierung hilfreicher Prozesse. Die ACT-Prozesse sind also auf psychologische Techniken angewiesen und diese sollten möglichst präzise instruiert werden. Auch wenn oder vielleicht sogar weil die Prozesse ihrerseits Überlappungen und Überschneidungen aufweisen. Zuhanden der therapeutisch tätigen Kolleginnen und Kollegen lautet meine diesbezügliche Empfehlung daher: Scheuen Sie sich nicht, möglichst konkret und anschaulich zu therapieren.

## 7.3  Die Kernprozesse der ACT – Vorbemerkung

Die sechs Kernprozesse stehen alle im Dienste der psychischen Flexibilität oder, wie ich vielleicht formulieren würde, der Befreiung und des Wiedergewinns von (Wahl-) Freiheit. Sie ermöglichen, unter Zuhilfenahme entsprechender Techniken, den Verzicht auf Vermeidung, Bewertung, negative Verstärkung und Bindung an ein Resultat. Anders ausgedrückt ermöglichen sie Offenheit, Beobachtermodus und richtiges Handeln als Antwort auf die unmittelbaren Forderungen des Augenblicks. Frankl (1977/1982) spricht in diesem Zusammenhang von der Forderung der Stunde und sieht in ihr bzw. deren Erfüllung den jeweiligen Sinn des Daseins. Die in der ACT so wichtigen Werte dürften in weiten Teilen mit dem Frankl'schen Sinn übereinstimmen; sie wären, zumindest nach Frankl, wohl zu einem Teil bereits verwirklicht, wenn man auf die Erwartungen des Lebens eingeht. Das entspricht auch dem Postulat der Kontextualisten, auf die *jeweils tatsächlichen, situativen Bedingungen* einzugehen. Man sollte das Spektrum allerdings wohl etwas erweitern und davon ausgehen, dass Werte in der ACT nicht nur in der Antwort auf die jeweilige Forderung der Stunde bestehen, sondern durchaus überdauernden Charakter haben. Diese Ansicht finden wir auch bei Frankl, der im Rahmen der Salzburger Hochschulwochen 1977 sagte: »Im Gegensatz zu den Werten, die ich als Sinn-Universalien definieren möchte, ist Sinn jeweils ein Unikat.« (Frankl, 1981, S. 60). So *manifestieren* sich Werte im günstigen Fall zwar in der Antwort auf die Forderung des Augenblicks, haben jedoch darüber hinaus wohl eine ziemlich zeitunabhängige Existenz. Sie können sich im Laufe des Lebens ändern; wenn sie aber gefunden sind, fungieren sie so lange als Leitsterne für die Seelen-Navigation, wie sie als gültig erachtet werden.

Für die therapeutisch tätigen Kolleginnen und Kollegen gebe ich vor dem Einstieg in die konkrete Vermittlung der Kernprozesse bzw. -techniken noch einen ganz wichtigen Hinweis:

*Die Patientinnen und Patienten müssen zu Beginn der Therapie informiert werden, dass es nicht darum geht, Angst zu reduzieren oder zu eliminieren, sondern darum, Freiraum für Entscheidungen und die Verwirklichung persönlich wichtiger Werte und Ziele zu schaffen. Dadurch wird die Beziehung zur Angst entschärft, letztere wird als weniger dominant und weniger bedrohlich erlebt.* Diese Information muss während der Therapie, während des Anstoßens der erwünschten Prozesse wiederholt und stets aufs neue gegeben werden; denn die Betroffenen stolpern immer wieder in die Vermeidungsfalle und verheddern sich deswegen in der Idee, sämtliche Techniken stünden im Dienste der Angstreduktion.

Die einzelnen Kernprozesse werden im Folgenden in separaten Unterkapiteln besprochen und in ihrer Anwendung beschrieben. Basis dieser Beschreibungen sind die Aussagen von Hayes et al. (2014), die von mir mit konkreten technischen Anleitungen versehen werden, wobei letztere teilweise von mir und von meinen Patienten stammen.

## 7.4 Flexible Achtsamkeit für den gegenwärtigen Augenblick

Das bedeutet, jeden Augenblick möglichst unvoreingenommen wahrzunehmen oder in jedem Moment zu realisieren, was gerade ist oder passiert. Die flexible Achtsamkeit entspricht dem bereits vielfach erwähnten E-Prinzip und gilt für Dinge, die in der Welt um uns herum, also außerhalb von uns, geschehen, und ebenso für Dinge, die sich in uns selbst abspielen. Die technische Anleitung für Patienten ist denkbar einfach. Ich fordere sie auf, sich in ihrer Vorstellung auf einen Beobachterposten zu begeben und einfach einmal zu beobachten. Und zwar alles, dessen sie sich gewahr werden. Das kann viel sein oder wenig, es kann das Außen oder das eigene Innen betreffen, es spielt keine Rolle. Es geht nicht um Quantität und auch nicht um Qualität, zumindest nicht am Anfang; denn damit würde ja bereits wieder ein Resultat angesteuert, was dem E-Prinzip widerspräche. Hier kann sich durchaus eine erste Schwierigkeit auftun, weil die Patientinnen üblicherweise darauf ausgerichtet sind, ergebnisorientiert aktiv zu sein. Wenn dem so ist, nehme ich den Satz des Hesychasten Makarios zu Hilfe und meine Instruktion lautet: »Beobachte und sorge dich nicht um das Resultat.« Für Angstpatientinnen und -patienten ist das eine große Herausforderung, denn sie sind alle ausgesprochen resultatorientiert, und zwar im Hinblick auf das sichere Freiwerden von Angst. So muss die Aufforderung, einfach wahrzunehmen und Zuschauer zu sein, oft in eine etwas besser fassbare Form gegossen werden, in eine Form, die dem Alltag der Betroffenen möglicherweise näher ist als das bisweilen etwas seltsam anmutende Beobachten. In diesem Fall bringe ich das neutrale Feststellen ins Spiel, mit folgender Instruktion: »Zu allem, was Sie um sich herum oder in sich selbst bemerken, können Sie sagen ›*ich stelle fest Doppelpunkt*‹, anschließend formulieren Sie einen einfachen Hauptsatz mit dem, was Sie feststellen, und sagen am Schluss laut und deutlich ›*Punkt*‹.« Wenn die Patienten nicken und mir signalisieren, sie hätten verstanden, werden sie aufgefordert, laut etwas neutral festzustellen. Und meist klingt das dann so: »Ich stelle fest, dass ich ... habe« oder »ich stelle fest, dass ich ... spüre.«

Nun ist eine Aussage in einem Nebensatz nicht das Gleiche wie eine Aussage in einem Hauptsatz, natürlich auch dann nicht, wenn sie um das eigene Befinden geht; sie hat nicht die gleiche Bedeutung, nicht das gleiche Gewicht, ist gewissermaßen weichgespült und hat weniger Durchschlagskraft. Ähnliches gilt für eine Aussage, die eine Beobachtung im Außen betrifft; auch diese hat, wenn der Hauptinhalt in einen Nebensatz platziert wird, nicht die gleiche Intensität, wie wenn der Hauptinhalt in Form eines Hauptsatzes daher kommt. Im Übrigen würde es auch kaum jemandem einfallen zu sagen »ich stelle fest, dass ich dort das und das sehe« oder »ich stelle fest, dass das rot ist«. Wenn schon die Eingangsformel »ich stelle fest« verlangt wird, würden die meisten Menschen wohl formulieren »ich stelle fest, ich sehe dort das und das« oder »ich stelle fest, das ist rot.« Warum nun bei Feststellungen bzw. Aussagen zum eigenen Innenleben fast automatisch die Form des Nebensatzes gewählt wird, kann ich nicht zweifelsfrei erklären. Ich vermute jedoch, dass es, gerade bei Angstpatienten, damit zu tun hat, dass sie sich eben möglichst nicht direkt mit ihrem Innenleben befassen möchten, und schon gar nicht mit angstnahen Gedanken, Gefühlen und Empfindungen. Es könnte also sein, dass der Griff zum Nebensatz etwas mit Vermeidung zu tun hat; denn eine Nebensatz-Aussage ist in gewisser Weise »indirektionalisiert« und dadurch weniger intensiv bzw. invasiv. Auch die vielen Menschen fehlende Übung, sich klar und eindeutig auszudrücken, vermag an der Vermutung hinsichtlich Vermeidung eher wenig zu ändern, wurden die Betroffenen doch an Ort und Stelle instruiert, wie sie genau feststellen sollen.

Es ist dann meine Aufgabe, die Patienten wiederum zur vorgegebenen Formulierung zurückzuführen, damit das neutrale Feststellen genau so funktioniert, wie es funktionieren kann und soll: Der erste Hauptsatz konzentriert die Aufmerksamkeit auf das, was folgt, und stimmt auf die Neutralität ein; der zweite ist das, was festgestellt wird, und zwar als einfache Tatsache. Der explizit gedachte oder auch gesprochene »Punkt« am Ende der Feststellung ist wichtig, denn er markiert den eindeutigen Abschluss. Er schafft Klarheit darüber, dass das Notwendige für den Augenblick getan ist, und erspart den Feststellern das sonst so geläufige wie unbrauchbare Nachschieben weiterer Kognitionen, die allesamt die getätigte Feststellung relativieren und aufweichen. Nur auf diese Weise und nicht anders kann das neutrale Feststellen seine neutralisierende und demzufolge »bewertungsbefreiende« Wirkung entfalten. Am konkreten Beispiel eines Angstmoments könnte das dann so aussehen: »Ich stelle fest Doppelpunkt, in mir wächst die Angst Punkt.« Im Weiteren ist nichts zu tun als allenfalls erneut festzustellen, was gerade ist.

Das neutrale Feststellen hat eine helfende Funktion; es unterstützt das ergebnisoffene Beobachten, wenn dieses nicht gelingen will, und greift gewissermaßen von der Akzeptanz, wo es eigentlich oder auch hingehört, auf die Achtsamkeit hinüber.

Kehren wir zurück zum Begriff der flexiblen Achtsamkeit. Nach gängiger Lesart umfasst diese alles, dessen man sich gewahr wird, im Außen und im Innen. Bei der Arbeit mit Angstpatientinnen und -patienten allerdings bedarf es einer zusätzlichen Überlegung und Spezifizierung. Wenn wir sie einfach zu Achtsamkeit anleiten, dauert es nach meiner Erfahrung nur kurze Zeit, bis sie ihre Aufmerksamkeit in erster Linie auf die Dinge im Außen richten. Sie registrieren dann problemlos alles, was um sie herum existiert oder passiert, und entfernen sich dadurch sehr schnell von ihrem Innenleben und damit auch von ihrer Angst. Gerade diese aber sollten sie ja in den Blick nehmen, denn eine Veränderung im Umgang mit Angst ist nur dann möglich, wenn man sie zur Kenntnis nimmt bzw. ihr begegnet – und dann erlebt, dass die befürchtete Katastrophe nicht eintritt (▶ Kap. 2.2). Wie wir außerdem bald sehen werden, können auch die Techniken der ACT nur dann überhaupt angewendet werden, wenn man sich Gedanken und Gefühlen zuwendet; denn was ich ausklammere oder vermeide, kann ich nicht handhaben; es liegt außerhalb meines Wirkungsbereiches. Wir müssen daher darauf achten, dass die Patienten ihre Achtsamkeit primär auf ihre Innenwelt richten und genau beobachten, was sich in ihrem Seelengarten abspielt. Aus diesem Grund sollten sie nach einer ersten Berührung mit dem achtsamen Beobachten – und für sehr viele Patienten *ist* der Rahmen einer Therapie der erste Kontakt mit Achtsamkeit – angehalten werden, vor allem auf die Vorgänge in ihrem Innen zu achten. Selbstverständlich gilt auch hier, dass die Betroffenen verstehen müssen, warum sie das tun sollen. Der Hinweis, dass das Achten auf das Außen sehr rasch zum Vermeiden des Innen wird und dass genau das im Umgang mit Angst keineswegs weiter hilft, wird i. d. R. gut verstanden. Oft können die Patienten dann auch nachvollziehen, dass ihnen viele Achtsamkeitsübungen nicht geholfen haben, weil sie zu sehr auf die Außenwelt gerichtet waren.

Ein Hinweis noch zum Begriff »Achtsamkeit«. Ich verzichte im Gespräch mit den Patienten ganz bewusst auf diesen Ausdruck, weil ich immer wieder beobachtet habe, dass er bei nicht wenigen Patienten sofort eine Alarmierung auslöst. Warum? Weil sie ihn anhand des Wortteils »Acht-« unmittelbar mit dem Wort »Achtung!« verbinden, also mit dem Hinweis auf eine Gefahr. Damit ist nicht nur nichts gewonnen, sondern es geschieht durch die Evozierung eines Bedrohungsgefühls genau das Gegenteil dessen, was eigentlich beabsichtigt wäre. Außerdem ist die Verbindung des Wortteils »Acht-« mit einer drohenden Gefahr meistens derart eingebrannt, dass sie sich innerhalb einer nützlichen Frist kaum lösen lässt. Daher meine Empfehlung: Der Begriff »Achtsamkeit« sollte, weil für die Arbeit mit Angstpatientinnen schlecht geeignet, durch Alternativen ersetzt werden, z. B. durch »neutral feststellen«.

## Die Kraft der Neugierde

»Mal schauen, wie es ist.« »Mal schauen, wie es wird.« »Schauen wir, ob das funktioniert.« »Bin gespannt, was herauskommt.« Das sind ein paar Sätze, die etwas ausdrücken, was man von Angstpatientinnen und -patienten auf diese Weise erst im Laufe einer wirksamen Therapie zu hören bekommt: Neugierde.

Neugierde als therapeutischer Faktor ist natürlich keine Entdeckung von mir; sie spielt in vielen Therapien und Coaching-Angeboten eine wichtige Rolle, z. B. in der systemischen Psychotherapie oder der Metatheorie der Veränderung, um nur zwei Beispiele zu nennen (für weitere Informationen verweise ich auf die entsprechende Fachliteratur). Bei der Arbeit mit Angstpatienten sticht nun allerdings die »verneinende Form« der Neugierde in Form der Vermeidung derart rasch ins Auge, dass die »bejahende Form« quasi automatisch zu einer Größe wird, die es wieder zu beleben gilt.

Angst lässt ihrem Wesen nach keine Neugierde zu, denn sie ist definitionsgemäß auf das Schlimme oder Desaströse ausgerichtet und gewährt daher keinen Raum für Offenheit. In diesem Sinn hat Angst etwas rigoros Bestimmendes und radikal Eingrenzendes: Die einzige Möglichkeit ist die Katastrophe. Das ist der Grund dafür, dass Patientinnen und Patienten, die noch mitten in ihrer Angststörung stecken, so gut wie keine Neugierde kennen, denn letztere ist in ihrem Kern nichts anderes als interessiertes und meist bewertungsfreies Offensein. Daraus lässt sich schließen, dass zwischen Neugierde und Achtsamkeit und wohl auch Akzeptanz (▶ Kap. 7.5) eine Verwandtschaft besteht. Alle drei setzen Aufmerksamkeit voraus, sodann ein Wahr- oder Zur-Kenntnis-Nehmen und, im Falle von Neugierde, Wissen-Wollen, was ist. Wenn es also gelingt, in unseren Angstpatientinnen Neugierde zu wecken, erübrigen sich sehr bald Vermeidung, damit verbundene negative Verstärkung und Kampf. Auch die Aktivität der Patienten nimmt dadurch eine andere Richtung: Während sie bei Vermeidung und Kampf darauf ausgerichtet ist, mit den gefürchteten Dingen möglichst nicht in Berührung zu kommen oder sie so weit wie irgend möglich zurückzuschlagen, wendet sie sich bei Neugierde den Dingen zu, um etwas über sie zu erfahren.

Da Neugierde nahezu allen Menschen vertraut ist, lässt sie sich gut durch Bezug auf alltägliche Situationen aktivieren. Nehmen wir z. B. eine Patientin, die sich komplett in die Vermeidung zurückgezogen hat und kaum mehr weiß, wie es sich anfühlt, dem Leben mit offenem Interesse zu begegnen. Würde ich diese Frau einfach anleiten, wiederum neugierig zu sein, würde ich damit vermutlich wenig Erfolg haben, denn meine Anleitung wäre zu abstrakt. Wenn ich die Patientin hingegen frage, ob sie sich an einen Einkauf erinnert, anlässlich dessen sie beim Einzelhändler etwas über den Reifegrad von Früchten erfahren wollte und letztere zu diesem Zweck nicht nur genau betrachtet, sondern vielleicht sogar berührt hat, kann ich ziemlich sicher sein, dass die Qualität der Erfahrung »Neugierde« sehr schnell wieder zur Verfügung steht. Ein anderes, noch einfacheres (und z. B. für agoraphobische Patienten geeignetes) Beispiel, wie der Zugang zum Erleben von Neugierde wieder geweckt werden kann, ist die Frage an den Patienten, ob er zum Duschen sofort unter die Duschbrause steigt oder allenfalls vorher noch etwas Spezielles macht. Mit größter Sicherheit wird er antworten, dass er natürlich zuerst die Temperatur des Wassers überprüft und erst danach unter die Brause steht. Auch das ist eine Aktion der Neugierde, der Patient interessiert sich dafür, wie die Wassertemperatur ist. Mit solcherart einfachen und alltagsbezogenen Fragen kann die Erfahrung, wie es sich anfühlt, neugierig zu sein, aktiviert und verfügbar gemacht werden. Die Patientinnen und Patienten wissen wieder, wie es ist, wenn sie etwas wissen wollen. Und genau so, wie sie sich beim Einzelhändler die Früchte angeschaut und vor dem Duschen die Wassertemperatur geprüft haben – um etwas darüber zu erfahren – können sie nun im Hinblick auf Gedanken, Gefühle und Empfindungen aktiv werden. Das Zauberwort oder der Zaubersatz im Zusammenhang mit Neugierde lautet: *Etwas darüber erfahren.*

Damit geht Neugierde vermutlich über reine Achtsamkeit hinaus, garantiert jedoch den Modus des einigermaßen bewertungsoffenen Beobachtens (eine allenfalls wichtige Bewertung bzw. Entscheidung kommt erst danach). Dadurch hat sie eine ähnliche Hilfsfunktion, wie ich sie für das neutrale Feststellen beschrieben habe, das ebenfalls bei mehr als nur einem Kernprozess eingesetzt werden kann.

Die konkrete Empfehlung an Patientinnen und Patienten könnte also folgendermaßen aussehen:

- »Beobachten Sie, was sich in Ihnen abspielt, gedanklich, gefühlsmäßig, empfindungsmäßig.«
- »Nehmen Sie das einfach zur Kenntnis und sorgen Sie sich nicht um das Resultat.«
- »Nehmen Sie, wenn nötig, die Formel fürs neutrale Feststellen zu Hilfe. *Ich stelle fest Doppelpunkt.* Anschließend formulieren Sie einen einfachen Hauptsatz mit dem, was Sie feststellen. Zum Abschluss denken oder sprechen Sie *Punkt.*«
- »Versuchen Sie, etwas darüber zu erfahren. Genau so, wie Sie es in Ihrem Alltag machen, wenn Sie beim Einkaufen etwas über ein Produkt oder z. B. beim Duschen etwas über die Temperatur des Wassers erfahren wollen.«
- »Können Sie mir über Ihre Beobachtung bereits etwas berichten?«

Eine einfache Zusammenfassung zuhanden der Betroffenen lautet: »*Beobachten Sie, was in Ihnen vorgeht, und versuchen Sie, etwas darüber zu erfahren. Am besten so, dass Sie davon berichten können.*«

Geweckte Neugierde bei Patientinnen und Patienten kann amüsante Formen annehmen. Ich erinnere mich an eine nicht mehr ganz junge Patientin, die sich u. a. mit Ängsten in sozialen Situationen herumplagte und insbesondere die Begegnung mit einer ganz bestimmten Dame, die zu ihrem Bekanntenkreis gehörte, zu vermeiden suchte. Als es gelungen war, bei der Patientin Neugierde und Beobachtungsbereitschaft wieder zu aktivieren, meinte sie eines Tages, sie hoffe, dass ihr die vermiedene Bekannte möglichst bald über den Weg laufe; sie wolle nämlich ausprobieren, ob das in der Therapie Besprochene funktioniere. Es hätte nicht viel gefehlt und sie hätte sich bei dieser Aussage beide Hände gerieben, durchdrungen von Tatendrang.

Die Leserinnen und Leser stellen sich hier möglicherweise die Frage, ob das, was ich gerade als Neugierde beschrieben habe, nicht eher eine Art von Kontrolle sei. Das kann durchaus sein, z. B. im Falle der Temperatur des Duschwassers. Es darf angenommen werden, dass alle, die regelmäßig duschen, eine bestimmte Vorstellung haben, wie die Wassertemperatur sein sollte, und diese dann überprüfen. Das schließt allerdings nicht aus, dass Neugierde auch bei diesem Vorgang eine Rolle spielt. Jede Art von Kontrolle beinhaltet Neugierde; man will wissen, wie etwas ist oder ob etwas tatsächlich so ist. Bei der ersten Variante würde ich von ergebnisoffener Neugierde sprechen, bei der zweiten von ergebnisbezogener Neugierde. In beiden Fällen muss Interesse vorhanden sein, der Wunsch, etwas zu wissen. Da genau das bei Angststörungen nicht oder nicht mehr der Fall ist – wer in einer Angststörung steckt, will nichts wissen, sondern in erster Linie vermeiden – sind wir auch mit ergebnisbezogener Neugierde bereits sehr gut bedient, auch wenn diese den Kriterien makelloser Achtsamkeit nicht ganz gerecht wird. Alles, was Angstpatienten wieder erproben, herausfinden wollen, deutet darauf hin, dass sie bereit sind, die Festung der Vermeidung zu verlassen oder zumindest das Festungstor ein Stück weit zu öffnen, um zu schauen, was es außerhalb noch gibt. Es ist wie im täglichen Leben bzw. im Leben überhaupt: Vieles, von dem wir eine ideale Vorstellung haben, erweist sich als nicht absolut perfekt oder passgenau und trotzdem würden wir es nicht einfach als untauglich oder unbrauchbar bezeichnen. Einen leicht schief stehenden Schrank z. B. würden wir vermutlich nicht einfach entsorgen, sondern mittels eines Untersatzes ins Lot bringen, wenn er seinen Zweck erfüllt. Wegen einer Delle in der Karosserie würden wir auch ein Auto nicht sofort verschrotten, sondern die Delle reparieren lassen. Und in Beziehungen ist es glücklicherweise meistens auch nicht so, dass man den anderen Menschen nach einem ersten Streit einfach verlässt. Hinsichtlich der Neugierde bedeutet das, dass ich als Therapeutin auch mit der ergebnisbezogenen Variante sehr gut leben kann, zumindest vorerst. Entscheidend ist, dass überhaupt ein Aufbruch in Richtung von Wissen-Wollen stattfindet.

Obschon das oft erwähnte E-Prinzip für ein ergebnisoffenes Beobachten steht und man daher postulieren könnte, dass auch Neugierde ergebnisoffen sein sollte, ist bei der ergebnisbezogenen Neugierde der Anteil Wissen-Wollen brauchbar und ein guter Anfang. Denn, und dieser Hinweis ist wichtig, das ergebnisbezogene Wissen-Wollen ist nicht dasselbe wie das Anstreben eines Resultats. Man kann dann während der Therapie darauf hinarbeiten, dass mehr und mehr die ergebnisoffene Neugierde an Boden gewinnt. Dazu eignet sich z. B. die einfache Anleitung »Lassen Sie sich überraschen.« Das ist, wie wir bereits wissen, in der Welt von Angstpatienten eine Herausforderung und deshalb sicher nicht als frühe Intervention geeignet. Im Laufe einer Therapie jedoch, wenn die Patienten bereits erlebt haben, dass sie sich am Geschehen beteiligen und darauf einwirken können – z. B. durch das bewusste Gestalten der eigenen Haltung – ist das eine gut praktikable Intervention, die quasi zu einer noch hilfreicheren, weil freien Art von Neugierde führt.

## 7.5 Akzeptanz

Akzeptanz bedeutet, jeden Augenblick genau so anzunehmen, wie er ist, und das entspricht nun ziemlich genau dem neutralen Feststellen. Ich greife an dieser Stelle zurück auf das Zitat der DGKV, in dem von der Bereitschaft die Rede ist, »... das, was ist, so anzunehmen, wie es ist ...« (2023). Will man Angstpatienten diese Bereitschaft beibringen, zeigt sich sehr oft und sehr schnell ein Problem: Der Begriff »Akzeptanz« enthält für viele Menschen und gerade auch für Patientinnen und Patienten eine kräftige Prise Resignation – auch wenn das überhaupt nicht im Sinne der Erfinder ist und schon gar nicht im Sinne der ACT. So meinen Hayes et al. (2014, S. 107): »Akzeptanz ist keine Resignation oder ein Hinnehmen, sondern ein aktiver Prozess.« Das ist eine schöne Teilbeschreibung von Akzeptanz, gewissermaßen das Ideal, aber der therapeutische Alltag zeigt, dass dieses Ideal nicht so vermittelt werden kann, wie es gedacht ist; zumindest ist das meine Erfahrung. Ich habe kaum je eine Patientin oder einen Patienten erlebt, die bzw. der im Zusammenhang mit dem Wort »Akzeptanz« nicht einen resignativen Tonfall angeschlagen oder sogar eine resignative Körperhaltung eingenommen hätte. Das bedeutet nicht, dass Akzeptanz nicht hilfreich ist oder als Konzept versagt; aber es bedeutet, dass der Begriff in unserem Sprachgebrauch gefärbt ist, beschädigt vielleicht sogar hinsichtlich dessen, was er im Grunde genommen beinhaltet oder beinhalten sollte. Sehr häufig kommt die resignative Färbung auch im direkten Sprachgebrauch zum Ausdruck, wenn die Patienten sagen »dann ist es halt so«, was nichts anderes heißt als »in Gottes Namen«, was wiederum bedeutet »ich habe keinen Einfluss, es hat keinen Sinn«. Etwas völlig anderes wäre es, wenn mit »in Gottes Namen« gemeint wäre, »ich gebe es in Gottes Hand«; denn darin läge immerhin eine Art Zuversicht hin zum Aufgehobensein. Das aber habe ich in all meinen Jahren als Therapeutin nie erlebt. Eine weitere Erschwernis liegt in der Tatsache, dass für viele Patientinnen das Wort »akzeptieren« nicht bloß »annehmen« bedeutet, sondern vielmehr »auf sich nehmen«, womit sie vom intendierten Inhalt der Akzeptanz so weit entfernt sind, wie es nur geht.

Natürlich könnte man sich nun darauf verlegen, den Patienten die eigentliche Bedeutung des Wortes »Akzeptanz« durch Erläuterungen nahezubringen, die Missverständnisse zu klären; man könnte es zumindest versuchen. Die Gefahr allerdings, dass man sich dabei in akademischen Weiten verliert und die Zuhörer innerlich abschalten, ist groß. Besser wäre es, wenn man sich auch als Therapeutin kontextueller Kontrolle bedienen und die realen Gegebenheiten des Augenblicks berücksichtigen würde – nämlich den Umstand, dass das Phänomen der Akzeptanz mit diesem Begriff offenbar gerade *nicht* vermittelt werden kann und man deshalb einen anderen Weg beschreiten sollte. Einer meiner Versuche in dieser Richtung besteht darin, die Patientinnen den Unterschied zwischen ihrer Auffassung von Akzeptanz und dem, was im Grunde genommen gemeint ist, erfahren zu lassen. Dazu fordere ich sie auf, sich einen Stuhl oder einen anderen etwas sperrigen, aber nicht allzu schweren Gegenstand auf die Schultern zu laden und dann damit ein paar Schritte zu gehen. Sie müssen also etwas auf sich nehmen, ganz konkret. Erwartungsgemäß empfinden die meisten schon das Aufladen des Stuhls als eher mühsam und das Herumgehen erst recht. Sie gehen stets etwas gebückt und fühlen sich, im wahrsten Sinne des Wortes, beschwert. Dieser Teil der Aktion vermittelt somit unmissverständlich, was es bedeutet, etwas auf sich zu nehmen. Im zweiten Teil können die Beteiligten den Stuhl stehen lassen und werden aufgefordert, ihn wahrzunehmen und dies einfach festzustellen: »Ich stelle fest Doppelpunkt, da steht ein Stuhl. Punkt«; oder »Ich stelle fest Doppelpunkt, ich sehe einen Stuhl. Punkt«. Weitere Feststellungen, die z. B. die Größe, Form oder Farbe des Stuhls betreffen, dessen Entfernung zu anderen Objekten oder zur eigenen Person können, ja sollen von den Patienten in sachlicher Weise getätigt werden – und damit führen sie eine bewertungsfreie Bestandsaufnahme der unmittelbar herrschenden Gegebenheit »Stuhl« durch. Dieser zweite Teil vermittelt, was es bedeutet, etwas nur zur Kenntnis zu nehmen, wie es ist, ohne Mühsal; und genau das wird dann von mir als Akzeptanz bezeichnet. Das wäre ein Lernen durch Erfahrung, ohne anstrengende kognitive Turnübungen und diesen weit überlegen (auch ▶ Kap. 4.4).

Überlegen ist diese Erfahrung auch dem Versuch, die Patientinnen nur über sprachliche Korrekturen zum Verstehen von Akzeptanz zu bringen. Wenn wir die Patientenaussage »dann ist es halt so«, die i. d. R. einen klar resignativen Anteil enthält, zu korrigieren versuchen, geraten wir recht schnell in ähnliche Schwierigkeiten, wie ich sie von der kognitiven Umstrukturierung und vom Umgang mit Gedanken her kenne und beschrieben habe (▶ Kap. 4.3 und ▶ Kap. 4.5). Wenn wir z. B. den Träger der Resignation, im vorliegenden Fall das kleine Wörtchen »halt«, eliminieren wollen und den Patienten anleiten, dieses kleine Wort einfach wegzulassen, müssen wir mit dem folgenden Ergebnis rechnen: Der Patient sagt »dann *ist* es so«, wodurch sofort der Hauch des unabwendbar Schicksalhaften im Raum schwebt und eine neue Art von Resignation erzeugt. Nicht viel weiter kommen wir, wenn der ursprüngliche Satz lautet »es ist halt so« und die korrigierte Version »es *ist* so«; auch in dieser Aussage schwingt Schicksal mit und hat aufgrund der darin enthaltenen Färbung – Schicksal ist doch häufig mit einer wertenden Begleitvorstellung verbunden – mit Akzeptanz rein gar nichts zu tun.

Aufgrund dieser Beobachtungen und Überlegungen lautet meine Empfehlung, Akzeptanz möglichst ohne Verwendung genau dieses Begriffes zu vermitteln und sich stattdessen das neutrale Feststellen und dessen praktische Umsetzung zunutze zu machen.

Auch das Wort »annehmen« zur Verdeutlichung von Akzeptanz würde ich ersetzen; ich würde nicht sagen »annehmen, wie es ist«, sondern »nehmen, wie es ist«. Darin liegt ein zwar kleiner, aber entscheidender Unterschied, eine Nuance, die einiges verändert. An die Stelle des missverständlichen An-Nehmens, über das wir soeben einiges gelesen haben, tritt Nehmen und damit implizit bereits die Aussicht, etwas damit zu machen; z. B. »… mit ihm so umzugehen, dass es neue und wirksame Möglichkeiten der Einflussnahme eröffnet …« (DGKV, 2023). Im Nehmen wird überdies der von Hayes et al. (2014) explizit postulierte aktive Prozess meiner Einschätzung nach deutlicher erkennbar und das heißt, insbesondere für Patienten, besser nachvollziehbar; man muss es sich nur einmal gestisch vorstellen. Persönlich halte ich für die Arbeit mit Angstpatientinnen auch den Ausdruck »zur Kenntnis nehmen« für sehr geeignet, denn er ist ein Türöffner für Sachlichkeit und Bewertungsferne. Interessanterweise kann er mindestens dreierlei bedeuten: Man nimmt wahr bzw. registriert etwas. Oder man nimmt etwas dazu, nämlich zu dem, was man bereits an Kenntnis besitzt; das wäre dann »zur (bereits vorhandenen) Kenntnis nehmen«. Oder man nimmt etwas zur Kenntnis i. S. von »zum Zwecke der Kenntnis« oder »für die Kenntnis«, worin wiederum enthalten ist, dass man etwas damit macht, z. B. eine Einstellung dazu findet. Etwas einfach zur Kenntnis nehmen, z. B. unangenehme Gedanken, Gefühle oder Körperempfindungen, ist bei Angstpatienten schon mehr als die halbe Miete und als Alternative zu Vermeidung und Kampf völlig ausreichend (auch wenn es möglicherweise nicht haargenau der Akzeptanz entspricht). Es ist nicht nötig, dass die Betroffenen das auch noch würdigen oder gar Freundschaft damit schließen – was übrigens wieder eine Form der Bewertung wäre.

## Das Gelassenheits-Also oder »sei's drum«

Hierbei handelt es sich um eine Eigenkreation, die ich im Laufe meiner therapeutischen Jahre entwickelt habe, um meinen Patienten zu vermitteln, wie sie mit etwas Übung, aber mäßigem Aufwand zu Gelassenheit finden können.

Sucht man nach einer Definition des Begriffes »Gelassenheit«, stößt man vor allem auf eine große Vielfalt an Beschreibungen. In meinen Augen lässt sich Gelassenheit durch folgenden Gedanken treffend illustrieren: Tritt das Ereignis Y ein, gut; tritt das Gegenteil von Ereignis Y ein, auch gut. Oder, um es mit den Worten des Hesychasten Makarios zu sagen: »Ist das Resultat ein großer Erfolg, gut. Ist es ein großer Misserfolg, auch gut. Reichtum oder Armut? Ebenso gut.« (Scanziani, 1985, S. 271). Das Hauptmerkmal von Gelassenheit besteht also darin, dass sie sich als entspannte Gemütsverfassung von äußeren Ereignissen nicht beeinflussen lässt und den Menschen vom Angewiesensein auf Resultate befreit. Damit ist sie ganz nahe am E-Prinzip und logischerweise an der Achtsamkeit und natürlich an der Akzeptanz.

Wie ich in Kapitel 7.2 erläutert habe, ist die möglichst präzise Anwendung und Vermittlung psychologischer Techniken ein wesentlicher Teil erfolgreicher Psychotherapie. Hinsichtlich der Frage, wie Patienten in den wünschenswerten Zustand der Gelassenheit finden, liegt die Antwort auf der Hand: mithilfe einer geeigneten Technik oder Anweisung. Auch hier ist es nicht ausreichend, die Betroffenen aufzufordern, sich direkt in Richtung des erwünschten Zustands aufzumachen, schon allein aufgrund der psychologischen Tatsache, dass Gefühle und damit verknüpfte Gemütszustände nicht direkt hergestellt werden können. Es bedarf also, einmal mehr, eines technischen Hinweises. Dieser besteht aus dem kleinen Wort »also«, das in den Schweizer Dialekten mit einer ganz bestimmten Betonung etwa so viel bedeutet wie die Redewendung »sei's drum«, die für Personen aus Deutschland sicherlich gut verständlich ist. Die konkrete Instruktion im Gebrauch des Gelassenheits-Also sieht demnach so aus: »Zu allem, was Sie um sich herum oder in sich selbst bemerken, können Sie sagen ›*ich stelle fest Doppelpunkt*‹, anschließend formulieren Sie einen einfachen Hauptsatz mit dem, was Sie feststellen, und sagen am Schluss, nach dem ›*Punkt*‹, laut und deutlich ›*also*‹.« Für Menschen aus Deutschland ist die Instruktion identisch, bis auf das letzte Wort: Anstelle von »also« tritt »sei's drum«. Die ganze Instruktion für den Gebrauch in Deutschland lautet demnach: »Zu allem, was Sie um sich herum oder in sich selbst bemerken, können Sie sagen ›*ich stelle fest Doppelpunkt*‹, anschließend formulieren Sie einen einfachen

Hauptsatz mit dem, was Sie feststellen, und sagen am Schluss, nach dem ›Punkt‹, laut und deutlich ›sei's drum‹.«

Dieses kleine Wort bzw. diese kleine Redewendung nimmt dem, was festgestellt wird, die Brisanz, wirkt also entschärfend und neutralisierend. Man könnte auch sagen, der Inhalt der Feststellung verliert seine Bedeutung insofern, als er keinen Handlungsbedarf mehr erzeugt. Man stellt fest und kann das Festgestellte stehen lassen. Gelassenheits-Also und »Sei's drum« ergänzen den »Punkt« in der ursprünglichen Fassung des neutralen Feststellens und markieren noch einmal den Abschluss der Notwendigkeiten. Anhand eines konkreten Angsterlebens klingt das dann z. B. so: »Ich stelle fest Doppelpunkt, jetzt tauchen wieder die unschönen Bilder auf Punkt. Sei's drum.« (Die Leserinnen und Leser erinnern sich daran, dass es keine Rolle spielt, was man feststellt, sondern *wie* man das macht; es dürfen also im Inhaltsteil durchaus Bewertungen vorkommen – wenn diese in neutraler Art festgestellt werden.)

Wenn die betroffene Person auf diese Weise feststellt, kann sie einerseits den Inhalt ins Auge fassen, ihn beobachten und damit erkennen, wie er tatsächlich ist und welchen Einfluss er hat; andererseits steht sie in keiner Weise unter Druck, etwas tun zu müssen, weder vermeiden noch bekämpfen, noch verwandeln. Das E-Prinzip kann verwirklicht und die so wichtige Begegnung mit dem gefürchteten Ding erlebt werden. Dadurch wird kontextuelle Kontrolle möglich: Ist das Gefürchtete erkannt und in seiner Wirkung erfasst, kann überlegt werden, ob man ihm diese Wirkung weiterhin zugestehen will oder nicht. Das ist Freiheit oder Wahlfreiheit. Bezogen auf das obige Beispiel würde das bedeuten, dass der Patient die unschönen Bilder (z. B. eines Überfalls) genau betrachtet, deren Wirkung auf sich selbst beobachtet und erfährt, dass das zwar unangenehm ist, ihn aber nicht vernichtet. Er kann sodann überdenken, ob er sich der erlebten Wirkung der Bilder weiterhin unterordnen will oder nicht. *Müssen* tut er nichts. Dieser differenzierende Blick auf das Gefürchtete ist den Patienten meist nicht von Anfang an bewusst verfügbar, sondern wird von mir als Therapeutin ins Spiel gebracht, nachdem die Patienten zuerst einfach einmal die Wirkung des Gelassenheits-Also bzw. des Sei's drum ausprobiert haben. Erst die Erfahrung, dann die Erklärung – so habe ich es bei der Vermittlung der Techniken meist gehalten und das hat sich bewährt. Erfahrung als entscheidende therapeutische Größe hat maximale Durchschlagskraft und letzte Glaubwürdigkeit. Dies gilt, wie gesagt, für den Umgang mit Techniken oder Werkzeugen. Grundlegende Prinzipien für einen günstigen Umgang mit Angst (z. B. anhand der Angstkurve oder des Angstkreises) sollten geschickt eingeflochten werden. In einer offenen Therapiegruppe mit laufenden Ein- und Austritten, wie ich sie über viele Jahre geführt habe, ist ein anderes Vorgehen wegen des jeweils unterschiedlichen Wissensstands der Teilnehmenden gar nicht möglich; aber auch im Einzelsetting erweist es sich immer wieder als erfolgreich.

Das Gelassenheits-Also hat immer wieder zu Heiterkeit geführt, wenn etwa in der Gruppentherapie von unangenehmen Dingen die Rede war oder wenn ich bisweilen meinen Unmut über irgendetwas ausdrückte. Dann kam vonseiten der Gruppenteilnehmer von irgendwoher das Wort »also« und ich wurde gewissermaßen mit meinen eigenen Waffen geschlagen. Da blieb mir jeweils nichts anderes übrig, als der

Sprecherin oder dem Sprecher meine Anerkennung für die gezeigte Schlagfertigkeit auszudrücken, und das Unangenehme löste sich in entspannter Vergnügtheit. Das hatte natürlich immer auch erhebliche therapeutische Wirkung bzw. war Ausdruck eines bereits gemachten Fortschritts. Man muss sich nur vor Augen führen, was es für Angstpatienten, die ja sehr oft auch interaktionelle Ängste haben, bedeutet, wenn sie die Gruppenleitung an deren eigene Instruktionen zu erinnern wagen und auf den Weg der Gelassenheit lenken. Es heißt, dass sie bereit sind, ein großes Wagnis einzugehen, etwas zu riskieren, und das erst noch mit einem Schuss Humor, der seinerseits entschärfend wirkt. Da war es dann selbstverständlich, diesen Mut zu validieren und mit einer positiven Rückmeldung zu verstärken, ganz abgesehen vom Spaß, den ich selbst an der wachsenden Kühnheit der Patienten hatte.

Wir sehen, dass für das Anstoßen der bisher besprochenen Kernprozesse mehrere und verschiedene Techniken zur Verfügung stehen, welche die Prozessgrenzen bisweilen überschreiten bzw. für mehr als nur einen Kernprozess verwendbar sind. Dass wir mehrere Techniken anbieten können einerseits und diese auf mehr als nur einen Prozess anwendbar sind andererseits, ist von großem Vorteil. Die Patientinnen können auf diese Weise unterschiedliche Techniken ausprobieren und herausfinden, mit welcher sie am besten zurechtkommen. Gleichzeitig sind die Techniken multifunktional oder mindestens »multitauglich«, eignen sich also für mehr als nur einen Verwendungszweck. Insofern passen sie sehr gut zur ACT, die sich mit ihren Kernanliegen und -prozessen als geradezu bestechend generalisierbar und daher als störungsübergreifend anwendbar erweist (s. dazu den Begriff der Reichweite bei Hayes et al., 2014), mit kleineren oder größeren Modifikationen, die sich aus dem jeweiligen Störungsbild ergeben.

## 7.6 Defusion

Das bedeutet, sich gegenüber von Gedanken, Gefühlen und Körperempfindungen mithilfe entsprechender Techniken einen Freiraum zu bewahren, also nicht mit ihnen zu fusionieren bzw. zu verschmelzen. Oder, falls man bereits verschmolzen ist, sich aus dieser Fusion wiederum zu lösen, was allerdings mit erheblichem Aufwand einher geht.

Warum sollte das wichtig und hilfreich sein? Ist es nicht erstrebenswert, mit den eigenen Gedanken, Gefühlen und Körperempfindungen eins zu sein? Besteht nicht genau darin die viel zitierte Einheit von Seele, Geist und Körper? Ist nicht genau das die Überwindung des Leib-Seele-Problems? Ist man nicht genau dann echt und bei sich selbst, wenn man mit Gedanken, Gefühlen und Körperempfindungen aufs engste verbunden ist? Wenn mir Patientinnen und Patienten diese Fragen stellen, vielleicht nicht genau so formuliert, aber doch in dieser Richtung, antworte ich ihnen mit folgender Darlegung: »Als Sie Ihre Angst kürzlich wieder so stark gespürt haben und mit ihr verschmolzen waren, wie war das für Sie? Sehr unangenehm, wie ich vermute. Gut, da sind wir uns einig. Nun denken Sie zurück, wie es war, als Sie so richtig verliebt waren und auf Wolke sieben schwebten. Wie war das für Sie? Ganz toll, wie ich vermute, wunderbar. Auch da sind wir uns einig. Nun frage ich Sie: Auch wenn die Verliebtheit für Sie ein schöner Zustand war, waren Sie da für die Gegenwart verfügbar? War es Ihnen möglich, immer im Moment zu sein und auf die jeweils gerade aktuellen Herausforderungen zu antworten? Waren Sie ›brauchbar‹ im Alltag?« Darauf reagieren die Patienten i.d.R. mit einem belustigten Lächeln und ihre Antwort lautet »nein, natürlich nicht«. Ich erkläre dann, dass man sowohl bei Fusion mit der Angst als auch bei Fusion mit einem willkommenen Gefühl wie Verliebtheit weder für den Augenblick verfügbar noch wirklich entscheidungs- und handlungsfähig ist; der Unterschied besteht lediglich darin, dass man Verliebtheit besser mag als Angst. Anhand dieser kleinen Erklärung ist es für die meisten Patientinnen und Patienten nachvollziehbar, dass bzw. warum das Verschmelzen mit Gefühlen behindernd ist oder sein kann. Für die Verdeutlichung der Fusion mit Gedanken kann man ähnliche Beispiele aus dem Erfahrungsschatz der Betroffenen beiziehen. Fast jede und fast jeder hat im Laufe des Lebens bereits mit Gedanken fusioniert – z.B. gerade im Zustand von Angst oder Verliebtheit – und weiß durchaus, dass dieser Zustand meist das Ende der (Gedanken-)Freiheit bedeutet, egal, ob er insgesamt als unangenehm oder als angenehm erlebt wurde. Was das Verschmelzen mit körperlichen Empfindungen angeht, gilt Ähnliches. Mit anderen Worten: Durch die Fusion verlieren wir die Freiheit zu denken, zu überlegen, zu entscheiden und zu handeln, jedenfalls weitgehend.

Ein Bild, das ich oft benutze, um diesen Zustand der Un-Freiheit zu verdeutlichen, ist die Beschreibung der Brombeer-Ernte: »Stellen Sie sich vor, es ist Hochsommer und Sie wollen in einem Beerengarten Brombeeren pflücken. Sie begeben sich so weit wie möglich zwischen die Beerenstauden und greifen dann mit Ihren Händen nach den reifen Brombeeren, die schwarz und glänzend zwischen Dornen und Blättern hängen. Um möglichst alle reifen Beeren zu erreichen, müssen Sie sich etwas drehen, bücken, strecken und zuweilen richtiggehend anstrengen. Dabei werden nicht nur Ihre Hände und Arme von den Dornen zerkratzt, sondern Sie bleiben ziemlich sicher mit Ihren Haaren und Kleidern in den Dornen hängen und können sich kaum mehr nach vorne oder nach hinten bewegen. Ungefähr so ergeht es Ihnen, wenn Sie mit Gefühlen und Gedanken verschmelzen, auch wenn diese sehr schön sind; Sie können sich in fast keine Richtung mehr bewegen.«

Mit Bezug auf die Angst werden alle Patientinnen und Patienten sofort bestätigen, dass sie dieses Feststecken kennen und der Versuch, sich daraus zu befreien, kaum ohne »Kratzer« bzw. »Löcher in der Kleidung« vonstattengeht. Sie schließen sich auch sofort der Meinung an, dass es günstiger ist, gar nicht erst in diesen Zustand zu geraten. Somit lässt sich anhand der Brombeer-Ernte-Metapher recht schnell begreiflich machen, dass das, was viele Menschen unter integriertem Zustand, Authentizität oder Bei-sich-Sein verstehen, meist nichts anderes ist als die Verschmelzung mit Gefühlen und Gedanken – inklusive aller damit verbundenen Behinderungen. Obschon ich an dieser Stelle nicht im Detail auf die Frage eingehen kann, worin denn integriertes Dasein tatsächlich besteht, lässt sich doch so viel sagen, dass es sich z. B. im Selbst-als-Kontext manifestiert (s. dazu die Erläuterungen in Kapitel 5.2).

Kehren wir zurück zum Thema »Angst« und zur Frage, wie Defusion konkret umgesetzt wird, wie also Freiraum gegenüber (bedrohlichen) Gedanken und (bedrohlichen) Gefühlen bewahrt oder wieder hergestellt werden kann.

In Anlehnung an Harris (2012) erkläre ich meinen Patienten, dass wir bezüglich Gedanken und Gefühlen jeweils eine etwas andere Technik anwenden werden, um einen günstigeren Umgang damit zu finden; einen Umgang, der weder mit Vermeidung, noch mit Kampf oder Verwandlung etwas zu tun hat (alles Dinge, die die Betroffenen meistens schon kennen, weil sie sie unendlich oft versucht haben), sondern mit der Veränderung des Kontextes, in dem die Gedanken unzählige Male gedacht und die Gefühle unzählige Male erlebt worden sind, und mit der Schaffung von Freiraum.

Um die Bedeutung von Kontext zu verdeutlichen, benutze ich die Metapher eines Bildes, das seit ewiger Zeit im gleichen Rahmen an der gleichen Stelle hängt und deshalb immer gleich aussieht. Das Bild steht für die immer gleichen Gedanken oder Gefühle, die stets im gleichen Zusammenhang, d.h. im gleichen Rahmen auftauchen und die gleiche Wirkung entfalten. Der unverändert immer gleiche Ort, an dem das Bild aufgehängt ist, steht seinerseits für die (scheinbar unveränderliche) Situation, in der das Bild quasi fixiert bleibt; also für Gleichheit oder Gleichförmigkeit des Lebens insgesamt. Alles ist immer gleich, bleibt immer gleich und geschieht immer gleich. Anhand dieser tatsächlich bildlichen Veranschaulichung ist es i.d.R. möglich, die Relevanz von Kontextbedingungen begreiflich zu machen; denn nahezu alle haben zuhause ein Bild, das schon seit Jahren unverändert an der immer gleichen Stelle hängt und tatsächlich immer gleich aussieht. Soll das Bild anders aussehen oder eine andere Aussage bekommen, muss entweder etwas an seiner Rahmung geändert oder es muss anders bzw. anderswo aufgehängt werden. Das ist die eine Seite der Erklärung für die Betroffenen. (Die therapeutisch ausgebildeten Leserinnen und Leser erinnern sich hier natürlich daran, dass veränderte kontextuelle Bedingungen einem Gedanken sofort dessen »Wahrheitsgehalt« entziehen.)

Die andere Seite betrifft die Bedeutung von Freiraum, also eines Bereiches, in dem Freiheit (wiederum) möglich wird; und zwar Freiheit des Denkens, des Überlegens, des Entscheidens und Handelns. Um das zu veranschaulichen, benutze ich für die Patienten in Anlehnung an Harris (2012) den konkreten Vergleich mit einem tatsächlich existierenden Raum, z. B. einer Landschaft. Ist diese groß oder weit genug, bietet sie auch genügend Platz für den Menschen, dessen Gedanken und Gefühle[14]; d. h. alle drei können sich in diesem Raum aufhalten und ihre Aktivitäten entwickeln, ohne einander zu stören und demzufolge auch ohne, dass der Mensch irgendetwas vermeiden oder bekämpfen müsste. An dieser Stelle weise ich die Leserinnen und Leser darauf hin, dass Harris das Schaffen von Raum als einen der sechs Kernprozesse versteht, während ich das Schaffen von Raum eher als eine Technik

---

14 und natürlich immer auch für die Körperempfindungen.

betrachte, mithilfe derer insbesondere die Defusion gegenüber Gefühlen erreicht werden kann. Einig bin ich mit Harris natürlich dahingehend, dass das Raumgeben immer im Dienst der Kernprozesse steht. Vermutlich ist es für die Wirksamkeit der Therapie ziemlich unerheblich, ob man etwas als Kernprozess oder als Technik auffasst, und eher eine akademische Frage; was zählt, ist die Brauchbarkeit für Patientinnen und Patienten im Dienste des jeweils angestrebten Prozesses. Es geht beim Raumgeben also darum, (in der Vorstellung) genügend Platz zu schaffen für sich selbst, die eigenen Gedanken und Gefühle, damit Mensch, Gedanken und Gefühle einander nicht in die Quere kommen, nicht aneinander hängenbleiben und einander nicht behindern.

Damit haben wir zwei Techniksträge, die beide Defusion ermöglichen: Veränderung von Kontext und Raumgeben. Aus der RFT wissen wir, dass Kontextphänomene primär mit Sprache zu tun haben; es bietet sich daher an, Kontextveränderung in erster Linie bei sprachlich kodierten Prozessen einzusetzen, und das sind beim Menschen sicher die Gedanken. Auf der anderen Seite bietet sich das Raumgeben dort an, wo es mehr um bildhafte Repräsentationen geht, um ganze Szenen, und da stehen Gefühle im Vordergrund, die sehr häufig als gestalthafte Vorkommnisse erlebt werden. Und tatsächlich vermittle ich meinen Patientinnen und Patienten unterschiedliche Techniken für die Defusion von Gedanken einerseits und von Gefühlen andererseits.

## Defusion von Gedanken mittels Kontextveränderung (nach Harris, 2012)

Bevor ich die Technik für die Defusion unerwünschter Gedanken (auch als Entschärfung bezeichnet) vermittle, fordere ich die Patienten auf, einen dieser Gedanken in einem kurzen Satz zu formulieren. Das ist die erste Voraussetzung, um Kontextveränderung herbeizuführen. Dann sollen sich die Patienten den Satz geschrieben vorstellen, z. B.: »Ich wünsche diesem Menschen Böses und das macht mir Angst.« Meine weitere Instruktion lautet, wie folgt: »Sie haben ja bereits festgestellt, dass dieser Gedanke unter immer gleichen oder sehr ähnlichen Umständen auftaucht, was zu seiner Lästigkeit beiträgt. Ich zeige Ihnen, wie Sie diesem Gedanken die Sprengkraft nehmen können, ohne ihn umzubauen oder gar durch einen anderen Gedanken zu ersetzen. Stellen Sie sich den Gedanken genau so vor, wie Sie ihn ›geschrieben‹ haben. Nun nehmen Sie diesen Schriftzug und stellen sich vor, Sie sehen ihn in anderen Zusammenhängen; z. B. als Schlagzeile auf einer Zeitung, als Schriftzug auf einem T-Shirt, auf einem Schaufenster, einem Plakat – Ihrer Fantasie sind keine Grenzen gesetzt. Sie können sich den Satz auch als durchlaufende Eilmeldung im Fernsehen vorstellen, die unten am Bildschirm auftaucht. Sie können ihn als Text auf eine Melodie singen, die Ihnen einfällt. Sie können ihn auf eine Ortstafel setzen usw. Probieren Sie das aus und beobachten Sie, was dabei passiert.«

Die erste Reaktion der Patientinnen und Patienten auf diese Instruktion besteht meist in einem belustigten und etwas ungläubigen Lächeln. Dann greife ich zur Metapher mit dem gerahmten Bild, das seit Jahren an der gleichen Stelle hängt und deswegen stets das Gleiche aussagt. »Wenn wir den ›geschriebenen‹ Gedanken in andere Kontexte setzen, ist das sehr ähnlich, wie wenn wir ein Bild aus seinem Rahmen entfernen oder befreien; wir schaffen neue Bedingungen oder neue Möglichkeiten, welche die Aussage des Bildes verändern. Wenn wir das Bild dann noch an einen anderen Platz hängen, ist die Aussage des Bildes in ihrer Gesamtheit, zu der u.a. auch die Geschichte, wie es an seinen Platz gekommen ist, gehört, weitgehend aufgelöst. Ganz ähnlich ergeht es den Gedanken, wenn Sie diese in andere Kontexte setzen; sie verlieren ihre scheinbar unveränderliche Gültigkeit oder eben ihre Sprengkraft.« Um den Effekt von Kontextveränderung noch deutlicher zu machen, kann man Beispiele aus dem im Moment sehr aktuellen Upcycling heranziehen. Da gibt es viele Berichte darüber, wie Gegenstände aus ihrer ursprünglichen Funktion (dem ursprünglichen Kontext) herausgelöst und anderen Funktionen (anderen Kontexten) zugeführt werden; wie z.B. Bücher durch eine spezielle Art der Stapelung und Fixierung zu Möbeln oder Autoreifen zu runden Blumenbeeten werden; wie demnach Gegenstände in anderen Kontexten schließlich andere Geschichten erzählen. Wichtig bei der Instruktion ist immer der Hinweis, dass es nicht darum geht, unerwünschte Gedanken zu stoppen, zu eliminieren oder durch angenehme zu ersetzen, sondern darum, ihnen gewissermaßen den Zünder zu entfernen.

Falls einzelne Personen mit der Vorstellung des »geschriebenen« Gedankens Probleme haben, empfehle ich für die Konkretisierung der Kontextveränderung, den Gedanken real auf Papier niederzuschreiben und diesen Papierstreifen real in verschiedensten Situationen an unterschiedliche Stellen zu platzieren; z.B. im Büro an den Bildschirm des Computers, auf die Innenseite des Garderobenschrankes, auf die Computer-Maus usw.; zuhause an den Badezimmerspiegel, in den Kühlschrank, in die Schuhe, in die Besteckschublade, ans Aquarium, ins Buch mit den Kochrezepten usw.

Die Wirkung erfolgreichen Entschärfens von Gedanken, technisch gesprochen also des Sehens des Gedachten an einem anderen Ort, ist ausnahmslos die, dass die Gedanken ziemlich rasch ihren »Wahrheitsgehalt« (als Bedrohung) verlieren und infolgedessen als weniger schrecklich bzw. weniger gefährlich erlebt werden. Die Erfahrung, mit den Gedanken gewissermaßen jonglieren zu können, anstatt wie das Kaninchen vor der Schlange vor der Bedrohlichkeit zu erstarren (also die Entdeckung und Übernahme der kontextuellen Kontrolle), tut ein Übriges. Dabei ist die Brisanz der Gedanken unerheblich; d.h. es kann sich um einen eher moderat unguten oder auch um einen monströsen, ungeheuerlichen Gedanken handeln, die entschärfende Wirkung ist die gleiche. Und tatsächlich kommt von »meine Mutter zerrt dermaßen an meinen Nerven, dass ich fürchte, die Kontrolle zu verlieren« bis »am liebsten würde ich den Täter zuerst lange quälen und dann umbringen« so ziemlich alles an bedrohlichen Gedanken vor. Natürlich gehen erste Entschärfungsversuche bei den Betroffenen regelmäßig mit Nervosität einher; schließlich müssen sie sich mit den gefürchteten Dingen befassen. Allerdings ist die Technik für die meisten derart neu und skurril, dass sie Neugierde weckt. Und für Neugierde nimmt man dann auch gerne Anspannung und Herzklopfen in Kauf.

Im Zusammenhang mit dem Entschärfen unerwünschter Gedanken fällt mir eine Patientin ein, die eine Angst vor nahezu allen sozialen Situationen entwickelt hatte und dadurch stark in ihren Möglichkeiten eingeschränkt war. Hintergrund war u. a. eine sog. Hyperhidrosis, also übermäßig starkes Schwitzen. So gut wie jede Begegnung mit unbekannten Personen und natürlich Gespräche, die ein längeres Zusammensein mit sich brachten, waren für die Frau der blanke Horror, weil ihr, weithin sichtbar, buchstäblich der Schweiß aus allen Poren drang und innert kurzer Zeit deutliche Spuren an der Kleidung und insbesondere auch auf dem Stuhl hinterließ, auf dem die Patientin saß. Die kleinen Pfützen, die dabei entstanden, erfüllten die Frau mit kaum erträglichen Schamgefühlen und so versuchte sie, diesen durch zunehmendes Vermeiden sozialer Situationen und Rückzug zu entgehen. Man kann sich annähernd, aber nicht wirklich vorstellen, welcher Grad an Behinderung und Leiden damit verbunden war. An unerwünschten oder bedrohlichen Gedanken hatte diese Patientin ein ganzes Repertoire, das sie ständig wie eine schwere Last mit sich herumschleppte. In dieses Repertoire gehörten Sätze wie »wenn ich dermaßen schwitze, bin ich abstoßend«; »es ist mir unendlich peinlich«; »ich ekle mich vor mir selbst«; »wenn andere über mich spotten, haben sie recht«; »alle können sofort sehen, wie eklig ich bin«. Diese Gedanken steigerten die Angst und damit leider auch das Schwitzen. Nachdem die Frau im Entschärfen bedrohlicher Gedanken instruiert worden war, verlegte sie sich auf fleißiges Üben. Am besten konnte sie mit der Variante »Gedanken als Text auf eine Melodie singen« umgehen und sie sang gewissermaßen Tag und Nacht. Diese Variante der Defusion entlastete sie sichtbar und in zunehmendem Maße und eines Tages mündete diese Entlastung in den Einfall, ein singendes Entschärfungsduo auf die Beine zu stellen. Diese Idee wurde mit viel Fantasie weiter ausgebaut (dem Duo einen Namen geben, auf Tournee gehen usw.). Was schließlich daraus geworden ist, kann ich nicht sagen; zu beobachten war jedoch, dass sich die Patientin zunehmend von ihren schambehafteten Gedanken lösen und in sozialen Situationen besser zurechtfinden konnte.

## Defusion von traumatischen Erinnerungen mittels Kontextveränderung

Ungefähr ein Drittel der Angstpatientinnen und -patienten, mit denen ich seit vielen Jahren arbeite, haben ihre Störung im Anschluss an eine Traumatisierung entwickelt. Damit sind wiederkehrende, intrusive Erinnerungen an die traumatisierenden Vorkommnisse immer wieder Thema, weil sie genau die Symptome auslösen, die die Patienten in die Therapie führen: starke Ängste und starkes Vermeidungsverhalten.

Auch wenn mithilfe des E-Prinzips, des neutralen Feststellens, der Neugierde und des Sei's drum einiges erreicht werden kann, zeigt sich bei den Traumaversehrten, wie massiv der Einfluss der traumatischen Erinnerungen meistens bleibt, egal, ob er sich in Albträumen oder Flashbacks manifestiert. Die Leute bleiben buchstäblich an ihren traumatischen Erinnerungen kleben, wie an einer Klebestreifen-Fliegenfalle. Aus diesem Grund beschloss ich eines Tages, das Prinzip der Kontextveränderung versuchsweise auf diese lästigen Reminiszenzen anzuwenden. Ich stützte mich dabei auch auf Harris (2012). Da traumatische Erinnerungen meistens in Form von Bildern auftauchen, fragmentiert oder auch nicht, war das für mich der Ansatzpunkt. Ich ging davon aus, dass es, analog zur sprachlichen Fassung von Gedanken, zuerst darum gehen müsste, auch die Bilder möglichst konkret zu fassen, natürlich in bildhafte Darstellungen. Das bedeutete, dass ich die Patienten ermutigte, sich bezüglich ihrer Traumatisierung ein Bild vorzustellen, in dem für sie der Kern des Schrecklichen enthalten war; ein Bild, von dem sie sagten »das ist es, da ist alles drin«. (Das war, im Unterschied zu einer Intrusion, eine bewusste Hinwendung zum Schlimmsten und dessen beabsichtigte Wahrnehmung, also in der klassischen KVT-Terminologie bereits eine Exposition.) Die Idee war, dieses Bild anschließend in andere Kontexte zu setzen, analog zu den verschriftlichten Gedanken, und dadurch seinen »Wahrheitsgehalt« aufzulösen. Der Unterschied zum Entschärfen der Gedanken bestand darin, dass die neuen Kontexte explizit ebenfalls bildhafter Natur sein mussten. Das bedeutete, dass die Abbildung des Schrecklichen in andere Bilder, Fotos, Zeichnungen usw. eingesetzt und somit in neue Kontexte überführt werden sollte. Für die Patientinnen hieß das, dass sie sich auf größere Ausschneide- und Klebeaktivitäten einlassen mussten, jedenfalls diejenigen, die nicht mit einer Computer-Software arbeiteten, und echte Collagen anfertigten. Es gab jedoch auch die Variante, aus dem ursprünglichen Bild des Furchtbaren mit ein paar wenigen Handgriffen etwas zu machen, das eine andere Geschichte erzählte, und ein solches – fiktives – Beispiel will ich an dieser Stelle zeigen.

Stellen Sie sich vor, eine Frau oder ein Mann wird nachts auf dem Heimweg von einem maskierten Mann überfallen und ausgeraubt. Der Täter kann entkommen. Das Opfer überlebt den Überfall, erholt sich weitgehend von den körperlichen Blessuren, entwickelt aber eine stark ausgeprägte Angstsymptomatik, generalisierend und immer wieder akzentuiert durch sehr belastende Flashbacks. Das führt schließlich dazu, dass es zu mir in Therapie kommt. Dabei zeigt sich, dass das Überfallereignis wie ein dunkles Ungeheuer auf der Seele des Opfers hockt und es am Leben hindert. Nach einer bestimmten Zeit, in der das Opfer manches über günstige Strategien zum Umgang mit Ängsten erfahren hat, mache ich den Vorschlag, das Überfallereignis bzw. die wiederkehrenden Erinnerungen zu entschärfen. Ich fordere das Opfer auf, ein Bild anzufertigen, das alle Schrecken, alle Ängste und Entsetzlichkeiten wiedergibt, von denen es sich bedrängt fühlt. Nach kurzer Zeit bringt es eine Zeichnung, welche in seinen Augen für die Katastrophe steht: Es ist die Darstellung eines maskierten Mannes (▶ Abb. 7.1a). Dann gebe ich dem Opfer die Hausaufgabe, den Maskierten bildhaft in einen anderen Kontext zu setzen, und in einer der folgenden Sitzungen bringt es eine neue Zeichnung mit, die nun einen Narren zeigt (▶ Abb. 7.1b). Mit wenigen Handgriffen hat die überfallene Person die kontextuellen Gegebenheiten verändert bzw. neu gestaltet und dadurch die angsterzeugende Wirkung des Schreckensobjektes entschärft. Die Wirkung dieser Entschärfung lässt sich am besten anhand der beiden fiktiven, von mir selbst angefertigten Zeichnungen verdeutlichen.

Der Effekt dieses Vorgehens ist auch bei echten Beispielen so beeindruckend, dass ich es bei traumatisierten Personen regelmäßig und immer wieder anwende. Obwohl fast ein Wunder, entspricht die Wirkung doch der Logik der RFT und deren Aussagen zur Relevanz von Kontextbedingungen. Auch diese Art der Entschärfung

7.6 Defusion

**Abb. 7.1a:** Maskierter Mann (Zeichnung der Autorin)

**Abb. 7.1b:** Narr (Zeichnung der Autorin)

setzt voraus, dass für das, was entschärft werden soll, als Erstes eine Form gefunden wird, eine Gestalt. Technisch ist diese Form vermutlich einfach zu finden, weil in ihr ganz undifferenziert alles enthalten sein darf, was Angst macht, also Gedanken, Gefühle und Körperempfindungen, und sie in diesem Sinne eine Art Zusammenfassung des Entsetzlichen darstellt. Gerade deswegen allerdings ist sie auch geeignet, deutlich mehr und quasi allumfassende Ängste zu erzeugen; es braucht demzufolge wesentlich mehr Mut, diese Angstgestalt zu finden als nur einen Gedanken in sprachliche Form zu gießen.

## Die Karussell-Technik als Sonderform der Kontext-Veränderung

Als ich eines von vielen Malen dabei war, die Kontextveränderung von Gedanken zu erklären, fragte mich ein Patient, ob es auch eine Möglichkeit wäre, die unerwünschten Gedanken auf ein Karussell zu platzieren. Ich ließ mir diese Idee näher erklären und wir kamen schließlich zu folgendem Bild: Die Gedanken, die identifiziert waren, wurden auf ein imaginäres Karussell verfrachtet, das in einiger Entfernung vom Patienten, aber in dessen Sichtweite stand. Auf diesem Karussell konnten die Gedanken dann machen, was sie wollten; laut sein, gestikulieren, mit dem Karussell drehen, schnell, langsam, außer Rand und Band – sie blieben stets in einer gewissen Distanz zum Patienten und dieser war frei, dem Treiben auf dem Karussell zuzuschauen oder auch nicht. Dieses Bild war dermaßen brauchbar, dass ich es seither unter dem Namen »Karussell-Technik« an viele Patienten weitergebe, mit durchschlagendem Erfolg. Es integriert einige der zentralen ACT-Prozesse bzw. der hilfreichen Techniken: Achtsamkeit, Akzeptanz, Defusion mittels Kontextveränderung und mittels Raumgeben (das wir gleich sehen werden). Ich habe mich bemüht, in einer Internetrecherche herauszufinden, ob es eine ähnliche Technik in dieser Form bereits gibt, und bin nicht fündig geworden. Die Empfehlungen zum Umgang mit lästigen Gedanken, die im Netz zu finden sind (außerhalb der kontextuellen natürlich), arbeiten praktisch alle entweder mit Gedankenstopp, mit Ablenkungsstrategien oder mit expliziter Empfehlung zur Entsorgung, also mit Kampf oder Vermeidung. Beides ist meiner Erfahrung nach, jedenfalls bei Angststörungen, nicht nachhaltig. Die Karussell-Technik hingegen benötigt weder Kampf noch Vermeidung, sondern schafft mit wenig Aufwand sowohl andere kontextuelle Bedingungen als auch genügend Raum. Dem Patienten, der damals die Idee mit dem Karussell ins Spiel brachte, bin ich allzeit zu großem Dank verpflichtet.

Ich könnte von zahlreichen Beispielen für die Wirksamkeit der Karussell-Technik berichten und habe immer wieder erlebt, wie sehr auch bei dieser Technik die Konkretisierung oder Materialisierung zum Erfolg beiträgt. So erinnere ich mich an einen Mann, dem die Technik zwar grundsätzlich einleuchtete, der jedoch Schwierigkeiten hatte, sich das Ganze vorzustellen. Ihm gab ich die Aufgabe, in einem Spielwarengeschäft ein echtes kleines Karussell zu kaufen und in die Therapie zu bringen. Das tat der Patient und als er das Spielzeug-Karussell ausgepackt und auf den Boden gestellt hatte, war es ihm plötzlich möglich, einzelne Angstgedanken auf das Karussell zu platzieren. Er konnte die zugewiesenen Plätze gewissermaßen mit dem Finger berühren und »sah« die Gedanken dort sitzen oder stehen. Dann schob er das Karussell ein Stück weit von sich weg und verlegte sich darauf, es immer wieder zu beobachten. Die Vorstellung, dass sich auf dem Karussell etwas abspielen konnte, ohne dass er direkt involviert sein musste, wurde dank des Spielzeugs konkret und fast schon erlebbar.

Ein weiteres, eindrückliches Beispiel betrifft einen Angstpatienten, der während einer Phase größerer psychosozialer Belastung wegen kreisender Gedanken plötzlich nicht mehr ein- und durchschlafen konnte. Nach entsprechender Instruktion schritt er zur Tat und bastelte sich mit einfachsten Mitteln ein kleines Karussell in Form eines Kreisels (▶ Abb. 7.2):

**Abb. 7.2:** Drehender Kreisel (Quelle: Patient)

Er stellte den Teller mit dem Kreisel auf den Nachttisch und sobald das Gedankenkreisen begann, setzte er den Kreisel mit Daumen und Zeigefinger in Bewegung und schaute dem Drehen einen Moment lang zu, seine Gedanken auf dem drehenden Kreisel »sehend«. Das entlastete ihn derart, dass er sofort einschlafen konnte. Der Teller mit dem Kreisel behielt seinen Platz auf dem Nachttisch und mit der Zeit brauchte es vom Patienten nur noch einen Blick darauf und er konnte friedlich ein- bzw. bei nächtlichem Erwachen nach dem Hinschauen wieder weiterschlafen.

## Raumgeben (nach Harris, 2012)

Bevor ich diese Technik – für die Defusion von Gefühlen, wie wir bereits wissen – erkläre, frage ich die Patientinnen und Patienten, wie sie bis zu diesem Zeitpunkt mit ihren Gefühlen umgegangen sind, insbesondere mit den unerwünschten, also auch mit der Angst. Die Antworten, die ich bekomme, sind praktisch immer die gleichen: Die Leute berichten in erster Linie von Vermeidung oder Vermeidungsversuchen, dann von anstrengenden Kämpfen und ab und zu auch von Versuchen, die Gefühle als »Freunde« zu betrachten, also von Verwandlung. Vermeidung und Kampf können verschiedene Formen annehmen, wie in Kapitel 2.1 dargelegt wurde. Neben dem Versuch, Gefühle möglichst zu ignorieren oder aktiv gegen sie anzugehen, sind Maßnahmen, die man vielleicht unter dem Begriff »Eingrenzung« zusammenfassen könnte, hoch problematisch. Damit ist gemeint, den Gefühlen möglichst wenig Platz zu lassen, sie also auf möglichst kleinem Raum zu komprimieren, sie einzusperren und in ihrem natürlichen Verlauf zu blockieren. Obschon allgemein und auch in der psychologischen Fachwelt bekannt ist, dass das nicht nachhaltig funktioniert (es sei denn, man nimmt Substanzen zu Hilfe, die allerdings nur so lange »helfen« wie sie wirken), finden sich nach wie vor zahlreiche Empfehlungen zu Vermeidung und Kampf, sowohl in Therapien als auch in den Medien. Deshalb ist die Technik des Raumgebens für die meisten Patienten derart neu und inhaltlich paradox, dass sie schon allein aus diesem Grunde gute Chancen hat, auf offene Ohren zu stoßen und Neugierde zu wecken. Betroffene hören, dass im Umgang mit Gefühlen ausgerechnet das helfen soll, was sie oftmals über Jahre um jeden Preis zu umgehen versuchten; das macht hellhörig.

Wenn also klar ist, dass die üblichen Vorgehensweisen den Patientinnen und Patienten nicht geholfen haben, starte ich mit meinen Erklärungen: »Wir sind uns einig, dass das, was Sie bisher versucht haben, nicht wirklich geholfen hat, und ich erkläre Ihnen jetzt, warum das so ist. Gefühle benötigen, ähnlich wie Wasser, genügend Platz, um nicht zerstörerisch zu wirken. Sie erinnern sich sicher an die eine oder andere Meldung über verheerende Fluten und Hochwasser, die in den letzten Jahren sehr viel häufiger geworden sind. Das Problem war, nebst den großen Regenmengen, in allen Fällen das gleiche: Das Wasser konnte entweder nicht versickern, nicht abfließen oder hatte keinen Platz. Letzteres vor allem wegen baulicher Maßnahmen, mit denen z. B. Flussufer zugebaut und die früher zahlreichen Flussauen beseitigt wurden. Dadurch hat man dem Wasser Platz weggenommen, es wird auf kleinerem Raum zusammengedrängt und steigt deshalb einerseits an; andererseits fließt es auch schneller und entwickelt eine zerstörerische Kraft. Wenn wir also dem Wasser mehr Platz geben, besteht die Chance, dass es sich dank großer Fläche weniger zerstörerisch verhält. Es fließt langsamer und steigt weniger rasch und weniger hoch an.« Zusätzlich kann man die Patienten ermuntern, diese (physikalischen) Tatsachen eigenhändig nachzustellen; sie können z. B. beobachten, was passiert, wenn sie eine bestimmte Menge Wasser zuerst in eine Schale mit kleinem Durchmesser und anschließend in eine Schale mit großem Durchmesser gießen; der Effekt und damit das Prinzip des Raumgebens werden dadurch sehr anschaulich. Nach der Bezugnahme auf das Verhalten von Wasser weise ich darauf hin, dass für Gefühle Ähnliches gilt, dass also die hydrologischen Erkenntnisse ziemlich unmittelbar auf den Umgang mit Gefühlen übertragen werden können und dass letztere genügend Platz benötigen. Dabei erwähne ich nebst den Fließgewässern auch große Wellen, die dank genügend Raum weniger zerstören (weil nichts im Weg steht, das zerstörbar wäre) und gleichzeitig ihren natürlichen Verlauf nehmen können, ohne dass der Mensch in irgendeiner Art in das Geschehen hineingezogen wird. Das Bild der Welle passt bei Angststörungen gut, weil ja Angstattacken meist einen wellenartigen Verlauf nehmen. Ob Fluss oder Welle ist jedoch unerheblich; entscheidend ist, dass Wasser bzw. Gefühle viel Platz bekommen, die Betroffenen das begreifen und einen guten Zugang zum jeweils ausgewählten Bild herstellen können.

Das Prinzip des Raumgebens lässt sich mit vielen weiteren Metaphern veranschaulichen, solange diese den zugrunde liegenden Mechanismus abbilden. So habe ich auch oft das Bild eines Lawinenabganges beschrieben, bei dem man nur darauf achten muss, den Schneemassen mittels eigener Positionierung am Rande des Hanges genügend Platz und freien Lauf zu lassen. Oder ich habe das Bild eines

Toreros genommen, der sich dem Stier aus guten Gründen nicht etwa in den Weg stellt und auch nicht vor ihm wegläuft, sondern der Bewegung und Energie des Tieres mit einer eleganten Drehung des eigenen Körpers freien Platz bietet.

Entscheidend ist auch für das Raumgeben, dass die Patienten ihre Angst als Erstes in eine Form fassen, ihr eine bildhafte Gestalt geben. Wie schnell das möglich ist, ist individuell unterschiedlich. Die einen haben schon lange eine bildhafte Vorstellung ihrer Angst, die anderen haben sich überhaupt noch nie in dieser Art mit ihrer Angst befasst. In jedem Fall sollte man als Therapeutin oder als Therapeut die Betroffenen zum Entwickeln ihres ganz persönlichen Bildes ihrer Angst ermutigen, in dem der Kern des Schrecklichen enthalten ist. Ist das geschafft, fordert man die Patientinnen und Patienten auf, sich einen großen Raum vorzustellen, in dem die Angst und sie selbst enthalten sind. Dieser Raum kann eine Landschaft sein, ein Park, ein Platz in einer Stadt, ein Strand, ein Raum in einem Gebäude usw. oder auch – der eigene Körper. Entscheidend dabei ist, dass sich Patienten und Angst im gleichen Raum befinden, denn nur dann ergibt das Ausdehnen oder Platzschaffen einen Sinn und wird erlebbar. Die Patienten werden sodann angeleitet, ihrer Angst und sich selbst im gewählten Raum ganz viel Platz zu lassen; derart, dass sie einander nicht berühren oder in die Quere kommen. Ist diese Vorstellung einigermaßen etabliert, werden die Patienten ermutigt, die Angst einfach zu beobachten und nur dafür zu sorgen, dass zwischen der Angst und ihnen selbst stets genügend Raum vorhanden ist. Das ist alles. Damit wird es, mit einiger Übung, möglich, die Angst sich selbst zu überlassen und sich dem zuzuwenden, was einem im Moment wichtig und wertvoll ist, was einem am Herzen liegt. Zwischendurch kann die Angst auch ins Auge gefasst und wiederum beobachtet werden, ganz nach Lust und Laune. Das gibt Freiheit oder *ist* Freiheit; nämlich die Freiheit zu wählen, was einem im Moment wichtig ist, und das dann auch zu verwirklichen. Man könnte in diesem Zusammenhang auch von Bewegungsfreiheit oder -möglichkeiten sprechen.

Der Unterschied zur Vermeidung liegt auf der Hand: Um die Technik des Raumgebens wirkungsvoll umzusetzen, muss man der Angst eine Form geben, was bedingt, dass man sich gezielt mit ihr befasst. Auch der Unterschied zum Kampf ist offensichtlich: Es wird nicht *gegen* die Angst gearbeitet, sondern (Spiel-)Raum gegeben.

Zur Konkretisierung ihrer Vorstellungen des Raumes fordere ich meine Patienten immer auf, den Raum zu zeichnen oder anderweitig bildhaft darzustellen. Das bewährt sich auch dann, wenn die Betroffenen meinen, sie seien dafür nicht begabt, weil alleine schon die Anfertigung eines Bildes den Prozess des Raumgebens erfahrbar macht.

Vielleicht noch ein Wort zum Raum des eigenen Körpers, den ich weiter oben erwähnt habe. Tatsächlich ist es so, dass Patientinnen und Patienten den eigenen Körper als »Schauplatz« des Angstgeschehens erleben, was nicht sonderlich verwundert und in Kapitel 2.4 bei der Beschreibung der körperlichen Symptome zur Sprache kam. Patienten spüren, wie die Angst in ihnen aufsteigt, sich in ihnen ausbreitet, sie innerlich ausfüllt und erstarren lässt. Gleichzeitig wird Angst jedoch auch als eine Art äußere Macht erfahren, als etwas, das von außen herankommt und einen wie in einer Traubenpresse gefährlich zusammendrückt. Für das Erleben der

Angst als von außen kommend eignet sich das Raumgeben natürlich vorzüglich; für das Erleben der Angst im eigenen Körper eignet es sich ebenso, denn Angst bedeutet auch eine extreme innere Einengung. Diese kann dadurch entschärft werden, dass sich die Betroffenen ihren Körper als weiten Raum vorstellen, in dem wiederum, wie oben beschrieben, genügend Platz geschaffen und Bewegungsfreiheit ermöglicht wird. Um dies begreiflich zu machen, kann die Analogie eines Stoffkissens verwendet werden, das, wenn prall mit Inhalt gefüllt, jede Flexibilität und Verformungsmöglichkeit verliert; wird das Volumen des Kissens vergrößert, bekommt es seine Elastizität und Geschmeidigkeit zurück. Die Frage, ob das Raumgeben auch mit Bezug auf den eigenen Körper funktioniere, kommt übrigens immer wieder vonseiten der Patientinnen und Patienten.

Um zu verdeutlichen, wie viele geeignete Metaphern für das Raumgeben existieren, will ich folgende kleine Anekdote erzählen. Ich gebe ihr den Titel »die eingesperrte Katze«. Als ich einmal in privater Runde das Prinzip des Raumgebens erklärt hatte, meinte jemand, das erinnere ihn an die Situation mit einer Katze, die ein Nachbar in seiner Wohnung halte. Diese Katze sei es gewohnt, in Innenräumen zu leben, sie sei kaum je draußen. Es sei schon vorgekommen, dass der Nachbar das Tier in ein Zimmer gebracht und dann die Tür geschlossen habe, z. B. wenn er in der Wohnung etwas erledigen wollte, bei dem ihm die Katze im Weg gewesen wäre. Dann sei jeweils die Hölle losgegangen. Das Tier habe im geschlossenen Zimmer randaliert, sei richtig wild geworden und habe das Mobiliar zerkratzt; das halbe Haus habe das mitbekommen und es sei beinahe zu ernsthaften Streitigkeiten zwischen den Hausbewohnern gekommen. So ähnlich sei es wohl mit der Angst, wenn man diese einsperre. Er werde dem Nachbarn vom Raumgeben erzählen, damit dieser in Zukunft die Katze nicht mehr in ein Zimmer schließe, sondern sämtliche Türen in der Wohnung offen und das Tier frei zirkulieren lasse. Damit könne vermutlich weiterem Ärger unter den Nachbarn vorgebeugt werden.

Auch für das Raumgeben gilt: Es dient *nicht* zur Reduktion von Angst, sondern zum Erhalt oder zur Schaffung von Freiraum.

Zur Illustration, wie die Technik des Raumgebens konkretisiert werden kann, seien im Folgenden ein paar Abbildungen, die mir freundlicherweise von Patientenseite zur Verfügung gestellt wurden, wiedergegeben.

Die folgenden beiden Zeichnungen (▶ Abb. 7.3 und ▶ Abb. 7.4) zeigen, wie eine Patientin mit generalisierter Angst und intermittierenden Panikmomenten das Raumgeben dargestellt hat, und zwar differenziert nach der permanenten, freischwebenden Angst und der plötzlich einschießenden Panik:

In Abbildung 7.3 sieht man die weite Landschaft und rechts, im Hintergrund, eine kleine schwarze Wolke. Sie steht für die dauerhafte, freischwebende Angst. Im Vordergrund links hat sich die Patientin selbst in die Landschaft gestellt. Gut erkennbar ist die Weite, die zwischen Angst und Patientin besteht.

Bei Abbildung 7.4 steht die Patientin während einschießender Angst auf einem Steg, von dem aus sie die Angst-Flut beobachten kann, ohne selbst darin zu sein. Die Panik hat genügend Platz und die Patientin steht trockenen Fusses auf ihrem Beobachterposten.

## 7.6 Defusion

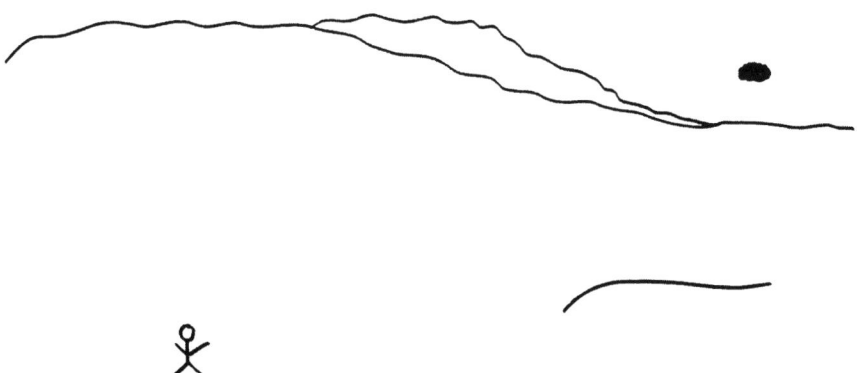

**Abb. 7.3:** Raumgeben für die permanente Angst (Quelle: Patientin)

**Abb. 7.4:** Raumgeben für Panikmomente (Quelle: Patientin)

Abbildung 7.5 zeigt ein weiteres Beispiel fürs Raumgeben. Hier hat der Patient für sich und seine wichtigsten Ängste eine Landschaft gewählt, in der für ihn selbst und die Ängste (die er als bedrohliche Gewitterwolken darstellt) genügend Freiraum vorhanden ist.

**Abb. 7.5:** Raumgeben für die wichtigsten Ängste (Quelle: Patient)

Und noch ein Beispiel, wie das Raumgeben visualisiert werden kann, zeigt Abbildung 7.6. Hier hat die Angst die Form eines großen Wasserfalls, der sich in einen See ergießt, der dem Wasser viel Platz bietet und an dessen Ufer der Patient in aller Seelenruhe den Bewegungen der Angst (des stürzenden Wassers) zuschauen kann.

**Abb. 7.6:** Raumgeben (Quelle: Patient)

Eine weitere, vielleicht nicht unmittelbar einleuchtende Variante des Raumgebens stammt von einem passionierten Vogelliebhaber, der regelmäßig in der Natur unterwegs war und mit einem teuren, leistungsstarken Feldstecher oder Fernglas Vögel beobachtete. Seine Vorstellung vom Raumgeben war zunächst die, seine Angst »mithilfe der variablen Größeneinstellung« ganz weit weg zu befördern. Als ich ihn darauf hinwies, dass das eine verkappte Form der Vermeidung sein dürfte, kamen wir überein, dass die variable Einstellung der Objektgröße dann hilfreich sein könnte, wenn er die Angst auch wieder heranholt; mit anderen Worten, wenn er Entfernung und Nähe zwischen sich selbst und seiner Angst flexibel und nach eigenen Bedürfnissen »einstellen« würde.

Am Ende dieses Unterkapitels, in dem wir einiges über die Defusion von bedrohlichen Gedanken und Gefühlen erfahren haben, will ich noch einmal die Freiheit ins Spiel bringen. Wir haben gesehen, dass Freiheit vor allem bedeutet, nicht mit seinen Gedanken und Gefühlen verschmelzen zu müssen. Freiheit besteht jedoch auch darin, zu wählen, ob man eventuell doch das eine oder andere Mal mit Gedanken und Gefühlen verschmelzen möchte, und darauf will ich ausdrücklich hinweisen. Da es ja in der Psychotherapie ganz wesentlich um das Herstellen oder Zurückgewinnen von Freiheit geht, kann es kein »Defusionsgebot« geben. Menschen sollen frei entscheiden können, wann sie mit ihren Gedanken und Gefühlen fusionieren wollen und wann nicht. Entscheidend ist, dass sie diese Wahlmöglichkeit haben bzw. bekommen; und dazu sind die Defusionstechniken hervorragend geeignet.

## 7.7 Selbst-als-Kontext

Das bedeutet, dass das eigene Selbst den Kontext bzw. den Raum bildet, innerhalb dessen sämtliche psychischen Prozesse stattfinden. In Kapitel 5.2 habe ich dafür das Bild des Seelengartens verwendet, in dem sich die »Seelen-Protagonisten« bewegen und ihre Aktivitäten entfalten. Die wesentlichen Merkmale des Selbst-als-Kontext und die Punkte, in denen es sich vom Selbstkonzept unterscheidet, sind ebenfalls in Kapitel 5.2. ausführlich dargelegt worden.

Entscheidend für die Therapie dürfte sein, dass das Selbst-als-Kontext kein fixes oder verfestigtes Gerüst darstellt, in das alles hineinpassen muss, sondern einen Raum der Möglichkeiten, in dem sich alle psychischen Prozesse abspielen und in dem die Beteiligten sich bewegen können. Man dürfte es vermutlich mit der Weite vergleichen, die es beim Raumgeben herzustellen gilt; eine Weite, auf der sich alle tummeln können, auf der Dynamik möglich ist und demzufolge auch Entwicklung und Veränderung; ein Bereich, auf den der Mensch in ähnlicher Weise schauen kann wie auf eine Landschaft beim Überflug mit einer Drohne; er kann alles überblicken, ohne darin verwickelt zu sein. Das Selbst bildet nicht nur den Raum für alle »Seelen-Protagonisten« und deren Aktivitäten, sondern ist aufgrund seiner Unveränderlichkeit als eine Art Basislager oder als stabiler Ankerpunkt zugleich die Beobachtungsstation, von der aus alles im Auge behalten wird, was sich im Seelengarten tut. Ob und inwieweit sich der Mensch ins Geschehen einschalten will, kann er auf seinem Beobachterposten frei entscheiden. Die Eingriffe in das, was sich im Seelengarten abspielt, können kleinteilig sein, d. h. auf den aktuellen Moment bezogen, oder auch grundsätzlicher Art, d. h. auf die übergreifende Lebensplanung bezogen.

Ein wunderbares Beispiel für letzteres findet sich am Ende der sechsten Folge der TV-Serie »Tina mobil« (ARD, September 2021). Die Hauptperson Tina Sanftleben fährt im Auto durch das Brandenburger Land, in ein Selbstgespräch vertieft, und fragt:

»Wer sagt denn, dass ich immer die bleiben muss, die ich jetzt bin?«

Für alle, die die Serie gesehen haben, ist klar, dass Tina damit nicht sich selbst in Frage stellt, wohl aber ihre äußere und vor allem auch innere Planung bzw. Aufstellung. Sie überlegt, ob sie (um bei meinem Bild zu bleiben) ihren Seelengarten so belassen oder neu organisieren soll. Und genau das ist gemeint mit dem Selbst-als-Kontext und den Möglichkeiten, die es bietet.

Im Zusammenhang mit Angststörungen lässt sich das Selbst-als-Kontext nach der Instruktion der Technik des Raumgebens gut einführen. Wie oben erwähnt, ist der Transfer des Raumgebens auf die Vorstellung des Selbst-als-Kontext legitim und hilfreich, liegt doch beidem die Idee zugrunde, anstatt mit Vermeidung, Kampf und einengender Festlegung bzw. festlegender Einengung mit Frei-Raum bzw. Spiel-Raum zu arbeiten. Während es beim technischen Raumgeben um unmittelbar vorhandene Gefühle (und damit eng verwandte Körperempfindungen) geht, geht es beim Selbst-als-Kontext um die Gesamtheit der psychischen Komponenten und Prozesse, also durchaus auch um Selbsteinschätzungen, die eigene Verortung im Leben, Wünsche, Träume, Werte, Befürchtungen, Konflikte etc. – ums Ganze eben oder um die »Vollversammlung« aller »Seelen-Protagonisten« und das, was diese bewirken. Auch da gilt: Genügend Weite ermöglicht differenzierende Feststellungen, da nicht alle Seelen-Spieler auf einem Haufen aneinander kleben, sondern unterscheidbar sind; die Weite ermöglicht präziseres Erfassen der »Seelen-Protagonisten« (Wer ist wer? Wer hat welche Eigenschaften? Wer macht was?); den Spielern ermöglicht sie sich zu bewegen, die Plätze zu tauschen, sich neu und anders zu formieren und zu kombinieren. Damit schafft sie Raum für Veränderungen und Entwicklungen – die im günstigen Fall auch auf Entscheidungen des Menschen beruhen, der seinen inneren Garten und das dortige Treiben beobachtet.

In der konkreten Anwendung kann das bedeuten, dass eine Angstpatientin, die sich selbst als eigentlich nicht sonderlich ängstlich bezeichnet und daher ihre Angststörung überhaupt nicht versteht, in der Therapie aufgefordert wird, sich ihre Seele als Garten vorzustellen, in dem sich alles findet, was für das Seelenleben von Bedeutung ist. Um diese Vorstellung zu erleichtern oder überhaupt zu ermöglichen, ist es hilfreich, anhand einiger Beispiele zu verdeutlichen, was man als Therapeutin oder Therapeut unter den Akteuren im Garten versteht: »Stellen Sie sich Ihre Seele als Garten oder vielleicht auch Landschaft vor und malen Sie sich aus, was sich alles darin findet. Blumen, Bäume, Büsche, Früchte, vielleicht auch Steine und Ameisenhaufen; Tiere aller Art, ganz kleine, mittelgroße und große, vierbeinige, zweibeinige, solche mit Flügeln, Federn, Fell, mit Schuppen, kriechende, krabbelnde; möglicherweise gibt es in diesem Garten auch einen Teich mit Enten, Fröschen und Fischen, mit Libellen und Seerosen; vielleicht führen Wege durch diesen Garten; ein kleiner Bach plätschert irgendwo und wenn man genau hinhört, kann man das

Summen vieler Insekten vernehmen. Irgendwo steht allenfalls ein Haus oder sonst ein Gebäude. Alles, was in diesem Garten existiert oder passiert, steht für einen Bestandteil aus oder einen Prozess in Ihrem Seelenleben. Versuchen Sie, sich Ihr ganz persönliches Bild Ihres Seelengartens vorzustellen. Es kann sein, dass das im Moment noch nicht oder nur unvollständig möglich ist; das spielt keine Rolle. Nehmen Sie die Aufgabe mit und in der nächsten Sitzung werden wir sehen, wie weit Sie damit gekommen sind.« In der kommenden Sitzung sollte das Thema des Seelengartens[15] wieder aufgenommen und die Patientin gefragt werden, wie weit ihr diesbezügliches Bild in der Zwischenzeit gediehen ist. Hat die Patientin ihren Garten erfasst – das kann in Form eines inneren Bildes, aber auch in Form einer realen Zeichnung, Abbildung oder sonst einer bildhaften Darstellung der Fall sein – kann sich die Therapeutin den Garten durch die Patientin möglichst präzise beschreiben lassen.

Damit befinden wir uns, technisch gesprochen, auf der Klärungsebene, zunächst jedenfalls. Auf der Ebene also, auf der es in erster Linie darum geht, überhaupt einen Zugang zur eigenen Seelenwelt zu gewinnen, eine Vorstellung und schließlich auch darum, ein »Seelen- oder Garteninventar« zu erstellen. Anschließend kann der Blick auf mögliche Verbindungen zwischen einzelnen Gartenbestandteilen und auf deren wechselseitige Einwirkungen gerichtet werden – das wäre nach wie vor Klärung – und es kann überlegt werden, ob man den Garten so lässt, wie er sich im Moment präsentiert, oder allenfalls etwas Gartenbau betreiben und gewisse Teile anders gestalten möchte. Sollten wir uns gemeinsam mit der Patientin für den Gartenbau entscheiden, stünden wir mit mindestens einem Bein bereits auf dem Pfad der Bewältigung, so die allgemein gültige Übereinkunft. Etwas erkennen oder verstehen ist Klärung, etwas anpacken oder verändern ist Bewältigung.

Im Falle unserer Angstpatientin wäre es mithilfe entsprechender Fragen der Therapeutin demnach möglich, z. B. den Standort der Angst im Garten zu bestimmen, deren Wesensart zu erkennen (Pflanze? Stein? Tier? Wasser? Weg?) und vielleicht auch den Stellenwert, den sie im Gesamtsystem des Gartens einnimmt. Das wäre Klärung. Die Frage, ob etwas geändert werden soll und, falls ja, was und in welcher Weise, könnte ein nächster Schritt sein und ginge in Richtung Bewältigung (ein Begriff übrigens, der mir im Laufe der Jahre zunehmend fragwürdig erschien, weil er genau das impliziert, was im Umgang mit Angst weder zielführend noch nachhaltig sein dürfte, nämlich Kampf und große Anstrengung; und der auch nicht zur ACT passt). Auch wenn das erkannte Wesen der Angst ziemlich sicher nicht veränderbar sein dürfte, bleiben zahlreiche andere Möglichkeiten der Umgestaltung, auf welche die Therapeutin u. U. hinweisen muss. Je nachdem, als was die Angst ihrem Wesen nach verstanden wird, kann z.B. ihr Standort geändert werden oder das Bett, in dem das Wasser fließt, wenn sie ein Fluss ist; wird sie als Weg gesehen, können an dessen Rand vielleicht kleine Flächen zum Rasten und Verweilen eingerichtet werden. Als Stein kann die Angst Bestandteil einer Trockenmauer werden oder im kleinen Bach einen Tritt zu dessen Überquerung bilden. Vielleicht kann auch eine Pflanze vorübergehend einfach an einen anderen Platz

---

15  Es darf auch die Metapher einer Landschaft sein.

versetzt oder der Angst als Tier eine neue Möglichkeit geschaffen werden, den Teich zu überqueren. Gewisse Teile des Gartens müssen allenfalls für bestimmte Zeit vor äußeren Einflüssen geschützt werden; einige Pflanzen benötigen Stützen fürs Wachsen, andere wiederum Ruhephasen; vielleicht muss auch der Ameisenhaufen umgesiedelt oder der Weg ausgebessert werden etc. Es können also sowohl Bedingungen geändert werden, welche die Angst unmittelbar betreffen, als auch solche in der näheren und weiteren Umgebung. Nicht zu vergessen ist die Möglichkeit, dass von außerhalb neue Geschöpfe in den Garten kommen können und bisherige Bewohner ihn verlassen.

Wenn unsere Patientin ihr gesamtes Seelenleben als Habitat für vielerlei Geschöpfe betrachtet und eben nicht als festgelegtes Konzept, wird es ihr möglich sein, die Angst als eines unter vielen zu begreifen und nicht als einziges und wichtigstes. Allein dadurch ändert sich die Wichtigkeit der Angst in dem Sinne, als sie von starrer Dominanz in bewegliche Relativität übergeht. Auch die Frage, ob die Angst passend sei, dürfte sich weitestgehend erübrigen, wenn an ihre Stelle die Erkenntnis tritt, dass Angst einfach eine von zahlreichen Bewohnerinnen des Gartens ist, ein Bestandteil des Ganzen. Die Patientin wird erfahren, dass in diesem reichen und vielfältigen Lebensraum Bewegung stattfindet, stetige Veränderung und Entwicklung, ganz nach dem berühmten Satz *panta rhei = alles fließt* des griechischen Philosophen Heraklit (520–480 v. Chr.). Bezogen auf die Angst kann das bedeuten, dass diese in dem großen Fließen von selbst aus einem Kontext in einen nächsten wechselt und dadurch eine andere Bedeutung bekommt. Das ist ebenso tröstlich wie die Tatsache, dass die Patientin von sich aus auf den Garten und die Lebensäußerungen der dort ansässigen Geschöpfe einwirken, diese mit ihren eigenen Werten abgleichen und entsprechend gewichten bzw. lenken kann. Auch das Eintauchen in die gartenimmanente Dynamik ist möglich und legitim, wie ich am Ende des Unterkapitels zur Defusion erklärt habe – wenn die Patientin das denn will.

Wir sehen, dass es natürlich auch bzw. gerade im Selbst-als-Kontext um kontextuelle Gegebenheiten und deren Veränderungen geht und dass diese vom kleinsten bis zum größten Bezirk des Seelengartens und von einem einzelnen Bewohner bis zur Gesamtheit aller dort ansässigen und wirksamen Geschöpfe alle und alles betreffen können. Das Prinzip des Selbst-als-Kontext ist daher generalisierbar von der Mikro- bis zur Makroebene oder, noch zutreffender, es erweist sich für die Psyche und alles, was in ihr geschieht, als universell anwendbar. Eine wunderbare Eigenschaft des Selbst-als-Kontext ist ferner, dass es Vernichtung, Beseitigung oder Ausmerzung unerwünschter Gartenteile bzw. -bewohner überflüssig macht, da es für erwünschte Änderungen ausreicht, die entsprechenden kontextuellen Bedingungen zu verändern oder sich verändern zu lassen. Ob Klärung oder Bewältigung, ob lokaler Umbau oder übergreifende Umgestaltung, das Bild des Seelengartens und natürlich vor allem seine Grundlage, das Selbst-als-Kontext, erweisen sich als durchwegs hilfreich.

Als Liebhaberin figuraler orientalischer Teppiche weiß ich, dass der Garten als Motiv in der Teppichkunst einen wichtigen Stellenwert hat. Das liegt einerseits wohl daran, dass ein Garten in heißen Ländern einen Ort der Erholung und Erfrischung darstellt

## 7.7 Selbst-als-Kontext

– man muss nur einmal bei trockenen 40 Grad in einen Garten eintreten, um zu erleben, wie unglaublich erquickend das Mikroklima dort ist, mit Kühlung, Feuchtigkeit und Schatten – und daher zum Sinnbild des Paradieses wurde; noch heute lautet z. B. das armenische Wort für »Garten« »Partez« und entspricht unmittelbar dem Begriff »Paradies« (den Garten als Ort von Seligkeit und Erquickung gibt es auch in vielen anderen, z. B. mediterranen und nordischen Kulturen). Andererseits steht der Garten, zumindest in der islamischen Mystik, auch als Sinnbild für Wachstum, für geistige Entwicklung, für existentielle menschliche Themen und die Nähe zu Gott. Darauf weisen die zahlreichen Dichtungen islamischer Mystiker hin, von denen hier, stellvertretend für viele andere, »Gulistan – Der Rosengarten« von Sheikh Saadi von Shirazi erwähnt wird (Übersetzung von Sayed Omar Ali-Shah bzw. Kathleen Göpel, 1998). Somit dürfte der Garten als Metapher für das Seelenleben auch bei vielen orientalischen Teppichen tatsächlich eine Rolle spielen und aus diesem Grunde möchte ich an dieser Stelle einen Garten-Teppich zeigen. Es ist ein türkischer Hereke, der in meinen Augen genau das abbildet, was ich bezüglich des Selbst-als-Kontext zu beschreiben versuchte (▶ Abb. 7.7).

**Abb. 7.7:** Garten-Teppich, Hereke, im Besitz der Autorin (Foto: Autorin)

Es lohnt sich, Patientinnen und Patienten zur Begehung ihres Seelengartens aufzufordern. Das ist mehr und intensiver als das bloße Überblicken des Gartens aus der Position des Beobachters (was natürlich auch schon eine gute Sache ist). Das Begehen des eigenen Seelengartens ist nichts weniger als das Eintauchen in den Raum des Selbst und damit wohl das integrierte Dasein, von dem in Kapitel 7.6 im Zusammenhang mit Defusion die Rede war. Wichtig scheint mir der Hinweis, dass man den eigenen Seelengarten auf mehrere unterschiedliche Arten begehen kann: als interessierter Besucher, ähnlich demjenigen eines Museums, der offen und aufnahmebereit einfach alles betrachtet; als überlegende Gestalterin, ähnlich einer Innenarchitektin, die mit gewissen Vorstellungen (z. B. Werten und Zielen) unterwegs ist und das, was sie vorfindet, einschätzt und u. U. auch anpasst; als fusionierender Bereitwilliger, ähnlich dem Anhänger eines Sportclubs oder einer Künstlerin, der enthusiastisch im Ganzen aufgehen und Teil davon sein will. Alle drei Varianten haben ihre Berechtigung und ich würde weder eine ablehnen noch eine bevorzugen, sondern als Therapeutin darauf bedacht sein, meinen Patientinnen und Patienten zu vermitteln, dass es auch hier um Wahlfreiheit geht; oder um die Frage, welche Variante sich wann als hilfreich erweist. Wenn wir Glück haben, dürfen wir die Patienten beim Begehen ihres Seelengartens sogar begleiten. Das ist auf der einen Seite diagnostisch wertvoll, ermöglicht also weitere Erkenntnisse; auf der anderen Seite gibt es uns als therapeutisch tätigen Personen die Gelegenheit, unmittelbar einzugreifen, sei es durch Fragen, Unterstützen, Hinweisen, Anregen, Warnen und vieles mehr.

Das Selbst-als-Kontext bzw. die Art, wie es vom einzelnen Menschen gesehen und erlebt wird, ist per definitionem individuell und dürfte dementsprechend vielfältige und unterschiedliche Bilder erzeugen. So, wie ich das verstehe, gibt es diese Vielfalt sogar bei ein und derselben Person, und zwar je nach Gemütsverfassung, in der sie sich befindet. Vergessen wir nicht, dass das einzig wirklich Stabile das Selbst ist, wie in Kapitel 5.2 ausführlich dargelegt; alles andere ist wandelbar. Was mich betrifft, kenne ich mehrere und durchaus verschiedene Bilder für mein Selbst-als-Kontext. Zwei davon zeigen die Abbildungen 7.8 und 7.9.

Die Flusslandschaft auf Abbildung 7.8 zeigt mein Selbst-als-Kontext, wenn ich mich in einer ruhigen, ausgeglichenen Gemütsverfassung befinde. Ich schaue gewissermaßen durch ein Fenster auf meine innere Landschaft, und zwar in Fließrichtung des Flusses. Er zeigt mir, wohin meine Reise geht, klar und ruhig, mit stetigem Fließen und optimalem Wasserstand. Seine Ufer sind gesäumt von gesunden Pflanzen, die für Vielfalt stehen, den Reichtum des Lebens. Die Wolken haben nichts Bedrohliches, sondern vervollständigen den blauen Himmel und stärken die Mittigkeit der Flussachse. Alles im Lot und ich bin die aufmerksame Betrachterin.

Ganz anders mein Selbst-als Kontext auf Abbildung 7.9. Die Märchenlandschaft zeigt mein Selbst-als-Kontext, wenn ich mich maximal mit allem verwoben fühle, aufgehoben, gelöst, träumend, dem Lustigen und Wundersamen zugetan. Für Letzteres stehen die Zwerge, die selbstverständlich mit den Tieren kommunizieren, die ihrerseits auf Rädern oder mit Schuhen, Stock und Hut präsent sind, den heiteren Zwergen-Korso mit Interesse beobachten und sich ihre Sache dabei denken. Die drei kleinen Engel, die so fröhlich musizieren, tun das ihre dazu und alle scheinen mit allen in Kontakt zu stehen. Es scheint, als ob alle über ein großes Geflecht miteinander verbunden seien, das aus bezaubernder Niedlichkeit, Heiterkeit und Verheißung besteht – denn der Schlitten bringt ja Wunderbares. In dieses Bild, das gebe ich zu, möchte ich sehr gerne eintauchen, darin aufgehen und Teil

7.7 Selbst-als-Kontext

**Abb. 7.8:** Landschafts-Teppich, Ghom, im Besitz der Autorin (Foto: Autorin)

davon sein. Gerade so, wie Jane und Michael Banks im Film mit Mary Poppins (1964, Regie: Robert Stevenson) und Bert in das Straßenbild hineinspringen, das Bert aufs Pflaster gemalt hat und von dem sie dann ein Teil werden. Überhaupt könnte diese Passage aus dem Film mit allem, was die Vier in dem Bild dann erleben, ausgezeichnet für ein Selbst-als-Kontext stehen.

Dann gibt es, man mag es sich kaum vorstellen, auch die Momente, in denen sich das Selbst-als-Kontext als verödete Landschaft darstellt, in der so gut wie nichts zu gedeihen scheint und deren Boden bei jedem Schritt nur trocken aufstäubt. Diese Einöde entspricht einer aufgezehrten, erschöpften Gemütsverfassung, in der es keine erkennbare oder nennenswerte Bewegung, kein Fließen, keine Perspektive gibt. Da müsste man (als Therapeutin) überlegen, mit welchen Mitteln wieder etwas Lebendigkeit hergestellt, das Gebiet belebt werden könnte. Muss bewässert oder vielleicht bloß eine Quelle freigelegt werden? Kann es sein, dass die vertrocknete Erde einfach nur alles zudeckt, dass sich darunter noch Samen und Keimlinge verbergen? Dass die Landschaft schläft und darauf wartet, geweckt zu werden? Womöglich muss von außen etwas in die Landschaft eingetragen werden, das nährt, um das

Abb. 7.9: Adventskalender, im Besitz der Autorin (Foto: Autorin)

Leben zurückzubringen. Jedenfalls, so scheint mir, dürfte es einiges an Geduld und Aufwand erfordern, um aus dieser verödeten Landschaft ein belebtes Gebiet zu machen.

Nun, da unsere Vorstellung vom Selbst-als-Kontext vermutlich um einiges konkreter geworden ist, möchte ich noch von einer weiteren Möglichkeit berichten, wie uns die Idee des Gartens oder der Landschaft als Schauplatz aller seelischen Phänomene in der Therapie nützlich sein kann. Ich erlebe oft, dass Patientinnen und Patienten auf dem Weg zu Besserung und mehr Freiheit mindestens einmal sehr, sehr müde werden und einem erschöpfungsähnlichen Zustand nahe kommen. Sie schleppen sich nur noch mühsam vorwärts und haben ihre wichtigen Ziele nicht mehr im Blick. Anstatt die Leute zu diesem Zeitpunkt mit psychologischen Erklärungen zu ihrem Zustand noch mehr zu ermüden, greife ich häufig zu einer Metapher, der man den Namen »Schutzhütten-Metapher«[16] geben könnte. Dazu instruiere ich die

---

16 Nicht zu verwechseln mit der Hütte als Metapher für eine Haltung des Rückzugs und der Beschränkung auf das Wesentliche, z. B. bei Heidegger.

Patienten folgendermaßen: »Sie haben bereits eine ansehnliche Wegstrecke zurückgelegt und befinden sich nun auf einer sehr steilen, unwegsamen und anstrengenden Passage. Man könnte diese mit einem Weg im Hochgebirge vergleichen. Vielleicht ziehen sich in der Ferne sogar Wolken zusammen und Sie gehen davon aus, dass es früher oder später ein Gewitter geben wird. Jedenfalls fühlen Sie sich müde vom Unterwegssein und befürchten offenbar, den Weg nicht mehr weitergehen zu können. Ich finde, für den Moment haben Sie genug getan. Daher möchte ich Sie einladen, in einer Schutzhütte Zuflucht zu suchen und sich auszuruhen. Es steht eine ganz in ihrer Nähe, Sie haben sie bloß noch nicht entdeckt. Schauen Sie sich um. Können Sie sie sehen und beschreiben?« Sobald die Patienten melden, dass sie sich die Schutzhütte vorstellen können, mache ich weiter: »Nun, da Sie die Schutzhütte gefunden haben, treten Sie ein und malen Sie sich aus, wie Ihre Schutzhütte innen eingerichtet sein soll. Vielleicht ist sie mit Holz ausgekleidet, hat einen Wohnraum und ein Schlafzimmer, eine kleine Ecke fürs Kochen, eine Waschgelegenheit. Möglicherweise gibt es auch einen Kamin, in dem ein Feuer brennt, und einige bequeme Möbelstücke, groß und weich und einladend. Ein dickes Schaffell liegt vor dem Kamin auf dem Fußboden, alles ist gemütlich und heimelig. Statten Sie Ihre Hütte ganz nach Ihren aktuellen Bedürfnissen aus und nehmen Sie sich die Zeit, sich dort zu erholen. Erst wenn Sie wieder bei Kräften sind und das drohende Unwetter vorüber ist, verlassen Sie die Hütte und marschieren weiter. Wie finden Sie das?« Es ist eine sehr einfache Metapher, die da zur Anwendung kommt, aber sie erweist sich als durchwegs hilfreich. Niemals habe ich erlebt, dass jemand die Einkehr in die Schutzhütte abgelehnt hätte und um jeden Preis weitergehen wollte. Das Angebot zum Innehalten wird stets gerne angenommen und meist haben die Patientinnen und Patienten dabei auch nicht das Gefühl zu versagen. Falls das doch einmal der Fall sein sollte, darf man auf eine entsprechende Situation in der physikalischen Realität hinweisen und fragen, wie sich die betreffende Person denn verhalten würde, wenn sie auf einer realen Bergwanderung ans Ende ihrer Kräfte kommen und eine Hütte entdecken würde. Falls auch dann noch jemand weiter wandern will, darf man als Therapeutin oder Therapeut ruhig etwas direktiver werden und die Patientin bzw. den Patienten auffordern, in der Hütte zu pausieren (das würden im Übrigen auch alle guten echten Bergführerinnen und Bergführer so machen).

Die Hütte in der Schutzhütten-Metapher steht meiner Ansicht nach über ihre unmittelbare, konkrete Funktionalität hinaus unzweifelhaft im Zusammenhang mit dem Selbst-als-Kontext. Dergestalt nämlich, dass sie als Teil zum gesamten Gelände gehört oder einen Teil dessen ausmacht (wir erinnern uns an das Haus, das sich allenfalls im Seelengarten findet). Sie kann sogar eine zentrale Wichtigkeit bekommen, wenn sie nicht nur als vorübergehende Zuflucht gesehen wird, sondern als eigentliches Basislager. Als Ort also, von dem man ins Habitat der »Seelen-Protagonisten« hinaustritt und an den man wieder zurückkehrt. Wie nahe ist sie damit dem Selbst, das ja, wie wir gesehen haben, nicht nur den Raum des Gartens bildet, sondern auch den stabilen Beobachtungsposten? Könnte es sein, dass sie dem beobachtenden Teil des Selbst gewissermaßen eine fassbare Heimat bietet, metaphorisch gesprochen, auch wenn dieses vermutlich keiner Heimat bedarf? Das sind

Fragen, die ich ehrlicherweise nicht mit Sicherheit beantworten kann. Was ich jedoch sicher sagen kann, ist, dass sowohl das Bild der Schutzhütte als auch das des Basislagers für die Patienten unmittelbar Entlastung und Sicherheit bringen. Die Schutzhütte vermittelt tatsächlich Schutz und Erholung, das Basislager vermittelt Sicherheit und Geborgenheit und beide bedeuten nicht etwa Stillstand, sondern stehen im Dienste des Weitergehens und Erkundens, von Bewegung und Entwicklung.

Man könnte alle diese Metaphern, von denen ich im Zusammenhang mit dem Selbst-als-Kontext gesprochen habe, auch sehr einfach und ohne fachlichen Anspruch als Seelenbilder bezeichnen. Bilder, die wahrscheinlich in allen Menschen vorhanden, aber längst nicht immer verfügbar sind. Bilder, die durch bestimmte Vorkommnisse – z. B. durch therapeutische Interventionen – an die Oberfläche kommen und mit denen der Mensch anschließend etwas anfangen kann. Bestens bekannt ist das u. a. in der Kunsttherapie, die gezielt und über die Herstellung konkreter Objekte genau damit arbeitet, Seelenbilder materialisiert und auf diese Weise buchstäblich in die Hände der Betroffenen gibt. In der Psychotherapie haben wir diese Möglichkeit i. d. R. nicht und müssen uns daher anders behelfen. Beispielsweise so, wie ich das in den letzten Abschnitten darzustellen versucht habe.

Die Leserinnen und Leser möchte ich zum Aufspüren von Seelenbildern und deren Einsatz in der Therapie ermutigen. Nutzen Sie diese Bilder, sie sind ein unerschöpflicher Quell psychotherapeutischer Inspiration und von schier unschätzbarem Wert für die Therapie.

## 7.8 Engagiertes Handeln

»Sage nicht, ›wenn ich Zeit dazu habe‹ – vielleicht hast du nie Zeit dazu. Wenn nicht jetzt, wann dann?«
Talmud
»Verantwortlich ist man nicht nur für das, was man tut, sondern auch für das, was man nicht tut.«
Laotse

Engagiertes Handeln bedeutet, sich im Hier und Jetzt mit Herzblut für wichtige Werte einzusetzen. Sehr oft manifestiert sich dieser Einsatz im konkreten, sichtbaren Handeln, aber nicht ausschließlich. Auch das Einnehmen einer bestimmten, wertegeleiteten Geisteshaltung oder die Hinwendung zu einer bestimmten Einstellung können engagiertes Handeln bedeuten, insbesondere dann, wenn konkretes Handeln aus irgendeinem Grunde nicht möglich ist. Wir erinnern uns in diesem Zusammenhang auch daran, dass bereits die Entscheidung, in Richtung eines wichtigen Wertes aktiv zu werden, eine verstärkende Wirkung entfaltet bzw. einen Effekt nach sich zieht, noch bevor Konsequenzen überhaupt eintreten können. Hayes et al.

(2014) sprechen in diesem Zusammenhang von inhärenter Verstärkung (▶ Kap. 5.3).

Die drei Autoren beschreiben engagiertes Handeln folgendermaßen: »Im ACT-Modell bezieht sich der Begriff *entschlossenes oder engagiertes Handeln (committed action)* auf eine *wertebasierte Handlung, die ein wiederum ebenfalls wertebasiertes Handlungsmuster schaffen soll.*« (2014, S. 129). Und weiter: »Commitment (in *committed action*) bedeutet hier nicht so sehr ein Versprechen für die Zukunft, sondern vielmehr das gegenwärtige Leben von Moment zu Moment mithilfe von Verhaltensmustern, für deren Gestaltung der Betreffende die Verantwortung übernimmt.« (ebd.). Die Wahlfreiheit spielt auch hier eine wichtige Rolle, wie die drei Autoren ausführen: »Engagiertes Handeln ist niemals vollkommen und auch niemals ununterbrochen. Dennoch wird eine Handlung sofort zu einem engagierten Handeln, sowie man ein Auseinanderklaffen von Handlung und zugehörigem Wert bemerkt und abermals die freie Wahl trifft, diesen Wert auszudrücken und zu verstärken.« (ebd. S. 387). Das hat Ähnlichkeiten mit der Kongruenzbewertung und deren Konsequenzen (Grawe, 1998). Diese bezieht sich zwar nicht explizit auf Werte, sondern auf wichtige Ziele, die aus den psychischen Grundbedürfnissen erwachsen. Allerdings dürften wichtige Ziele wohl auch auf der Grundlage persönlich wichtiger Werte entstehen, also aus dem, was einem am Herzen liegt. Denn, was einem am Herzen liegt, zieht einen immer in seine Richtung, evoziert also Annäherung. Und diese steht, wie wir wissen, ganz grundsätzlich für psychische Gesundheit, weil sie bedeutet, dass der Mensch mehr so sein kann, wie er sein möchte (▶ Kap. 3.4). Es ist daher als sicher anzunehmen, dass zwischen persönlichen Werten und den psychischen Grundbedürfnissen immer ein enger Zusammenhang existiert. Zur Verifizierung reicht es aus, wichtige individuelle Werte darauf zu prüfen, welches psychische Grundbedürfnis jeweils damit in Verbindung steht. Wenn also z. B. jemand Zuverlässigkeit und Loyalität als wichtige Werte erlebt, lässt sich rasch erkennen, dass mit diesen Werten sicher die Bedürfnisse Kontrolle und Bindung in Verbindung stehen. Wenn jemand Freiheit als wichtigen Wert erlebt, steht damit sicher das Bedürfnis nach Kontrolle und möglicherweise auch nach Erhalt des Selbstwerts in Verbindung. Selbst wenn jemand Reichtum als persönlich wichtigen Wert erlebt (was möglicherweise eher ein Ziel darstellt), finden sich natürlich psychische Grundbedürfnisse, die damit in Verbindung stehen; nämlich Kontrolle, Bindung und Erhalt des Selbstwerts (Reichtum gibt Sicherheit und damit das Gefühl von Kontrolle; er ermöglicht Großzügigkeit und befriedigt damit das Bedürfnis nach Bindung und nach Erhalt des Selbstwerts). Und selbstverständlich wird in all den eben angeführten Beispielen immer auch das Bedürfnis nach Lusterhöhung befriedigt.

Den Leserinnen und Lesern wird nicht entgangen sein, dass bereits in den ersten Zeilen dieses Unterkapitels die thematischen Grenzen quasi überschritten werden und mehrfach Bezug auf das Thema »Werte« genommen wird. Das ist aus inhaltlicher Sicht nicht anders möglich, denn es gibt kein engagiertes Handeln ohne Wertebezug. In Kapitel 7.2 habe ich darauf hingewiesen, dass die Kernprozesse der ACT nicht immer voneinander abgegrenzt werden können. Wir werden demnach beim Erklären und Beschreiben von engagiertem Handeln immer wieder auch von Werten reden.

Im Rahmen des vorliegenden Buches haben wir bereits mehrfach von der Tatsache gelesen, dass psychische Krisen bzw. Störungen u. a. dadurch gekennzeichnet sind, dass den Betroffenen ihre Herzenswünsche nicht mehr zur Verfügung stehen und somit ihre Steuerungsfunktion im Seelenleben nicht mehr erfüllen können. (An deren Stelle treten dann Symptome, die das Ruder übernehmen und das seelische Geschehen neu ausrichten.) Man könnte auch sagen, dass Patienten ihre Werte nicht mehr im Blick haben und aus diesem Grunde ihrem Leben keine selbst gewählte Richtung mehr zu geben vermögen. Das wiederum bedeutet, dass engagiertes Handeln häufig kaum noch oder überhaupt nicht mehr möglich ist, jedenfalls bei stark ausgeprägter Symptomatik; denn – woran sollten sich die Patienten ausrichten, wofür sich einsetzen? In welche Richtung sollten sie sich etwas annähern? Anstatt sich aufzumachen, um etwas persönlich Wertvolles zu verwirklichen, machen gerade Angstpatienten genau das Gegenteil: Sie vermeiden, wo und was sie können! Dominanz und Wirkung der Vermeidung sind im vorliegenden Text bereits hinlänglich und ausführlich beschrieben worden und man dürfte die Vermeidung daher wohl zu Recht als das exakte Gegenteil des engagierten Handelns bezeichnen. Nicht nur zielt Vermeidung in die Gegenrichtung von engagiertem Handeln, sondern sie überwuchert mit der Zeit auch auf einer inhaltlichen Ebene die möglicherweise ursprünglich doch vorhandenen persönlichen Herzenswünsche und gibt radikal und absolut nur noch einen einzigen »Wert« vor, nämlich Angstfreiheit (ein ganz erstaunliches Wort übrigens, das durchaus mehrschichtig interpretiert werden kann; gemeint ist hier natürlich die Freiheit von Angst; man könnte den Begriff jedoch auch anders verstehen, nämlich als Freiheit zur Angst; daraus ergäben sich dann hoch interessante psychologische und philosophische Überlegungen). So erstaunt es nicht, dass Angstpatientinnen und Angstpatienten die Frage nach ihren Herzenswünschen oder persönlichen Werten kaum beantworten können, wenn die Angstsymptome stark sind; wenn sie antworten, kommt darin häufig die Trauer über die Unmöglichkeit der Realisierung wichtiger Werte zum Ausdruck (»eigentlich möchte ich …«, »eigentlich würde ich gerne …«, »eigentlich wäre ich gerne …«, »ursprünglich wollte ich immer …«).

Das Aufspüren persönlicher Werte der Patienten ist therapeutisch von großer Bedeutung, weil einerseits die damit verbundene Annäherungsrichtung die Menschen grundsätzlich dem näher bringt, was sie sein möchten; andererseits ermöglicht die Verwirklichung von Werten (also engagiertes Handeln), selbst wenn sie nur in einem ganz kleinen Ausmaß stattfindet, das Erleben von Sinn und Erfüllung. Das gilt im Übrigen ganz genau so für psychisch gesunde Personen, die vermutlich u. a. gerade deshalb gesund sind, weil sie sich mit ihren Werten sehr sicher verbunden fühlen und überdies wissen, wie sie diese leben können, wenn auch bisweilen eher auf einer intuitiven Ebene. Der gesunde Mensch, so könnte man sagen, setzt das, was bezüglich persönlicher Werte für alle gilt, quasi selbstverständlich um. Oder, etwas anders formuliert, für den gesunden Menschen ist engagiertes Handeln eine Selbstverständlichkeit. Dabei ist es im Grunde unerheblich, ob sich engagiertes Handeln in großen, vielleicht sogar öffentlichen Projekten niederschlägt oder »nur«

im kleinen Kreise stattfindet, z. B. am Arbeitsplatz, in einem Verein, bei der Nachbarschaftshilfe oder im privaten Umfeld. Für diejenigen, die engagiert handeln, ist der Ertrag im Prinzip stets der gleiche: Befriedigung, ein Gefühl des Erfülltseins und der Sinnhaftigkeit. Beispiele für engagiertes Handeln gibt es tatsächlich unzählige, denn nahezu alle Menschen haben die Gelegenheit dazu, und zwar immer wieder. Mir ist es wichtig, darauf hinzuweisen, dass die meisten engagierten Handlungen im Alltag stattfinden, auch wenn viele Menschen das nicht vermuten und dazu neigen, den Alltag als etwas Gewöhnliches oder sogar Minderwertiges zu betrachten. Die meisten Menschen, wenn sie denn handeln, tun das in ihrem Alltag und Alltag ist überall. Sehr viele Menschen handeln in der Tat ihren Werten entsprechend, oft ohne sich dessen bewusst zu sein. Wenn z. B. jemand einem älteren Mitmenschen oder einer Person, die etwas wackelig unterwegs ist, über die Straße hilft, ist das ziemlich sicher engagiertes Handeln, denn es verwirklicht wahrscheinlich den Wert »Fürsorge« oder »Gleichstellung« oder »Rücksichtnahme« oder »Anstand« etc. Wenn sich der Reinigungsmann bemüht, seine Arbeit möglichst gut zu machen, ist das ziemlich sicher engagiertes Handeln, denn es verwirklicht wahrscheinlich den Wert »Redlichkeit« oder »Seriosität« oder »Integrität« etc. Wenn sich die Chirurgin bemüht, eine Operation in möglichst hoher Qualität durchzuführen, ist das ziemlich sicher engagiertes Handeln, denn es verwirklicht wahrscheinlich den Wert »Verantwortung« oder »Respekt vor dem Leben« oder »Ethik« etc. Das sind nur ganz wenige Beispiele mit nur ganz wenigen Werten, es ließen sich unendlich viele weitere aufzählen.

Wenn wir nun zu unseren Angstpatienten zurückkommen, können wir feststellen, dass es ihnen, in Abhängigkeit vom Schweregrad der Symptomatik, nur noch begrenzt bis überhaupt nicht mehr möglich ist, engagiert zu handeln, und zwar gerade auch, was den Alltag betrifft. Einige Gründe für diese Unmöglichkeit wurden weiter oben angeführt, z. B. die Tatsache, dass die Betroffenen ihren persönlichen Werten nicht mehr auf die Spur kommen, weil ihnen letztere nicht oder nicht mehr bekannt sind, da der Vermeidung zum Opfer gefallen. Dass viele Angstpatientinnen und -patienten in ihrem Alltag nur noch schlecht oder gar nicht mehr funktionieren, hat demnach vermutlich auch damit zu tun, dass ihnen das Verwirklichen von Werten bzw. engagiertes Handeln kaum oder nicht mehr möglich ist. Es sind nicht nur die pathologischen Befunde aus dem Psychostatus wie z. B. Schwierigkeiten mit der Aufmerksamkeit, der Konzentration, dem Gedächtnis oder den Emotionen, die üblicherweise das Funktionsniveau herabsetzen – obschon wir deren Stellenwert selbstverständlich ernst nehmen – sondern auch die Hürden beim engagierten Handeln. Nun könnte man anführen, dass engagiertes Handeln selbstredend nicht mehr möglich ist, wenn eben z. B. Aufmerksamkeit, Konzentration, Gedächtnis und die Emotionsregulation beeinträchtigt sind, und dass demzufolge mit der Verbesserung dieser vier Funktionen auch engagiertes Handeln wieder machbar wird – was allerdings eine Fehlannahme sein dürfte. Es gibt nämlich viele Angstpatientinnen und -patienten, bei denen die o. a. kognitiven Prozesse, mit Ausnahme der Regulation der Emotionen, ziemlich gut funktionieren und die trotzdem Schwierigkeiten haben, engagiert zu handeln. Das bedeutet, dass dem engagierten Handeln durchaus eine eigenständige Bedeutung zugesprochen werden kann, und das sollte dann in der Therapie auch einen eigenen Niederschlag finden.

Wir müssen also, neben den so wichtigen und bereits beschriebenen Techniken, unser therapeutisches Augenmerk auch auf die Relevanz des engagierten Handelns richten und unsere Patientinnen darin unterstützen. Das bedingt, dass wir darüber informieren, wie wichtig die Verwirklichung persönlicher Werte für das psychische Wohlergehen ist und weshalb. Nach diesem ersten Schritt kommt als Nächstes die Werte-Suche, d. h. die Patienten sollten sich aufmachen und ihre Herzensanliegen aufspüren, um ihnen Leben einzuhauchen oder, umgekehrt, um sie dem Leben einzuhauchen. Und hier ergeben sich nicht selten ernste Schwierigkeiten, denn anstelle des Hauches macht sich Ratlosigkeit breit. Im besseren Fall kennen die Betroffenen zwar ihre wichtigen Werte, wissen jedoch nicht (mehr), wie sie diese wirksam werden lassen; im schlechteren Fall kennen die Betroffenen ihre wichtigen Werte nicht (mehr) oder haben sich – das ist der ganz schlechte Fall – womöglich noch niemals in diese Richtung Gedanken gemacht.

Im besseren Fall geht es demnach darum, den an sich bekannten Schatz zu heben, und dabei kann eine Vorgehensweise helfen, vergleichbar derjenigen, die ich bereits im Zusammenhang mit der Reaktivierung von Neugierde beschrieben habe. Dieses Vorgehen besteht darin, bei der betreffenden Person die Erinnerung zu aktivieren, wie es war, als sie einem für sie wichtigen Wert Geltung verschaffte; sie muss wieder spüren, wie es sich anfühlt, einem Herzensanliegen zu folgen. Dazu können nachstehende Fragen dienlich sein: »Sie haben sich ja in Ihrem Leben bereits für vieles stark gemacht. Können Sie sich erinnern, wie das jeweils war? Was Sie getan haben, als sie sich für etwas einsetzten, das Ihnen besonders wichtig war? Sind Sie dabei immer gleich vorgegangen oder gab es Unterschiede? Können Sie sich erinnern, wie Sie sich dabei gefühlt haben?« Um den Zugang zu den entsprechenden Erinnerungen zu erleichtern, kann auf ein Erlebnis fokussiert werden, das noch nicht allzu lange zurückliegt: »Fällt Ihnen aus der jüngeren Vergangenheit etwas ein, für das Sie sich eingesetzt haben? Das kann auch etwas ganz Kleines sein.« Oder es kann auf ein Erlebnis fokussiert werden, das möglicherweise von besonderer persönlicher Bedeutung war: »Fällt Ihnen ein Engagement ein, das für Sie einen speziellen Stellenwert hatte?« In aller Regel gelingt es damit, auf Erinnerungen zuzugreifen und diese für das Wiederbeleben werteorientierten Handelns verfügbar zu machen.

Lassen Sie mich als Nächstes den ganz schlechten Fall aufgreifen: Die Betroffenen haben sich noch niemals mit dem Thema der eigenen Werte befasst. Hier gestaltet sich das Ganze um einiges schwieriger, weil sozusagen auf nichts Bezug genommen werden kann, weil den Betroffenen keine Erinnerungen zur Verfügung stehen, die sie mit persönlichen Werten in Verbindung bringen. Oft kommt es unter diesen Bedingungen auch zu Verwunderung auf Patientenseite, wenn der Therapeut von persönlich wichtigen Werten zu sprechen beginnt, weil ja nicht wenige Menschen beim Thema »Werte« in erster Linie an soziale bzw. gesellschaftliche Vorgaben denken (das entspricht nicht selten dem regelgesteuerten Verhalten in der ACT-Terminologie). Dass man als Individuum auch ganz eigene Werte kennen darf, ist für diese Personen daher ein Novum. Das mag mit ein Grund sein, dass persönliche Werte bei den so denkenden Menschen zunächst keine Resonanz auslösen. Wenn dem so ist, muss der Therapeut das Feld der individuellen Werte zuerst gewissermaßen vor den Patienten ausbreiten, ungefähr so, wie man einen Rasenteppich ausbreiten würde, und darauf hinweisen, dass es das überhaupt gibt. Es handelt sich beim Feld der Werte an diesem Punkt in der Tat um Neuland, über dessen Existenz die Patienten erst einmal informiert werden müssen. Dann sollte vermittelt werden, dass persönliche Werte für die psychische Gesundheit von Bedeutung sind, wobei diese Vermittlung meiner Erfahrung nach nicht nur die Form einer sprachlichen Erklärung haben sollte. Weshalb? Weil auch hier die Gefahr besteht, dass ausführliche Erläuterungen nicht zu den Patienten durchdringen, sondern sich in den Weiten akademischer Begründungen verlieren und somit für die Betroffenen nicht wirklich brauchbar sind. Anstatt in verbale Beschreibungen einzusteigen, setze ich daher ein weiteres Mal auf Erlebnis und Erfahrung:

Ich fordere die Patienten auf sich zu überlegen, ob sie irgendeine Figur kennen, die sie begeistert und der sie am liebsten nacheifern möchten; eine Figur aus der Literatur, aus der Geschichte, der Gegenwart, dem Film, egal ob Mensch, Tier oder Fantasiewesen. Hintergründe dieses Vorgehens, sowohl theoretischer als auch praktischer Art, sind z. B. das Modelllernen (Bandura et al., 1969, zit. n. Kriz, 1994); zahlreiche Theorien zu Identität bzw. Identifikationsvorgängen; das Psychodrama (Moreno, 1959, zit. n. Kriz, 1994); das Konzept der Mentalisierung (Brockmann & Kirsch, 2010); das Method Acting von Strasberg, gegründet anfangs der 1950er Jahre in New York (zit. n. Wermelskirch, 1988).

Die Wirkung dieser Aufforderung ist oft erstaunlich, weil sie in vielen Fällen recht schnell eine deutlich emotional gefärbte Antwort hervorruft und die Patienten dazu bringt, tatsächlich den Namen einer Figur zu nennen. Dass diese Namensnennung häufig mit einem deutlich resignativen Bezug auf die Realität stattfindet (»das ist ja nur im Film so«, »natürlich gibt es das im realen Leben nicht«, »das ist einfach eine Legende«), sollte uns nicht allzu sehr verunsichern. Wir sollten unsere Patientinnen und Patienten stattdessen auf die von ihnen erwähnte Figur zurückführen und fragen, aus welchem Grunde diese derart faszinierend wirkt. Die Antworten, die wir dann bekommen, drücken in aller Regel genau das aus, was wir als therapeutische Personen den Betroffenen nahebringen wollen: deren persönlich bedeutsamen Werte. Der Zugriff auf eindrückliche Figuren erinnert ein Stück weit auch an Fragen, die im Rahmen von Bewerbungsverfahren als eine Art von Persönlichkeitstest gestellt werden, ist jedoch nicht das Gleiche. Während es bei Karriereplanung und Bewerbungen darum geht, Eigenschaften der Kandidaten und deren Selbsteinschätzung zu erfassen, geht es bei den Fragen, die ich den Patienten zu den imponierenden Figuren stelle, um etwas ganz anderes: darum, ihnen selbst die Entdeckung zu ermöglichen, was ihnen wertvoll ist; sie erkennen zu lassen, wofür sie sich einsetzen möchten und auf welche Weise. Es geht im therapeutischen Kontext nicht darum, etwas zu untersuchen, sondern darum, etwas zu entdecken.

Gehen wir also davon aus, dass eine Patientin, ein Patient auf die Frage, ob es eine Figur gebe, der sie bzw. er nacheifern möchte, eine konkrete Antwort gegeben hat. Dann ist das Nächste, was wir als Therapeutinnen und Therapeuten tun können, uns nach den Gründen für die Faszination der genannten Figur zu erkundigen: »Können

Sie mir sagen, was genau Sie an dieser Figur derart fasziniert? Was Sie so attraktiv finden, dass Sie es am liebsten nachahmen möchten?« Es kommt dann möglicherweise die Antwort, die Figur sei sehr schön oder sehr stark oder sehr klug – was natürlich auch Hinweise gibt, nämlich auf Wünsche oder Sehnsüchte der Patientin bzw. des Patienten. Häufig aber beziehen sich die Antworten auch auf Verhaltensweisen, welche die Patienten an »ihrer« Figur entdeckt haben und als unbedingt nachahmenswert erleben: »Sie ist so aktiv, so entschlossen und setzt sich für Gerechtigkeit ein«; »er ist ein Kämpfer für das Gute«; »sie gibt alles für die Freiheit und den Frieden«; »er ist absolut loyal und dazu noch ein guter Vater«; »mit ihr könnte man bis ans Ende der Welt gehen« etc. Es wird also treffend beschrieben, mit welchen Verhaltensweisen sich die Figuren stark machen und wofür – und genau das entspricht der Definition des engagierten Handelns. Da unsere Patienten die von ihnen beschriebenen Verhaltensweisen und deren Inhalte offensichtlich faszinierend und attraktiv finden, darf gefolgert werden, dass sie sich damit auf der Spur von Werten befinden, die sie für sich als »richtig« erkennen, auch wenn sie den direkten Bezug zu sich selbst und zum eigenen Beteiligtsein noch gar nicht hergestellt haben. Genau das ist dann unsere Aufgabe als therapeutische Personen: den unmittelbaren Bezug zwischen den Patientinnen und Patienten und den von ihnen geschilderten bewunderten Figuren schaffen.

Folgende Äußerungen können hierfür nützlich sein: »Sie haben nun beschrieben, was Sie an der von Ihnen gewählten Figur so attraktiv finden, nämlich die Art ihrer Handlungen und die Anliegen, für die sie sich damit einsetzt. Ich vermute, dass Ihre große Begeisterung für diese Figur wahrscheinlich damit zusammenhängt, dass Sie deren Anliegen und Handlungen total gut finden; dass das etwas ist, was Sie sich auch für sich selbst vorstellen könnten. Was sagen Sie dazu?« Die Antworten können unterschiedlich ausfallen und darauf muss man gefasst sein. Wenn die Angesprochenen zustimmen, gibt es bei der späteren Umsetzung wenig Probleme. Wenn sie jedoch der Meinung sind, es handle sich »nur« um Figuren und habe mit der Wirklichkeit nichts zu tun, schlage ich vor, das Ganze mal versuchsweise auf die eigene Person und das eigene Leben zu übertragen, zumindest in Form eines Gedankenspiels i. S. von »Was wäre, wenn …? Wie würde ich mich fühlen als …?« Die zur Debatte stehenden Werte sind ja mit der Figur zu großen Teilen bereits gegeben, müssen also nicht mehr gesucht werden; Gleiches gilt für die damit zusammenhängenden Handlungen. Es geht somit bloß noch darum, die Figur und deren Handlungsweisen auf die eigene Realität (die der Betroffenen) zu transferieren, so weit das im Moment möglich ist. Dabei sind die Patientinnen und Patienten i. d. R. auf Unterstützung angewiesen, weil sie etwas versuchen sollen, was bis dato außerhalb ihrer Vorstellung lag, und weil sie sich das schlicht nicht zutrauen oder zugestehen. Daher muss auch ihre leiseste Tendenz, den Versuch zu wagen, unmittelbar positiv verstärkt werden. Damit befinden wir uns als Therapeutinnen und Therapeuten auf dem Weg des shaping of behavior (Dorsch, 2024, Stichwort *Shaping*); wir formen und fördern ein aus dem scheinbaren Nichts auftauchendes, von uns angepeiltes Verhalten durch positive Verstärkung. Sind wir einmal so weit gediehen und haben unsere Patienten dazu gebracht, dass sie ihre Figuren und deren Aktivitäten in Ansätzen auf das eigene Leben »hinüberdenken«, können wir zu Präzisierung und Konkretisierung schreiten, d. h. wir können sozusagen mit einer

Art Maßanfertigung beginnen, indem wir die Patientinnen fragen, in welchen Situationen ihres eigenen Lebens das Profil der ausgewählten Figur zum Tragen kommen könnte und auf welche Weise. Mittlerweile haben unsere Patientinnen und Patienten sehr oft auch begriffen, inwiefern persönliche Werte für das psychische Befinden von Bedeutung sind: Durch die Arbeit mit der ausgewählten Figur erleben sie nahezu immer angenehme Emotionen und das allein ist bereits eine sehr gültige Aussage über die (positive) Relevanz der eigenen Werte. Darüber hinaus erleben sich die Beteiligten als eindeutiger, klarer und zielgerichteter, als sicherer in der Welt verortet und sinnvoll aktiv.

Engagiertes Handeln kann sich in beeindruckend vielfältigen Formen zeigen; und zwar nicht nur bezüglich der Frage, in welchen Einstellungen sich die wichtigen Werte niederschlagen, sondern auch bezüglich deren konkreten Umsetzung. So gibt es für den Wert »Loyalität« z. B. die Möglichkeit, sich dem Arbeitsplatz verbunden zu fühlen (das wäre eine passende Einstellung) und sich für die Arbeitgeberseite einzusetzen, indem man bestmögliche Arbeit leistet und positiv über sie spricht (das wäre eine passende Umsetzung). Oder es gibt die Möglichkeit, sich für einen Verein zu begeistern und an dessen Themen interessiert Anteil zu nehmen (das wäre wiederum eine passende Einstellung), ihn finanziell zu unterstützen und neue Mitglieder zu werben (das wäre wiederum eine passende Umsetzung). Oder es gibt die Möglichkeit, um das Wohlergehen eines Freundes besorgt zu sein (das wäre wiederum eine passende Einstellung) und ihm in einer Krise aktiv zur Seite zu stehen (das wäre wiederum eine passende Umsetzung). Diese kleine Aufzählung könnte mit weiteren Beispielen sozusagen endlos fortgesetzt werden und aus diesem Grunde sollte es möglich sein, für unsere Patienten genau das zu finden, was in ihren Alltag, in ihr Leben passt. Das bedarf durchaus einer gewissen Kreativität und vor allem müssen Patientin und Therapeutin zusammengehen, sich mit vereinten Kräften und Ideen auf die Suche machen. Die Chance, dabei fündig zu werden, ist gegeben und real und es kann durchaus geschehen, dass ein Patient, der sich zunächst bezüglich eigener wichtiger Werte als Analphabet erweist, allmählich sehr konkrete Vorstellungen darüber entwickelt, was ihm am Herzen liegt und wie er sich dafür einsetzen will.

Um den Patienten eine saftige und lebendige Anregung bezüglich engagiertem Handeln zu geben, greife ich immer wieder auf die Figur des D'Artagnan zurück. Er war einer der drei, später vier Musketiere und Held in den Romanen von Alexandre Dumas (1844). Es geht mir, und das ist wichtig, um das Heranziehen der Romanfigur und nicht etwa um den historischen D'Artagnan. Bei Dumas steht er exemplarisch für einen Menschen, der seine Werte durch aktives Handeln verteidigt und damit zur Geltung bringt: Er kämpft gegen die Intrigen von Kardinal Richelieu und Mylady de Winter und schützt so die Königin von Frankreich. Damit ist er gewissermaßen ein weißer Ritter, aufrecht, loyal und seinem König treu ergeben. Gerechtigkeit, Integrität, Loyalität – das sind die Werte, für die der Musketier gemeinsam mit seinen drei Freunden unterwegs ist und von einem Tumult in den nächsten gerät. Die Kämpfe, die er dabei kämpfen muss, sind absolut dramatische Spektakel, ausgefochten meistens mit dem Degen und durch die damit verbundene Körperlichkeit höchst attraktiv. Dadurch stehen sie auch für reine Erlebnisqualität, die, wie wir wissen, besonders stimuliert und nachhaltig wirkt. Der große Vorteil von D'Artagnan und seinen Freunden ist, dass nahezu alle Menschen in unserem Kulturkreis die Musketiere kennen und meist auch bereits einen der zahlreichen Filme über sie gesehen haben. Die vier sind also weit verbreitetes Kulturgut und eignen sich daher hervorragend zur Verwendung in der Psychotherapie, unabhängig vom Bildungsgrad der Patientinnen und Patienten. Bezogen auf das engagierte Handeln sind die Musketiere ausgezeichnete Modelle und so lautet mein Hinweis an die Patienten: »Mehr D'Artagnan bitte!«

Was ich über die Möglichkeiten der Wertefindung im ganz schlechten Fall ausgeführt habe, lässt sich natürlich auch da anwenden, wo Betroffene ihre Werte nicht oder nicht mehr kennen, also im weiter oben erwähnten schlechteren Fall. Es geht in beiden Situationen darum, die individuell bedeutsamen Werte zu finden bzw. wieder zu finden, wobei im ganz schlechten Fall hierfür allerdings noch Vorarbeit geleistet werden muss, wie oben beschrieben: Die Menschen müssen schlicht und einfach darüber informiert werden, dass es persönliche Werte gibt und geben darf, und dann muss in gemeinsamer Arbeit eine Vorstellung dieser Werte geschaffen werden.

Wenden wir uns nun der Frage zu, wie sich engagiertes Handeln, wenn es denn langsam wieder möglich wird, auf Angstpatienten und deren Angstprobleme auswirkt.

Zunächst kann verallgemeinernd festgehalten werden, dass engagiertes Handeln das exakte Gegenteil von Vermeidung darstellt, nicht mehr und nicht weniger. Ich spreche bewusst nicht von einem Gegen-*Programm* und meine das auch nicht; denn das wäre ja nichts anderes als ein geplantes, beabsichtigtes »Dagegen«, also ein Kampf – und genau darum sollte es bei der Therapie von Angststörungen eben nicht gehen. Es gilt vielmehr der Grundsatz, wonach sich beim Umgang mit der Angst bzw. bei der Therapie von Angststörungen prinzipiell alles, was »dagegen« gedacht ist, als wenig hilfreich und nicht nachhaltig erweist. Was man aber sicher sagen kann, ohne einen Kampf zu evozieren, ist, dass engagiertes Handeln in die entgegengesetzte Richtung der Vermeidung geht; und zwar nicht in dem Sinne, dass es sich gegen die Vermeidung stemmt und diese beiseite stößt, sondern in dem Sinne, dass es die Richtung der Annäherung einschlägt (zur Bedeutung von Annäherung und Annäherungszielen für die psychische Gesundheit und ihrer Verbindung mit wichtigen Werten haben wir in den vorangegangenen Abschnitten und in früheren Unterkapiteln bereits einiges gelesen). Bildlich gesprochen bedeutet das, dass sich engagiertes Handeln nicht nur nicht gegen die Vermeidung stemmt, sondern sich von ihr entfernt. Alleine dadurch bietet es eine echte und vor allem gesunde Alternative zur Vermeidung, ohne in irgendeiner Weise gegen diese oder sonst etwas ankämpfen zu müssen.

Vermutlich ist mit dieser Feststellung die Hauptwirkung des engagierten Handelns bei Angststörungen bereits umschrieben. Denn was bedeutet es, wenn sich eine Patientin oder ein Patient von der Vermeidung entfernt? Es bedeutet, dass eine andere Richtung gewählt und das wichtigste störungserhaltende Agens verlassen wird; dass an die Stelle des »Weg-von« ein »Hin-zu« tritt und damit neues Terrain mit neuen Möglichkeiten erschlossen wird. Das einzig verbleibende »Weg-von« hat jetzt die Vermeidung im Blick, womit wir wiederum beim ersten Grundsatz der Therapie angekommen sind: »Vermeide das Vermeiden« (▶ Kap. 4.2). Sich von der Vermeidung entfernen bedeutet darüber hinaus, dass um der Werte willen etwas riskiert und auf sich genommen wird. Das ist engagiertes Handeln in Reinkultur. Und, wie ich bereits an früherer Stelle erläutert habe, für die Verwirklichung und Verteidigung wichtiger Werte darf, ja muss bisweilen gelitten werden, z. B. dergestalt, dass man ein gewisses Risiko beim Verlassen des vermeintlich sicheren Hortes der Vermeidung auf sich nimmt. Diese Art von »auf sich nehmen« ist etwas völlig anderes als diejenige, die wir bei den Gedanken zum Begriff der Akzeptanz gesehen haben. Während es dort um das Tragen einer schweren oder erdrückenden Last gegangen ist, dessen Sinn durchaus nicht immer oder vielleicht gar nicht erkennbar wird, weil es nicht im Dienste eines Wertes steht, geht es hier um die Bereitschaft, im Dienste eines wichtigen Wertes auch ein Stück weit Unbill auf sich zu nehmen. Diese kann zwar durchaus schmerzhaft sein, ist jedoch aufgrund ihrer sinnstiftenden Werteorientierung das, was in der ACT als »sauberes Unbehagen« bezeichnet wird; nämlich Unbehagen, das mit dem irdischen menschlichen Leben sowieso einhergeht, weil wir Verlusterlebnisse, Misserfolge, Krankheit, Tod etc. nicht eliminieren können (Hayes et al., 2014), das jedoch dank vorhandener Werte trotzdem Erfüllung erlaubt. Im Unterschied dazu wird Unbehagen, das durch zusätzliche Bewertungen, Gegenmaßnahmen oder fehlende Werteorientierung erzeugt bzw. verschlimmert wird, als »schmutziges Unbehagen« bezeichnet (Harris, 2012).

Wenn man sich, wie beim engagierten Handeln, weder mit der Vermeidung befassen, geschweige denn gegen sie oder gar gegen die Angst kämpfen muss, sondern einfach den Weg Richtung Werte (und damit Richtung Sinn und Erfüllung) einschlagen kann, ist das eine tolle Sache. Man entschärft auf diese Weise gleich mehrere Probleme mit einer Handlung oder Handlungsrichtung – ohne sich um eine Lösung kümmern zu müssen, da diese qua Entschärfung überflüssig wird – und kommt erst noch in den Genuss eines fundamental wichtigen psychischen Ertrags. Damit erweist sich engagiertes Handeln als Prozess mit großer Wirkungsbreite. Dass engagiertes Handeln die »Lösung« eines Angstproblems, unter der ja meistens ein technischer Umbau, Abbau oder Neubau von Kognitionen und Verhalten begriffen wird, überflüssig macht, erinnert doch sehr daran, was wir bereits im Zusammenhang mit der veränderten Beziehung der Betroffenen zu ihrem Angstproblem gesehen haben; eine Beziehung, die dank Entschärfung, Freiraum und Gelassenheit (»sei's drum«) von ergebnisorientiertem Handlungsbedarf befreit und daher auch nach keiner Lösung verlangt.

Da engagiertes Handeln immer persönliche Werte im Blick hat und diese dank ihrer Annäherungsorientierung eng mit den psychischen Grundbedürfnissen in Beziehung stehen, darf engagiertes Handeln als eine Variante gesunden Verhaltens bezeichnet werden. Vielleicht die einfachste Art, Patientinnen und Patienten in diese Richtung zu lenken, ist folgende Frage: »Wofür wollen Sie stehen oder einstehen in Ihrem Leben und wie wollen Sie das tun?«, frei formuliert in Anlehnung an Harris (2012), der schreibt: »Werte sind: unsere tiefsten Herzenswünsche: wie wir sein wollen, wofür wir stehen wollen und wie wir in Beziehung zu der Welt um uns herum stehen möchten.« (S. 219). Die Frage, wofür man stehen will, ist in ähnlicher Form im Zusammenhang mit der Erstellung von Leitbildern für Unternehmen bekannt, hat aber natürlich in der ACT eine, wenn nicht sogar *die* zentrale Bedeutung, was in der entsprechenden Literatur nachgelesen werden kann.

Eines der eindrücklichsten Erlebnisse im Zusammenhang mit engagiertem Handeln, das mir in Erinnerung geblieben ist, war die Kehrtwendung einer Patientin, die an starken körperdysmorphen Ängsten litt und über längere Zeit bei mir in Therapie war. Eines Tages teilte sie mir mit, sie habe sich entschieden, die Patientinnenrolle zu verlassen und sich der Normalität zuzuwenden. Darunter verstand sie einen Alltag, wie ihn hunderttausende andere auch haben, auf den ersten Blick nichts Spektakuläres also, aber für sie ein hoher Wert. Diese Entscheidung oder, wie ACT-Therapeuten wohl sagen würden, diese Wahl hatte weitreichende Konsequenzen; die Patientin beendete die Therapie und machte sich auf in die Welt, zu neuen (normalen) Ufern, begab sich auf Entdeckungsreise. Was schließlich aus ihr geworden ist, kann ich nicht sagen. Allein ihre Entscheidung allerdings, die Rolle der Patientin aufzugeben, ihre Wahl der Normalität markierte einen Wendepunkt, zeugte von großem Mut und war vielleicht auch, so hoffe ich zumindest, eine Folge unserer intensiven therapeutischen Arbeit. Es war offensichtlich, dass die Patientin etwas für sich entdeckt hatte, das ihr dermaßen kostbar und lohnenswert erschien, dass sie bereit war, dafür etwas zu riskieren. Sie tat aus eigener Initiative und im übertragenen Sinne, was der Patient im Johannes-Evangelium nach der Aufforderung durch Jesus tat; sie stand auf, nahm ihr Bett und ging (Johannes 5, 8, zit. n. Lutherbibel, 2017). Diese Erfahrung ist für mich als Therapeutin auch deshalb so beeindruckend, weil sie zeigt, welche Wirkung die Hinwendung zu einem Wert nach sich ziehen kann; sie vermag offenbar tatsächlich eine Störung und deren lenkende Wirkung im Seelenleben zu ersetzen, zumindest ansatzweise.

## 7.9  Werte

Werte sind das, was wir in unserem Herzen als tiefste Wichtigkeiten tragen; was uns am Herzen liegt; wofür unser Herz schlägt; wo unser Herzblut liegt. Es sind unsere Herzensangelegenheiten bzw. Herzenswünsche und sie führen unmittelbar zur Vernunft des Herzens nach dem französischen Mathematiker Blaise Pascal, der wir in Kapitel 3.1 begegnet sind. Selbstverständlich drängt sich an dieser Stelle auch die weltberühmte Aussage des Fuchses in Saint-Exupérys »Der Kleine Prinz« auf (hier der berndeutschen Ausgabe von 2005 entnommen), wonach man nur mit dem Herzen gut sehen kann. Der Fuchs weiß noch mehr und fast könnte man meinen, er sei mit seinem Wissen der Entwicklung der ACT weit voraus gewesen. Er erklärt dem Kleinen Prinzen nämlich, wie etwas oder jemand eine besondere Bedeutung bekommt; dadurch, dass man es lieb gewinnt oder, eben, an sein Herz nimmt. Und für das, was man an sein Herz nimmt, ist man gemäß den Worten des Fuchses dann auch verantwortlich. Damit liefert der Fuchs eine ultrakurze Zusammenfassung von ein paar Prinzipien, die in der ACT einen wichtigen Stellenwert einnehmen: Es geht um die Verbindung mit Herzensdingen, die das Leben besonders wertvoll machen und zu deren Umsetzung man sich verpflichtet oder, anders gesagt, für die man verantwortlich zeichnet. Hayes et al. (2014) sprechen diesbezüglich, wie wir bereits im Zusammenhang mit engagiertem Handeln gesehen haben, von »Verhaltensmustern, für deren Gestaltung der Betreffende die Verantwortung übernimmt.« (S. 129). Und auch, dass man für Herzensangelegenheiten bisweilen etwas auf sich nehmen muss, weiß der Fuchs, wenn er sich mit dem Kleinen Prinzen über den bevorstehenden Abschied und den damit verbundenen Schmerz unterhält.

Wie entscheidend das Herz und seine Angelegenheiten sind, will ich im Folgenden anhand einiger Beispiele illustrieren. Sehr eindrücklich führte mir das ein Patient vor Augen, der über seine Beschwerden aufs innigste mit seinem Herzen verbunden war, ohne es zu wissen. Er klagte permanent über diffuse Herzbeschwerden, für die es jedoch keinen somatischen Befund gab. In jeder Therapiesitzung waren diese Beschwerden Thema, ohne dass sich der Patient jedoch präzise oder weitergehend dazu äußern konnte. Wie ein schwerer Schleier lagen sie über dem Ganzen – bis ich eines Tages aus einer Intuition heraus beschloss, den Mann doch einfach mal zu fragen, was denn »Herz« für ihn bedeute. Es war, als hätte ich mit dieser Frage eine Schleuse geöffnet. Wortreich und ausführlich erzählte der Patient, was er alles mit dem Begriff und auch mit dem Bild »Herz« verband. Das ging vom Körperorgan über das Erleben von Lebendigkeit zu eigenen Vorstellungen bezüglich des Lebens bis zur Liebe und wichtigen Wünschen. Ein Eldorado der Herzensangelegenheiten eben, anhand derer im Anschluss überlegt werden konnte, was allenfalls im konkreten Leben umgesetzt werden sollte.

Ein weiteres, womöglich noch eindrücklicheres Beispiel war die Erzählung einer Patientin, die eine nahestehende Bezugsperson durch Suizid verloren hatte. Die verstorbene Person hatte sich im gemeinsamen Zuhause das Leben genommen und war von meiner Patientin gefunden worden. Während ich mir ausmalte, wie schlimm diese Situation wohl gewesen sein musste, hatte die Patientin eine ganz andere Sicht darauf. Sie fand es »schön«, dass sich die verstorbene Person für den Suizid das gemeinsame Zuhause ausgesucht hatte, und sah darin einen Ausdruck von Heimatempfinden und Zugehörigkeit. Meiner Patientin war das offensichtlich wichtig und sie fühlte sich dadurch mit der verstorbenen Person noch stärker verbunden. Zunächst machte mich das sprachlos; dann aber verstand ich, dass Verbundenheit und Zugehörigkeit für die Patientin wichtige Werte waren, die für sie den Verlust der geliebten Person, den sie gerade wegen des Ortes des Suizids in diese Werte eingebettet sah, besser erträglich machten.

Eine andere Geschichte, bei der Werte eine entscheidende Rolle spielten, war die eines Patienten mit einer Broken-home-Anamnese. Er war in einer zerfallenen Familie mit schwerer häuslicher Gewalt groß geworden und hatte diese kurz nach Ende seiner Schulzeit quasi fluchtartig verlassen. Bindungstechnisch schwer geschädigt und stets auf der Wanderschaft von einem Ort zum nächsten entdeckte der Patient eines Tages die Liebe zu einem Kaninchen. Er nahm dieses Kaninchen gewissermaßen an sein Herz und fühlte sich fortan, wie es der Fuchs dem Kleinen

Prinzen gesagt hatte, für dieses verantwortlich. Die Bindung zu diesem Tier und die damit zusammenhängende Verpflichtung waren plötzlich so wichtig, dass buchstäblich die Welt einstürzen konnte und der Patient trotzdem stets das Wohlergehen des Tieres an die erste Stelle setzte. Er erwies sich, bezogen auf das Kaninchen, als absolut zuverlässig und gereift in seiner kontinuierlichen Fürsorge. Er äußerte mehrmals seine Bereitschaft, notfalls alles für das Tierchen aufzugeben, damit dieses bekomme, was es brauche. Dank der entdeckten Verantwortlichkeit und der damit einhergehenden Fürsorge für sein Tier fand der Patient zum ersten Mal eine Art von Heimat, die er in seinem Elternhaus nie hatte kennenlernen können. Er begriff allmählich, was Verbindlichkeit bedeutet und dass es in einer Beziehung, vorerst in derjenigen zu einem Tier, auch um Schönes und Angenehmes gehen kann.

Wir erinnern uns in Sachen Herzensangelegenheiten ebenfalls an die Tierpflegerin, die im Dienste ihrer Leidenschaft für den Beruf die Unannehmlichkeiten des Unterwegsseins auf sich nahm. Sie wollte unbedingt an einer Fortbildung teilnehmen und reiste trotz oder mit starker Angst, geleitet durch den Wert der beruflichen Begeisterung, an den Ort des Geschehens.

Und schließlich gibt es auch Geschichten von Prominenten, in denen sich die Bedeutung persönlicher Werte niederschlägt. Dazu verweise ich auf einen Artikel der Tennisspielerin Andrea Petković aus einer Ausgabe der ZEIT vom September 2022 (Petković, 2022). Sie thematisiert darin ihren Abschied vom Profi-Tennis und blickt zurück auf ihre Karriere und die Art, wie sie diese gestaltet hat. Zum Thema der Werte steht dort: »Ich machte einfach immer weiter. Bis es nicht mehr weiter ging. Bis meine Geschichte als Tennisspielerin auserzählt war. Ich hatte alles dagelassen, was ich zu geben hatte. Woran ich mich festgehalten hatte, wenn ich mal wieder kopfüber im Dreck lag, waren die Werte, die ich für mich definiert hatte: Respekt vor dem Sport und der Gegnerin, Dankbarkeit und Demut, Fairness über allem.« (S. 47)

Eine weitere Möglichkeit, wie persönlich wichtige Werte wirken können, besteht darin, dass sie Probleme bzw. Symptome in einem neuen Licht erscheinen lassen und ihnen dadurch eine andere, bisweilen beinahe konstruktive Bedeutung verleihen. Stellen Sie sich einen Patienten vor, dessen Ängste u. a. auch um das Thema »Schuld« kreisen; dergestalt, dass ihm die Führung eines eigenständigen Lebens bisweilen wie ein Vergehen vorkommt, wie etwas, das ihm nicht zusteht und ihn immer wieder in starke Schuldgefühle stürzt. Zur Eigenständigkeit gehört auch, dass er berufliche Projekte, für die er reisen muss, einigermaßen unabhängig von seiner Familie plant. Er erlebt sich dabei so, als würde er seine Angehörigen verraten, und das löst Ängste aus. Es könnte nun sein, dass wir in der Therapie entdecken, dass diese Angst- und Schuldgefühle, wie einschränkend sie auch sein mögen, im Grunde genommen im Dienste eines wichtigen persönlichen Wertes des Patienten stehen, auch wenn das vielleicht nicht auf den ersten Blick ersichtlich ist. Das klingt zugegebenermaßen etwas seltsam und ich will versuchen, meine diesbezüglichen Überlegungen verständlich zu machen.

Wenn wir den Patienten fragen, warum er sich denn aufgrund seiner Eigenständigkeit wie ein Verräter vorkomme, wird er uns möglicherweise antworten, dass er dann ja nicht für seine Angehörigen da sein könne und – dass ihm das eigentlich sehr, sehr wichtig wäre. Damit benennt er einerseits einen für ihn bedeutsamen Wert und liefert andererseits die Erklärung, dass bzw. weshalb er diesem nicht immer folgen kann, was sofort Unbehagen auslöst. Angst- und Schuldgefühle wären also in diesem Fall deutliche Signale für eine Diskrepanz zwischen Verhalten und angestrebtem Wert und damit zunächst nützliche Hinweisgeber. Sie machen darauf aufmerksam, dass einem bedeutsamen Wert nicht gefolgt wird, und das ist vorerst einmal keine schlechte Sache. Sie dienen also dem Wert, indem sie darauf hinweisen, dass er zu kurz kommt; das ist gemeint, wenn ich sage, dass Angst- und Schuldgefühle im Dienste eines wichtigen persönlichen Wertes stehen können. Wenn wir das dem Patienten erklären, besteht die Chance, dass er seine Angst in einem anderen Kontext betrachtet – nämlich als etwas, das eigentlich der guten Sache dient und keineswegs mit Schuld und allenfalls Bestrafung verknüpft sein muss – und sich durch sie weniger belastet fühlt. Es ginge also einmal mehr darum, kontextuelle Bedingungen zu verändern oder darauf hinzuweisen, dass sie verändert werden können; hier wären es die Bedingungen, unter denen der Patient die Angst- und Schuldgefühle betrachtet. Sieht er die beiden (eigentlich nicht genehmen) Gefühle erst einmal im Zusammenhang mit seinen Herzensangelegenheiten und sogar in deren Diensten, erzählen sie eine völlig neue Geschichte. Nämlich die eines Menschen, der alles andere ist als ein Verräter oder ein Versager; die Geschichte eines Menschen, der eigentlich »das Richtige« im Blick hat und sich um dessen Verwirklichung bemüht; der sofort darunter leidet, wenn er das nicht umsetzen kann. Damit dürfte sich der Patient dann selbst auch ganz anders erfahren, und zwar als jemand, der sich aufrichtig und redlich für etwas »Richtiges« einsetzt bzw. einsetzen will. Angst- und Schuldgefühle stehen dann in neuem Licht und wechseln sozusagen ihre Bedeutung von ursprünglich nicht erwünschten, feindseligen Begleitern hin zu Verteidigern wichtiger Anliegen.

Trotz dieses (möglichen) Bedeutungswechsels von Angst- und Schuldgefühlen dürfte wohl Einigkeit darüber bestehen, dass es wesentlich günstigere Methoden gibt, um wichtige persönliche Werte davor zu bewahren, ins Abseits zu geraten. Es könnte z.B. helfen, den Alltag so zu organisieren, dass Eigenständigkeit und Beistand für andere nebeneinander Platz finden; oder es könnte darum gehen, die Handhabung des Wertes etwas flexibler zu gestalten; vielleicht müsste auch überlegt werden, ob der in Frage stehende Wert eine absolute oder eher eine Richtgröße ist, der man auf unterschiedliche Arten folgen kann. Diese Optionen können in der Therapie erörtert werden und damit sollte es möglich sein, einen Weg zur Wahrung des wichtigen Wertes zu finden, ohne dazu auf Angst- und Schuldgefühle angewiesen zu sein.

Die Kraft persönlich wichtiger Werte kann meiner Meinung nach kaum überschätzt werden. Angesichts der Tatsache, dass uns letztere grundsätzlich zu annäherndem Verhalten veranlassen und, wie bereits erwähnt, in Zusammenhang mit den psychischen Grundbedürfnissen stehen dürften, gehören sie zu den stärksten motivationalen Größen überhaupt. Die wenigen kurzen Geschichten, die ich eben gerade erzählt habe, mögen dafür ein Beispiel sein. Es gibt abertausende weitere derartige Beispiele, von denen wir einige kennen, die meisten jedoch nicht, weil sie sich im individuellen Alltag von Menschen abspielen, die uns schlicht nicht bekannt sind.

Wir kennen, neben unseren eigenen Erfahrungen natürlich, diejenigen Beispiele, die aus irgendeinem Grunde öffentlich geworden sind bzw. öffentlich werden; Vorkommnisse aus der Geschichte, aus der Literatur, dem Film, der Oper usw. Beispiele auch, von denen wir in den Nachrichten hören oder in den Zeitungen lesen; von Menschen, die sich ohne Zögern für einen Wert wie Solidarität auf den Weg machen, um andere in deren Unglück Hilfe zu leisten, so geschehen u. a. im Jahre 2021 anlässlich der Flutkatastrophe im deutschen Ahrtal; von Menschen, die für wichtige Werte wie Freiheit oder Gerechtigkeit oder Gleichberechtigung bereit sind, große Risiken und persönliches Leiden auf sich zu nehmen, die sich diktatorischen Regimes standhaft widersetzen, Gefängnis, Folter und sogar Tod riskieren, um für die von ihnen als wichtig erkannten Werte einzustehen. Und auch, wenn gerade diese Menschen leider Gottes sehr oft handlungsunfähig gemacht oder sogar vernichtet werden, tut das interessanterweise dem, wofür sie einstehen oder eingestanden sind, keinen Abbruch; die Werte haben Bestand, ungeachtet dessen, ob sie verwirklicht werden konnten oder nicht. Werte hören nicht auf und nehmen kein Ende, sie sind niemals »abgearbeitet«, selbst dann nicht, wenn sie realisiert werden können. Damit unterscheiden sie sich nach ACT-Perspektive in einem ganz zentralen Punkt von Zielen, die erreicht werden können und, sobald das geschehen ist, meistens abgehakt werden sowie ihre Bedeutung verlieren. Dieser Unterschied zwischen Werten und Zielen ist von Harris (2012) ganz wunderbar beschrieben worden: »Ein Wert ist eine Richtung, in die wir uns bewegen möchten, ein andauernder Prozess, der niemals ein Ende hat ... Ein Ziel ist ein gewünschtes Ergebnis, das erreicht oder vollendet werden kann ... Ein Wert ist so, als wollten Sie ›nach Westen fahren‹. Wie weit Sie auch reisen, Sie können immer noch weiter westlich fahren. Ein Ziel ist dagegen wie ein Berg oder ein Fluss, den Sie auf Ihrer Reise überqueren möchten. Haben Sie ihn einmal überquert, dann ist die Angelegenheit ›erledigt.‹« (S. 222). Bezogen auf Menschen mit einer Angststörung wird dieser Unterschied z. B. anhand von Exposition und Freiheit gut verständlich. Wenn sich jemand vornimmt, eine Exposition durchzuführen und zu Ende zu bringen, ist das ein Ziel; wenn sich hingegen jemand für seine Freiheit einsetzt, verbindet er sich mit einem Wert, dem er Geltung verschaffen, den er verfolgen will und auch kann (indem er etwa in eine längere Therapie einsteigt).

Das, würde ich sagen, ist doch eine sehr gute Nachricht: Werte können sich nicht aufbrauchen, sondern haben einen unverwüstlichen Fortbestand. Das muss man sich vorstellen wie einen unendlichen Vorrat, von dem man immer wieder zehren kann, weil er nicht zur Neige geht. Die Gelegenheit, die sich damit verbindet, ist einmalig, fast ein wenig magisch: Unsere persönlichen Werte erschöpfen sich nicht, sondern stehen permanent zur Verfügung – wenn wir sie denn kennen. Das heißt, dass wir ebenso permanent die Möglichkeit besitzen, unsere Werte zu leben und für sie einzustehen. Damit wiederum sind wir, was Erfüllung und Sinnhaftigkeit angeht, mit einem unerschöpflichen Quell versorgt, den wir nur zu nutzen brauchen. Wenn ich das meinen Angstpatientinnen und -patienten jeweils erkläre, wirkt das fast wie eine kleine Offenbarung. Anstatt sich immer wieder nach neuen Zielen umzuschauen – die ja nötig werden, wenn vormalige Ziele realisiert sind – reicht es aus, sich den individuellen Werten oder eben persönlichen Herzensangelegenheiten zuzuwenden und sich deren Umsetzung zu widmen. Nie kommt man damit in die

Verlegenheit, plötzlich ideenlos dazustehen oder nicht mehr zu wissen, woran man sich denn orientieren könnte, jedenfalls nicht für lange. Wie an früherer Stelle bereits erwähnt, können sich Werte im Laufe des Lebens ändern; solange sie jeweils als gültig erachtet werden, sind sie jedoch ein zuverlässiger Richtungsgeber für das Seelenleben.

Wie die Entdeckung wichtiger persönlicher Werte im Rahmen einer Therapie technisch gestaltet werden kann, habe ich im Kapitel 7.8 bei den Erklärungen zum engagierten Handeln beschrieben. Es ist aber natürlich auch möglich, dass die Patientinnen und Patienten von sich aus auf ihre Werte zu sprechen kommen, wenn bisweilen auch auf eine Weise, die man zunächst als Ausdruck eines Wunsches oder u. U. auch von Unsicherheit verstehen könnte. Dazu fallen mir zwei Beispiele ein:

Eine Angstpatientin mit agoraphobischen und generalisierenden Ängsten meinte eines Tages, sie wünsche sich, in der Gesellschaft endlich auch einmal jemand zu sein, eine gewisse Position zu bekommen. Da in dieser Äußerung mehrere bedeutende Mitteilungsangebote enthalten schienen, fragte ich nach, was sich die Patientin denn darunter vorstelle. Im Verlauf der Exploration zeigte sich schließlich, dass es der Frau nicht in erster Linie um persönliche Beachtung ging, sondern darum, in der Gesellschaft etwas in ihren Augen Sinnvolles zu tun, woraus sie dann prospektiv als Konsequenz für sich das Erlebnis des Wichtigseins und Gebrauchtwerdens ableitete. Der Kern ihres Anliegens lag jedoch in einer sinnvollen Tätigkeit für andere – das wäre der Wert »für andere da sein« – und diese sah sie darin, ihre Mitmenschen in irgendeiner Form zu unterstützen (was sicherlich mindestens mit dem Grundbedürfnis nach Bindung zusammenhing). Diese Idee konkretisierte sich schließlich so weit, dass die Patientin daran dachte, in einer Einrichtung für Bedürftige regelmäßige Bastelstunden anzubieten. Damit war aus einem wichtigen Wert (für andere da sein) ein konkretes Ziel geworden; gleichzeitig wurde klar, dass der zunächst geäußerte Wunsch nach einer gesellschaftlichen Position nur als »Verpackung« für dieses Ziel bzw. den zugrunde liegenden Wert gedient hatte.

Das zweite Beispiel handelt von einem Patienten mit einer Krankheitsangst, also Angst vor möglicher schwerer Erkrankung, der beim geringsten Anzeichen von Unpässlichkeiten in seiner Umgebung sofort in höchste Alarmbereitschaft geriet. Er erzählte mir einigermaßen verunsichert, dass einem Arbeitskollegen in seiner unmittelbaren Nähe plötzlich flau geworden sei. Er selbst, der Patient, habe sich dann nicht etwa zur Flucht, sondern zur unmittelbaren Hilfeleistung entschlossen und dem Kollegen ein Glas Wasser geholt. Verunsichert war der Patient, weil ihm sein eigenes Verhalten zwar »richtig«, aber doch irgendwie fremd oder zumindest ungewohnt erschien – wo er doch sonst bei den geringsten Hinweisen auf Unwohlsein in seiner Nähe sofort auf Abstand zu gehen pflegte. Gemeinsam kamen wir dann darauf, dass es für ihn wichtig war, andere Menschen zu unterstützen und sich menschlich anständig zu verhalten. Demnach hatte er sich in der oben geschilderten Situation offenkundig für den Wert »Anstand« entschieden und sich dadurch sofort von seinem sonst üblichen Vermeidungsverhalten distanzieren können. Ich erklärte das dem Patienten und er war erstaunt, dass ihm das möglich gewesen war.

Und dann kommt es, man mag es kaum für möglich halten, wunderbarerweise immer wieder vor, dass ein wichtiger Wert plötzlich und unvermittelt auftaucht, einem sozusagen zufällt, ohne dass man das erwartet hätte. Dafür steht die Geschichte des Patienten, der eines Tages die Liebe zu einem Kaninchen entdeckte. Dafür auch stehen die unendlich vielen Geschichten, in denen Menschen erzählen, wie sie von einem Augenblick zum nächsten vor ihrer großen Liebe standen; die Geschichten, in denen Menschen auf eine Reise gingen und mit ihrer Berufung nach Hause zurückkamen oder wegen der gefundenen Berufung gerade nicht mehr nach Hause zurückkehrten; die Geschichten, in denen Menschen eines Tages einen intensiven Ruf ihres Herzens vernahmen und, diesem folgend, ihr gesamtes Leben umkrempelten.

Ein prominentes Beispiel für diese Art von Begegnung mit einem wichtigen Wert ist der österreichische Schauspieler Karlheinz Böhm, der anlässlich eines Aufenthaltes in Kenia durch die dort herrschende Armut derart erschüttert war, dass er beschloss, auf dem Schwarzen Kontinent zu helfen. Er gründete die Hilfsorganisation »Menschen für Menschen« und engagierte sich dort bis ins hohe Alter (z. B. Wikipedia, 2023b).

Nachdem wir nun einiges zur Bedeutung von persönlichen Werten vernommen haben, möchte ich am Schluss dieses Unterkapitels noch auf etwas hinweisen, das mir wichtig scheint, nein, am Herzen liegt. Herzensdinge und Herzensanliegen sind ziemlich aus der Mode gekommen. In unserem modernen Zeitalter, in dem vor allem Hightech und, gerade aktuell, Künstliche Intelligenz eine enorme Rolle spielen, in dem sich der Mensch durch eine unglaubliche Technologiegläubigkeit sozusagen selbst abschafft, scheinen die Angelegenheiten und die Vernunft des Herzens kaum noch Platz zu haben. Sie gelten vielen als altertümlich, überlebt und absolut »uncool« – was sie glücklicherweise auch sind, da ja von der Wärme des Herzens durchdrungen. In der Wirtschaft etwa gehören sie zu den sog. weichen Faktoren, die primär durch ihre schlechte Quantifizierbarkeit definiert werden. Nun wäre das alleine noch kein Problem, wenn es denn bei den weichen Faktoren tatsächlich nur um die Bezeichnung für ein kaum quantifizierbares Merkmal gehen würde. Ich werde allerdings, auch durch viele Einblicke in das, was die Wirtschaft häufig mit Menschen macht, den Verdacht nicht los, dass unter weichen Faktoren noch etwas ganz anderes verstanden wird; nämlich Variablen, die eigentlich doch weniger bedeutsam und daher zu vernachlässigen sind. Das Individuelle ist im Big Business nach wie vor und viel zu oft das Störende und dazu gehören demzufolge auch persönliche Werte. Reinhard K. Sprenger, prominenter deutscher Führungsexperte, fand dafür in seinem Buch »Aufstand des Individuums« (2001) u. a. folgende pointierte Formulierung: »Personalentwicklung bedeutet: Das Persönliche ist das Defizitäre.« (S. 110).

Abwertung und Geringschätzung von Herzensdingen oder persönlichen Werten gehören nach meiner Erfahrung als Psychotherapeutin zu den schwersten und ganz verheerenden Fehlern in der heutigen Lebensart der Industrieländer. Sie degradieren nicht nur eine relevante Größe im (gesunden) Seelenleben, sondern nehmen dem Menschen auch einen Teil seiner Menschlichkeit. Wer nicht mit dem Herzen schaut oder schauen darf, ist blind für die Substanz des Lebens, des eigenen und des

Lebens der andern. Der Mathematiker Pascal und der Kleine Prinz haben das gewusst.

Aus diesem Grunde plädiere ich an dieser Stelle für das Hochhalten und Pflegen von Werten und Herzensangelegenheiten, nicht bloß bei Patientinnen und Patienten im Rahmen einer Psychotherapie, sondern auch bei uns selbst und in jedem Augenblick des Lebens. Werte sichern uns die Menschlichkeit; wo wir sie preisgeben, haben wir verloren.

## 7.10 Zum Schluss noch dies

Die Kernprozesse der ACT lassen sich mithilfe griffiger und anwendungsfreundlicher Techniken in Gang setzen. Bei aller Komplexität der zugrundeliegenden Theorien, nicht nur der ACT, sondern auch ihrer Vorläufer, werden die daraus abgeleiteten Verhaltens- oder Handlungsempfehlungen auf sehr konkrete Formen »eingedampft« und sind auf diese Weise für alle Interessierten gut verwendbar.

Die Kernprozesse haben eine beeindruckend breite und auch tiefe Wirksamkeit, da sie sich als vielfältig anwendbar erweisen (insbesondere das Selbst-als-Kontext und die zahlreichen daraus erwachsenden Möglichkeiten zur kontextuellen Gestaltung). Weil die ACT ihre Theorie und besonders die darauf basierenden Handlungsempfehlungen metaphorisiert und das Kriterium der Nützlichkeit auf eine sehr hohe Stufe stellt, dürfen bereits bestehende ACT-Metaphern meiner Meinung nach legitimerweise durch die Therapeutin oder den Therapeuten erweitert oder sogar neu gestaltet werden. Mit einer geschickten Handhabung ist es aufgrund meiner Erfahrung auch möglich und erlaubt, sie auf nahezu alle Bestandteile bzw. Prozesse im Seelenleben anzuwenden – wenn sie den Betroffenen denn nützlich sind. Hayes et al. (2014) sagen zu dieser Form des Pragmatismus klipp und klar: »In allen Formen des Kontextualismus und in der ACT ist das wahr, was funktioniert.« (S. 54).

Vor dem Hintergrund dieser Aussage zugunsten des Machbaren dürfte meine Erkenntnis, dass ACT-Prozesse bzw. -Techniken oft sogar Klärung überflüssig machen können, einen etwas besseren Stand haben. Es ist ja so, dass Klärungsprozesse bei Angststörungen sowieso nicht an erster Stelle stehen. Dies einerseits, weil sie bei starker Symptomatik so gut wie nie etwas bringen, da Kernthemen oder motivationale Inhalte durch das Symptom stark eingekapselt werden. Eine Angstpatientin bzw. ein -patient könnte demnach kaum auf Fragen zum Warum oder zur Bedeutung der Angst eine Antwort geben. Andererseits wird mit einer Klärung, wenn sie denn überhaupt möglich ist, nichts an der Problematik verändert; das ist z. B. bei traumatisierten Personen gut erkennbar, die auch bei genauer Kenntnis der Entstehung ihres Traumas allein dadurch nichts an der Symptomatik ändern können. An erster Stelle in der Therapie steht daher die Vermittlung von neuen und hilfreicheren Möglichkeiten zum Umgang mit Angst, die dann dazu führen, dass die Betroffenen allmählich ihre Beziehung zur Angst entschärfen können und sie dadurch als weniger bedrohlich erleben (s. z. B. die entsprechenden Ausführungen in Kapitel 5.2). Zu Beginn der Therapie wollen zwar die meisten wissen, woher ihre Angst denn komme; etwas kleiner ist die Anzahl derer, die sich auch dafür interessieren, was es mit ihrer Angst wohl auf sich habe. In beiden Gruppen kann sich der Wunsch nach Antworten mit der Zeit jedoch ändern, und zwar in mehrfacher Hinsicht.

Wenn im Laufe einer Therapie der Blick auf die motivationale Welt oder den Seelengarten (wiederum) möglich wird, wenn also Klärung angesagt wäre, zeigen sich aufseiten der Patienten mehrere Wunschvarianten bezüglich weiterem Vorgehen. Die einen sind daran interessiert, sich bewusst mit ihrer Innenwelt und den diesbezüglichen Themen zu befassen; mit ihnen kann und sollte dann in der Tat Klärungsarbeit geleistet werden. Andere wiederum ahnen, dass in ihrem Seelengarten Themen warten, die für sie noch viel gefährlicher sind als die Angstsymptome, und schrecken daher davor zurück, einen Blick in ihr Inneres zu werfen. Stattdessen geraten sie dann in eine Art Schwebezustand, der sie zwischen abnehmender Symptomatik und bedrohlichem Blick in die eigene Innenwelt – den sie ja nicht wagen wollen – hin- und herbewegt, bis sie sich schließlich doch für das Wagnis entscheiden, einmal genauer in ihr Inneres zu schauen. Auch in diesem Fall kann dann mit Klärung begonnen werden. Leider gibt es jedoch Betroffene, die sich trotz aller therapeutischen Unterstützung nicht aus diesem Hin- und Her hinaus entscheiden und dann die Therapie erst einmal unter- oder sogar abbrechen. Gott sei Dank sind sie meiner Erfahrung nach nur eine kleine Minderheit. Und schließlich gibt es Patientinnen und Patienten, die durch einen günstigeren Umgang mit dem Symptom derart große Entlastung erleben, dass motivationale Fragen, die mir als Therapeutin durchaus wichtig erscheinen, für sie schlicht kein Thema mehr sind. Und es gibt Patientinnen und Patienten, welche die ACT-Prozesse und erlernte Techniken eins zu eins auf die Geschöpfe und Ereignisse des inneren Gartens übertragen. Das scheint tatsächlich zu funktionieren und ist nach Auffassung der ACT, wenn es den Betroffenen denn hilft, als »wahr« zu würdigen.

Tatsächlich habe ich immer wieder erlebt, dass sich aufwendige Klärung und/oder Integration erübrigen, wenn mithilfe der ACT drängende Probleme einfach entschärft bzw. defusioniert werden. Das leuchtet unmittelbar ein, weil ein entschärftes Problem oder eine Frage, mit der ich nicht mehr verschmelzen muss, an Dringlichkeit verliert und somit – einmal mehr – keinen Handlungsdruck erzeugt. Im Zusammenhang mit schweren Traumatisierungen und deren Folgen – da geht es um Integration – ist es immer wieder vorgekommen, dass sich durch die Technik der Kontextveränderung bzw. des Raumgebens (denken wir an die Abbildungen 7.1a und 7.1b mit dem maskierten Mann bzw. dem Narren) die Brisanz der Erinnerungen quasi verflüchtigte. Sie waren nach erfolgreich durchgeführter Defusion schlicht nicht mehr das, was sie gewesen waren, nämlich bedrohlich, beängstigend und quälend. Damit entfiel dann auch die sonst bei der Therapie von Traumata allgemein anerkannte Notwendigkeit, die schrecklichen Erinnerungen unbedingt zu integrieren. Der Sonderstatus, den sie aufgrund ihrer Außerordentlichkeit hatten – und diese beruht ganz wesentlich auf der Ungeheuerlichkeit der Ereignisse – fiel in dem Maß in sich zusammen, in dem das Ungeheure entschärft oder defusioniert wurde. Wenn das Ungeheure nicht mehr ungeheuerlich wirkt, löst sich auch die Außerordentlichkeit auf und mit ihr der Sonderstatus der Erinnerung. Es gab, um das pointiert zu formulieren, nichts entsetzlich Beispielloses mehr und damit auch nichts mehr, um dessen Integration man sich hätte bemühen müssen. Letztere hatte sich dank Defusion gewissermaßen selbst vollzogen oder wurde doch wesentlich erleichtert.

Das mögen therapeutische Glücksfälle gewesen sein und ich möchte nicht behaupten, dass die Defusion bzw. alle ACT-Prozesse immer Erfolg garantieren; allerdings habe ich deren entlastende Wirkung auch bei Traumapatienten zu wiederholten Malen erlebt und finde aus diesem Grunde, dass der Versuch sich lohnt.

Zum Schluss dieses Kapitels möchte ich, quasi zum Mitnehmen, zwei Abbildungen zeigen, welche die wichtigsten Punkte der ACT zusammenfassen. Die eine stammt von mir (▶ Abb. 7.10) und wurde als Übersicht für meine Patientinnen und Patienten gezeichnet. Sie ist von oben nach unten zu lesen. Die andere stammt von einem Patienten (▶ Abb. 7.11), der für sich das Wesentliche als eine Art Schaltplan zu Papier gebracht hat.

## 7 Die sechs Kernprozesse der ACT

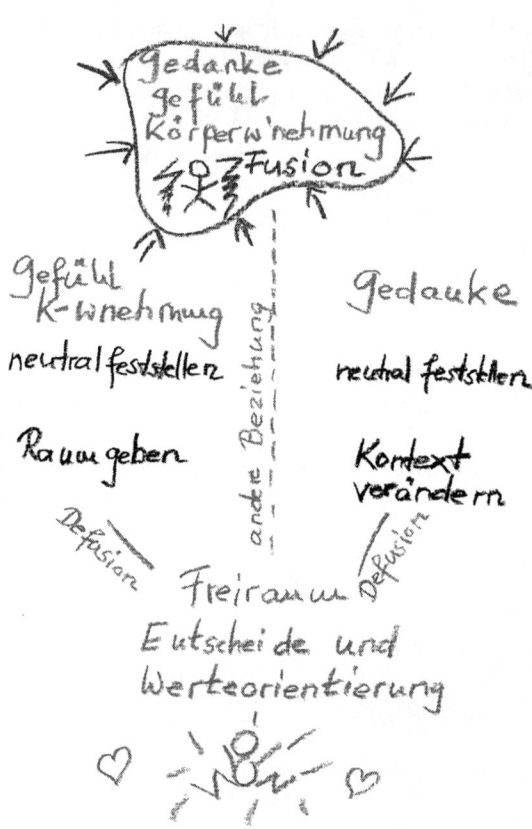

**Abb. 7.10:** Zusammenfassung ACT (Quelle: Autorin)

## 7.10 Zum Schluss noch dies

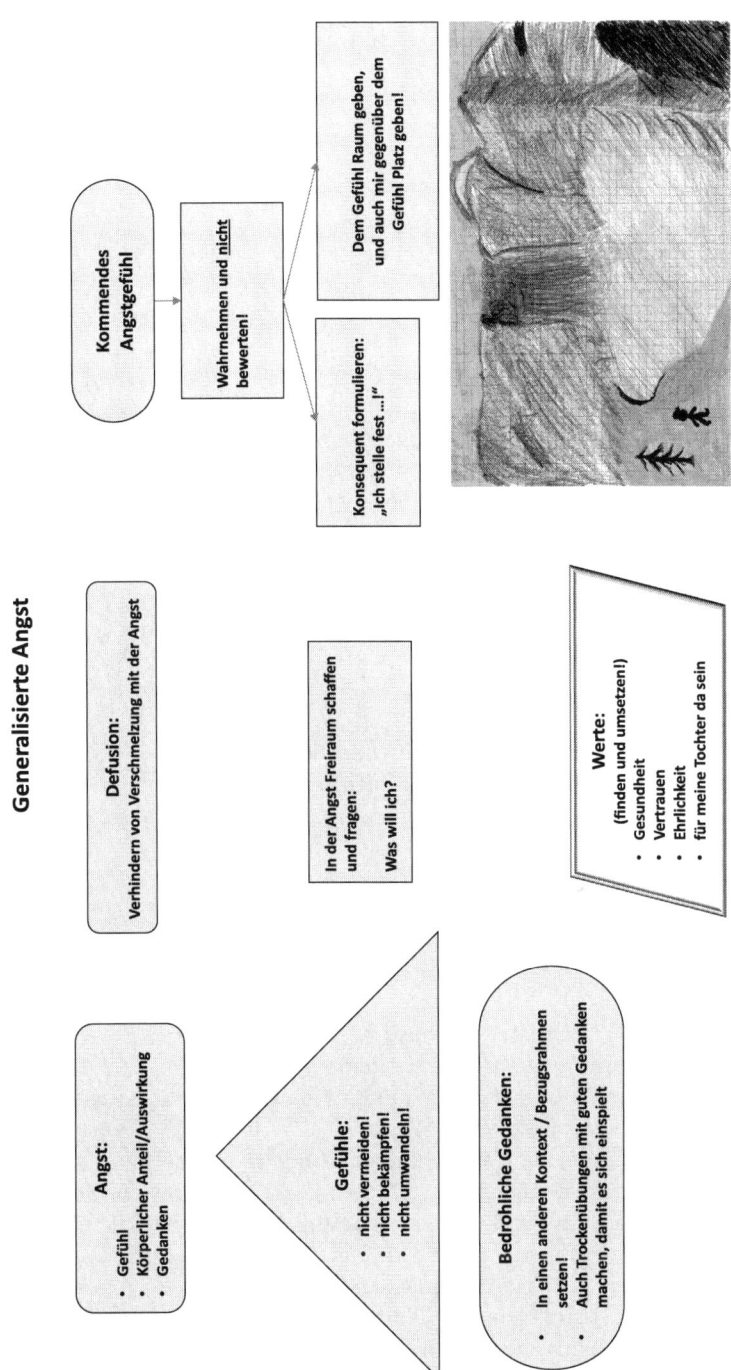

Abb. 7.11: Zusammenfassung ACT (Quelle: Patient)

# 8 Fiktives Fallbeispiel Frau X

Anhand eines fiktiven, aber typischen Fallbeispiels wird im Folgenden der mögliche Therapieverlauf bei einer Patientin mit Agoraphobie beschrieben. Die Leserinnen und Leser werden anhand der Beschreibungen sicher herausfinden, welche ACT-Prozesse bzw. -Techniken zur Anwendung kommen und ob ggf. auch auf Interventionen aus der klassischen KVT zugegriffen wird. Auf Literaturhinweise wird in diesem Kapitel verzichtet; es versteht sich jedoch von selbst, dass die beschriebenen Vorgehensweisen stets mit Bezug zu den jeweiligen Urhebern gemeint sind.

## 8.1 Therapieanlass

Frau X meldet sich für die ambulante Therapie, weil sie seit ein paar Wochen zunehmend unter Unruhe und Angstgefühlen leidet.

## 8.2 Aktuelle Situation und Probleme

Frau X, Mitte 30, arbeitet als Projektmanagerin eines mittleren Unternehmens. Sie ist zuständig für die operative Entwicklung, Durchführung und Überwachung neuer Projekte, die das Unternehmen primär nach außen im Gespräch halten sollen, um dessen Marktwert zu sichern.

Zu ihrer beruflichen Tätigkeit gehören die Entwicklung optimal durchführbarer Projekte bzw. die diesbezügliche Ideenfindung, die konkrete Zeit- und Finanzplanung und die Steuerung bzw. Beaufsichtigung laufender Maßnahmen, die Teilnahme an zahlreichen Sitzungen sowie der tägliche Informationsaustausch mit weiteren Beteiligten, sei es in persönlichem Kontakt, über Telefon oder E-Mail. Vor etwa drei Monaten wurde Frau X mit einem sehr speziellen Projekt beauftragt, das sie stark belastet: Sie hat die Aufgabe, den Abbau von Arbeitsplätzen in einer Abteilung des Unternehmens zu konzipieren. Der »Abbau von Kolleginnen und Kollegen«, wie Frau X es ausdrückt, macht sie unglücklich und sehr unruhig, denn er fühlt sich für die Patientin ungerecht und unmenschlich an. Sie macht sich viele

## 8.2 Aktuelle Situation und Probleme

Gedanken darüber, was ein Stellenverlust für die einzelnen Personen bedeutet, und fühlt sich aufgrund ihres Auftrags am Unglück der Betroffenen mitschuldig. Das alles versetzt Frau X immer wieder in Angst und sie fühlt sich hilflos und ausgeliefert. Ablehnen kann sie die Arbeit an diesem Projekt nicht, weil sie damit ihren eigenen Arbeitsplatz gefährden würde, wie sie annimmt. Gleichzeitig waren die anderen Projekte, mit denen sie bisher befasst war, immer sehr interessant und widersprachen den persönlichen Werten von Frau X in keiner Weise.

Seit einigen Wochen kann sich Frau X, entgegen ihrer Gewohnheit, nur noch mit großer Anstrengung an vereinbarte Termine halten. Sie versteckt sich mehr und mehr hinter Ausflüchten und vermeidet zunehmend persönliche Begegnungen im Rahmen ihrer Arbeit. Sie klebt buchstäblich an ihrem Schreibtisch, hinter dem sie sich regelrecht verschanzt. Was sie von dort erledigen kann, funktioniert nach wie vor gut. Weniger gut läuft es, wenn sich Frau X von ihrem Arbeitsplatz entfernen und unterwegs sein muss. Die täglichen Pausen, die an mehreren Orten im Unternehmen verbracht werden können, verbringt sie seit kurzem immer in der gleichen Sitzecke, unmittelbar neben dem Korridor, der ins Freie führt.

Mehr und mehr vermeidet Frau X die öffentlichen Verkehrsmittel und nutzt stattdessen ihr eigenes Auto für die Fahrt zur Arbeit. Den Weg zur Arbeit kann Frau X mit dem eigenen Wagen gerade noch bewältigen; letzterer ist zu ihrem zweiten Zuhause geworden, in dem sie sich, wie in ihrer Wohnung, nach wie vor sicher fühlt. Alles, was über den klar definierten Arbeitsweg, die Routen am Arbeitsplatz oder die vertrauten Strecken beim Einkaufen hinaus geht, wird von Frau X zunehmend vermieden. So wird auch ein eintägiges externes Meeting zu einer nicht lösbaren Aufgabe, der sich Frau X entzieht. Wenn sich Sitzungen nicht umgehen lassen, setzt sich Frau X immer in die Nähe der Tür des Sitzungsraums. Es kommt vor, dass sie während eines Meetings kurz den Raum verlässt, weil sie es drinnen nicht mehr aushält. Seit neustem trägt sie in ihrer Handtasche einen kleinen Flachmann mit einem Destillat aus Arzneipflanzen, das beruhigend wirken soll. Die Gründe für dieses Verhalten sind Frau X nicht wirklich klar. Sie kann dazu nur so viel sagen, dass immer wieder Angst eine Rolle spielt, wobei sie den Inhalt dieser Angst nicht genau benennen kann. Es mache ihr Angst unterwegs zu sein, weil vielleicht etwas Schlimmes passieren könnte. Was das genau wäre, vermag Frau X nicht zu artikulieren. Auch unter Menschen außerhalb ihres privaten Umfelds fühlt sich Frau X zunehmend unbehaglich.

Noch gibt es Orte bzw. Momente, in denen Frau X sich wohl fühlt. Das ist der Fall, wenn sie sich in ihrer eigenen Wohnung oder bei guten Freunden aufhält, wobei sie die Anreise zu letzteren nur noch auf dem kürzesten Weg zurücklegen kann. Der Partner von Frau X, mit dem sie seit einigen Jahren zusammen ist, aber nicht zusammen wohnt, wird von ihr als unterstützend und zugewandt beschrieben und sie fühlt sich bei ihm gut aufgehoben. Allerdings gibt es aufgrund der zunehmenden Vermeidungstendenz der Patientin ab und zu Spannungen, denn der Partner erlebt sich durch die Einschränkung in der Bewegungsfreiheit von Frau X auch selbst immer wieder als eingeengt und will das nicht länger hinnehmen. Gemeinsame Ausflüge oder sonstige Unternehmungen werden immer schwieriger, weil Frau X darauf besteht, im Vorfeld möglichst alles zu überprüfen und so zu organisieren, dass sie sich sicher fühlt. Darunter leidet nicht nur die gewohnte

Spontaneität des Paares, sondern gewisse Vorhaben sind wegen der Unmöglichkeit einer kompletten Absicherung schlicht nicht durchführbar. Für Frau X ist klar, dass die aktuelle Situation »eigentlich nicht lebbar« ist und dass sich daran etwas ändern muss.

## 8.3 Anamnese (Angaben der Patientin)

Frau X ist mit zwei Geschwistern aufgewachsen, beide jünger als sie. Der Vater war als leitender Angestellter in einer Bauunternehmung tätig, die Mutter widmete ihre Zeit zur Hauptsache der Familie und den Kindern. Zu ihrer Kindheit kann Frau X nichts Spezielles sagen, sie bezeichnet sie als »gut« bzw. »normal«. Es gibt keine speziellen Vorkommnisse, an die sich Frau X erinnert; die Schul- und Ausbildungszeit (Frau X hat eine Höhere Fachschule mit dem Schwerpunkt Betriebsleitung Facility Management absolviert und sich anschließend zur Projektmanagerin weitergebildet) ist in geordneten Bahnen und ohne Zwischenfälle verlaufen. Das Einzige, was Frau X im Rückblick auf ihre Entwicklung einfällt, ist ihre Ängstlichkeit. Sie sei bereits als Kind eher vorsichtig gewesen, habe sich nicht so viel getraut wie ihre Geschwister oder ihre Kameradinnen. Später, als junge Erwachsene, habe sie zeitweise auch »Angstphasen« gehabt; diese seien aber stets von selbst vergangen oder Frau X habe sich durch besonders viele Aktivitäten jeweils aus diesen Zuständen gerettet. Seit sie den Auftrag zum Abbau von Arbeitsplätzen bekommen habe, funktioniere das aber nicht mehr. Vor ihrer aktuellen Partnerschaft hatte Frau X zwei längere Beziehungen, die sie als bereichernde Erfahrungen bezeichnet, auch wenn die Trennungen (eine ging von ihr aus, die andere vom damaligen Partner) jeweils für einen Moment sehr schmerzhaft gewesen seien.

## 8.4 Therapieauftrag

Frau X möchte ihre Angst loswerden. Damit verbindet sie neben dem Freiwerden von den sehr unangenehmen Emotionen die Aussicht auf den (Rück-)Gewinn von Freiheit und Lebensqualität.

## 8.5  Psychostatus (Zusammenfassung)

Der Psychostatus ist weitgehend unauffällig. Einzig beim inhaltlichen Denken und beim Affektinhalt fällt auf, dass beides von der Angstthematik dominiert wird. Die Patientin erwacht morgens etwas früher als gewohnt. Suizidalität ist nicht gegeben.

## 8.6  Diagnose

Agoraphobie, ICD-10: F 40.00

## 8.7  Therapieverlauf

Im Erstgespräch lasse ich mich durch Frau X über die o. a. Punkte 8.1 bis 8.4 ins Bild setzen und frage nach, um einen möglichst vollständigen Eindruck der Gesamtsituation zu erhalten. Frau X wird anschließend von mir über die Diagnose und die Möglichkeiten der Therapie aufgeklärt. Das Wesen bzw. die Dynamik der Agoraphobie wird von mir erläutert. Besonderes Augenmerk richte ich sodann auf den von Frau X erteilten Therapieauftrag, wonach sie ihre Angst loswerden möchte. Ich informiere sie, dass das so nicht möglich sein wird, weil sich Gefühle nicht aktiv bzw. direkt beseitigen lassen. Allerdings stelle ich Frau X in Aussicht, dass es trotzdem Wege der Verbesserung gibt, und zwar durch eine Veränderung ihrer Beziehung zur Angst. Ich erkläre ihr, dass sie in der Therapie eine Reihe hilfreicher psychologischer Techniken erlernen wird, durch die sie ihren aktuellen Umgang mit der Angst – der vorwiegend aus Vermeidung besteht – ersetzen kann. Ich erkläre Frau X ferner, dass sie dank der Erfahrung, stetig besser mit der Angst umgehen zu können, die Angst auch anders erleben wird, nämlich als weniger bedrohlich, als weniger schlimm. Und weiter: »Wenn Sie die Angst als weniger bedrohlich erleben, ist das für Sie persönlich annähernd gleichbedeutend wie ein Zurückgehen oder Abnehmen der Angst. Das ist zwar nicht ganz zutreffend, denn an der Angst selbst ändern wir ja nichts; Ihr verändertes Erleben jedoch nimmt der Angst gewissermaßen die Schärfe und Gefährlichkeit.« Frau X hört dann, dass ihre aktive Mitarbeit entscheidend sein wird, schon nur wegen des Einübens der angekündigten Techniken, und dass sie sich die Therapie als eine Art Trainingslager vorstellen kann; als einen Rahmen, innerhalb dessen sie viele neue Werkzeuge kennenlernen und natürlich deren richtigen Gebrauch trainieren wird. Ich weise die Patientin außerdem darauf hin, dass es für ihre Mitarbeit sehr wichtig ist, dass sie alles versteht. Sie müsse nachvollziehen können, warum sie das tun soll, was ich empfehle. Also ermutige ich Frau X, jederzeit nachzufragen, wenn sie den Eindruck hat, es sei ihr etwas nicht ganz klar.

Frau X bringt dann das Gespräch auf das Thema der Exposition und meint, sie habe bereits gehört, dass es für eine erfolgreiche Therapie von Angst unbedingt nötig sei, sich der Angst zu stellen. Sie habe sich diesbezüglich im Internet etwas umgeschaut und die eine oder andere Schilderung einer Exposition gelesen; das mache ihr tatsächlich Sorgen, denn sie stelle sich das ziemlich drastisch vor. Sie will wissen, ob Exposition in unserer Therapie auch vorkommen wird. Diese Frage gibt mir die Gelegenheit, Frau X das E-Prinzip zu erläutern: »Wenn Sie im Umgang mit Ihrer Angst etwas ändern wollen, wird Ihnen das nur gelingen, wenn Sie genau hinschauen. Denn Veränderung durch Mitgestalten bedingt, dass man über das, was man gestalten will, Bescheid weiß. Sie werden daher nicht umhin kommen, sich mit Ihrer Angst genauer zu befassen, ihr zu begegnen. Das nenne ich Expositionsprinzip. Was passiert, wenn Sie das nicht tun, wenn Sie die Angst und alles, was für Sie damit zusammenhängt, vermeiden, wissen Sie nur zu gut; denn das haben Sie in der letzten Zeit ja getan. Wirklich geholfen hat das offensichtlich nicht, sonst würden wir jetzt nicht beieinander sitzen. Wir werden daher, mit Hilfe entsprechender Techniken, einen anderen Weg einschlagen.« Das scheint Frau X einzuleuchten und sie erklärt sich bereit, das Wagnis der Therapie einzugehen. Es werden Sitzungen in einem etwa zweiwöchigen Rhythmus vereinbart. Am Schluss des Erstgesprächs erkundige ich mich bei der Patientin, ob aus ihrer Sicht das Wesentliche besprochen sei, ob sie noch Fragen habe oder vielleicht auch über mich als Therapeutin gerne etwas mehr wissen wolle. Das scheint nicht der Fall zu sein und damit ist der Einstieg in die Therapie gemacht.

Bereits in der folgenden Sitzung gibt es für Frau X die erste technische Instruktion. Ich will von ihr wissen, was ihr in Momenten zunehmender Spannung durch den Kopf geht, was sie denkt. Als Erstes meint Frau X, sie denke nichts, sondern spüre einfach Angst. Das, so erkläre ich, sei zwar ihre subjektive Wahrnehmung, entspreche jedoch ziemlich sicher nicht ganz der Realität; meistens würden die Betroffenen durchaus etwas denken, auch wenn das ganz schnell gehe. Ich schlage vor, dass wir gemeinsam versuchen, einen oder zwei dieser Angstgedanken zu identifizieren und zu formulieren, und zwar im Hinblick auf mögliche Veränderung. Da es Frau X ganz offensichtlich schwerfällt, einen ihrer Angstgedanken in Worte zu fassen, biete ich meine Hilfe an. Ich gebe Frau X ein paar typische und weit verbreitete Formulierungen zur Auswahl und sie soll entscheiden, ob allenfalls eine zutrifft oder in die Nähe dessen kommt, was bei steigender Spannung in ihrem Kopf vorgeht. Auf diese Weise können wir schließlich zwei kritische Gedanken der Patientin ausmachen. Sie lauten: »Nicht schon wieder!« und »Die Angst wird mich noch umbringen!« Beide Gedanken enthalten starke Bewertungen und der erste überdies noch eine klare Vermeidungsabsicht. Dass Vermeidung nicht hilft, hat Frau X bereits erfahren und verstanden; dass auch Bewertung keine günstige Sache ist, wird ihr jetzt erklärt: »Wir sehen in beiden Gedanken starke und negative Bewertungen und diese unterstützen das Entstehen einer nicht willkommenen Emotion, in Ihrem Fall der Angst. Wenn wir die negativen Bewertungen ändern, haben wir die Chance, damit auch das Aufkommen von Angst zu beeinflussen. Stellen Sie sich vor, wie es wäre, wenn Sie aufsteigende Spannung einfach zur Kenntnis nehmen könnten, ohne Bewertung, also neutral. Was würde dabei wohl passieren?« Frau X kann sich unmittelbar nicht vorstellen, dass das möglich ist und, vor allem, wie sie das anstellen soll. Unbehagen bei steigender Spannung und sofortige negative Bewertung gehören für sie noch zusammen. Ich instruiere sie deshalb in der Technik des neutralen Feststellens, und zwar folgendermaßen:

»Ich zeige Ihnen, wie Sie neutral feststellen können. Sie denken oder sprechen dazu folgendes: *Ich stelle fest Doppelpunkt.* Anschließend formulieren Sie einen einfachen Hauptsatz mit dem, was Sie feststellen. Zum Abschluss denken oder sprechen Sie *Punkt.* Das klingt dann z. B. so: *Ich stelle fest Doppelpunkt, ich spüre zunehmende Spannung. Punkt.* Nicht mehr und nicht weniger. Das ist das neutrale Feststellen. Man stellt fest, was gerade ist oder was man gerade spürt, ohne es zu bewerten. Es könnte Ihnen helfen, wenn Sie die Formel fürs Feststellen laut aussprechen. Machen Sie doch gerade mal einen Versuch.«

Frau X versucht es, formuliert allerdings zuerst mit Nebensätzen. Sie sagt »ich stelle fest, dass ich merke, wie die Angst wieder kommt. Punkt.« Sie wird daher von mir korrigiert und darauf aufmerksam gemacht, dass sie die Formel genau so anwenden soll, wie sie instruiert wurde, nämlich mit zwei Hauptsätzen und Doppelpunkt. Das macht Frau X bei einem zweiten Versuch und wird von mir darin bestätigt. Sie bekommt die Aufgabe, das neutrale Feststellen genau so zu üben. In der nächsten Sitzung werden wir ihre Erfahrung damit besprechen.

Tatsächlich ist in der nächsten Sitzung das neutrale Feststellen Hauptthema, und zwar von meiner Seite. Als ich mich bei Frau X nach ihren Erfahrungen mit der neuen Technik erkundige, wirkt sie etwas zurückhaltend. Schließlich meint sie, es sei gar nicht so oft nötig gewesen, diese einzusetzen. Ich will wissen, ob sie regelmäßig geübt hat, worauf Frau X erklärt, sie habe einfach in Momenten aufwallender Spannung versucht, neutral festzustellen. Sie könne mir nicht sagen, ob ihr das etwas gebracht habe. Das ist für mich der Anlass für einen wichtigen Hinweis. Ich mache der Patientin klar, dass es auf diese Art nicht funktionieren wird; dass eine Technik, die nur ab und zu gebraucht, aber nicht wirklich geübt wird, keinen Nutzen bringt. Wie im Leben sonst auch müsse sich Frau X um das Neue konsequent bemühen, bis es ihr wirklich gehöre – damit sie es im Ernstfall sofort zur Hand habe. Ich frage Frau X, ob sie sich an die Zeit ihrer Berufsausbildung erinnern kann. Natürlich kann sie das und ich bitte sie, mir zu beschreiben, was sie neben dem Lernen der theoretischen Grundlagen noch gemacht habe, um zu ihrem Abschluss zu kommen. Es dauert nicht lange und Frau X berichtet von Übungen, von Praktika, vom Ausprobieren und Anwenden des Gelernten. »Sehen Sie, genau so, wie Sie es in Ihrer Ausbildung gemacht haben, müssen Sie es im Rahmen der Therapie machen; auch hier gilt der Grundsatz, dass Sie neue Fertigkeiten nicht einfach geschenkt bekommen und dass sich Veränderungen nicht von selbst einstellen. Sie müssen etwas dafür tun. Nehmen Sie also nochmals einen Anlauf und achten Sie darauf, bis zur nächsten Sitzung regelmäßig das neutrale Feststellen zu üben; und zwar auch dann, wenn keine Spannung in der Luft liegt. Sie können das, was gerade passiert, was Sie denken und fühlen, zu jeder Zeit neutral feststellen, auch dann, wenn Sie sich ruhig und entspannt fühlen; Sie brauchen dafür nicht auf Anspannung oder

Angst zu warten. Entscheidend ist, dass Sie die Technik als solche einüben, bis sie quasi automatisch abläuft.«

Der folgende Termin beginnt lustig. Frau X erzählt, kaum dass sie sich gesetzt hat, sie habe sozusagen Tag und Nacht neutral festgestellt. Egal, wo sie gewesen sei, womit sie sich beschäftigt habe, permanent habe sie alles, was sie wahrgenommen habe, einfach festgestellt. Es sei ihr so vorgekommen, als ob eine besonders langlebige Batterie sie dazu antreiben würde. Sogar wenn sie sich abends ins Bett gelegt habe, sei ihr die Formel durch den Kopf gegangen, wie in einer Endlosschleife. Gestört habe sie sich daran nicht, aber bisweilen sei ihr das schon ein wenig seltsam vorgekommen. Ich muss lachen, weil ich Frau X beim Feststellen vor mir sehe, und teile dieses Bild mit der Patientin. Das löst auch bei ihr Heiterkeit aus. Dann interessiert mich natürlich, was Frau X beim Feststellen beobachtet, was sie damit erlebt hat. »Irgendwie hat die Anspannung an Tempo verloren, wurde gemächlicher; und die Angst hat einiges an Gewicht eingebüßt, wurde mehr und mehr durchsichtig«, meint sie. »Klar, sie war noch da, aber sie schien mir verblasst, war nicht mehr die Hauptsache.« Über diese Erfahrung freue ich mich sehr und gebe Frau X entsprechend positive Rückmeldung. Als sie wissen will, wie lange sie denn neutral feststellen solle, sage ich »so lange, wie Sie mögen«. »Geht denn die Angst damit wirklich einmal weg?« Die Frage aller Fragen sozusagen, die von nahezu allen Betroffenen einmal gestellt und von mir folgendermaßen beantwortet wird: »Eine ganz wichtige Frage, die Sie stellen und zu der ich gerne etwas sage, damit auf Ihrer Seite keine Missverständnisse entstehen. Keine der Techniken, die Sie während der Therapie kennenlernen, dient dazu, die Angst zu reduzieren oder zu beseitigen. Wenn das die Absicht wäre, würden wir uns ja Vermeidung als Ziel setzen. Und dass diese nicht hilft, wissen Sie bereits. Nein, die Techniken, die Sie erlernen, dienen dazu, dass Sie nicht mit Ihren (Angst-)Gedanken und (Angst-)Gefühlen verschmelzen oder verkleben. Denn wenn das passiert, ist das eine ganz üble Geschichte; Sie werden dadurch unfähig, über etwas nachzudenken, Entscheidungen zu treffen und das zu tun, was Sie wirklich tun möchten.« Dann frage ich Frau X, ob sie sich daran erinnern kann, wie es war, als sie ganz stark verliebt war oder sich intensiv auf etwas gefreut hat. Anhand dieser Erinnerung kann ich Frau X begreiflich machen, dass und warum das Verschmelzen mit Gedanken und Gefühlen meist keine gute Sache ist (s. dazu die Erläuterungen zur Defusion am Anfang von Kapitel 7.6). »Also, um Ihre Denk-, Entscheidungs- und Handlungsfähigkeit zu sichern oder wieder herzustellen, ist es wichtig, dass Sie nicht mit Gedanken und Gefühlen verschmelzen. Das neutrale Feststellen hat in diesem Zusammenhang eine Art Spezialfunktion: Es schützt Sie davor, sofort in eine Bewertungsfalle zu geraten. Das ist deshalb wichtig, weil vor allem negative Bewertungen meistens sehr schnell zu Handlungen veranlassen, die alle in Richtung Vermeidung oder Bekämpfung gehen. Und genau das ist im Umgang mit Ihrer Angst nicht hilfreich. Was Vermeidung bewirkt, haben Sie in den letzten Wochen erlebt. Was das Bekämpfen der Angst bewirkt, haben Sie mit dem Destillat aus Arzneipflanzen ebenfalls erfahren; nämlich nichts oder höchstens etwas weniger Angst während kurzer Zeit. Wenn Sie also neutral feststellen und damit nicht in der Falle der Bewertung steckenbleiben, werden Sie kaum noch in eine Handlungsspirale geraten – die oft in Hektik ausartet, mit der Sie dann ebenfalls verschmelzen. In diesem Sinne dient das neutrale Feststellen seinerseits zum Erhalten von Freiraum zum Denken, Entscheiden und Handeln. Es ist daher sehr wichtig und ich ermutige Sie, es weiter einzusetzen. Weitere Techniken, die vor dem Verschmelzen schützen, werden Sie noch kennenlernen.«

Beim nächsten Zusammentreffen erweist sich Frau X bereits als geübte neutrale Feststellerin. Sie berichtet über den Einbau der Technik in ihren Alltag, jetzt allerdings in einem Maße, das ihr normal erscheint. Mein Hinweis, sie solle jeweils so lange neutral feststellen, wie sie möge, habe ihr dabei geholfen. Schließlich tue sie ja andere Dinge auch, solange es ihr gefalle oder solange sie darüber nicht müde werde. Frau X berichtet von zunehmender Neugierde. Sie versucht z. B. herauszufinden, wie lange sie auf das Destillat aus dem Flachmann verzichten kann, wenn sie das neutrale Feststellen einsetzt. Ebenso interessiert sie sich dafür, ob sie das Herumgehen im Unternehmen während des Feststellens anders erlebt. Sie nimmt damit eine Art Forschungsperspektive ein, wechselt in den Beobachtermodus. Die Zeiträume, in denen sie auf den Schluck aus dem Flachmann verzichten bzw. im Gebäude des Arbeitgebers unterwegs sein kann, werden stetig etwas länger. Das ist prima und wird von mir als wichtiger Fortschritt bezeichnet. Er erlaubt ein Weitergehen in der Therapie und damit die Instruktion einer weiteren Technik. Ich biete Frau X an, entweder mit einer Technik zum günstigeren Umgang mit Gedanken oder mit einer zum hilfreicheren Umgang mit Gefühlen weiterzumachen; sie soll aussuchen, was ihr im Moment wichtiger ist. Frau X entscheidet sich für die Technik zur Handhabung von Gefühlen, was meiner Erfahrung nach die meisten Betroffenen so machen. Es passt zu den Ausführungen am Anfang von Kapitel 2.2, wonach Angst als Emotion eine unmittelbare, subjektive Bedeutung und damit Vorrang hat vor bedrohlichen Gedanken. Daher steht ein hilfreicher Umgang mit Gefühlen für die Patienten i. d. R. an erster Stelle. Aus diesem Grunde instruiere ich Frau X in der Technik des Raumgebens:
»Sie haben sich dafür entschieden, als Nächstes eine Technik für den hilfreicheren Umgang mit Gefühlen, also natürlich auch mit Angst, kennenzulernen. Ich erkläre Ihnen, wie das geht. Gefühle verhalten sich ähnlich wie Wasser. Damit es keinen Schaden anrichtet, benötigt Wasser genügend Platz. Das haben Sie bestimmt im Laufe der letzten Jahre gehört oder gelesen, und zwar im Zusammenhang mit den häufig vorkommenden Hochwasserereignissen. Fast immer bestand das Problem dabei nicht nur in der großen Menge an Niederschlägen, sondern auch darin, dass die großen Wassermaßen zu wenig oder gar keinen Platz hatten, um sich zu verteilen. Während es früher z. B. entlang der Flussufer die sog. Auen gab, also Landflächen, auf denen sich das Wasser beim Übertreten der Ufer ausbreiten konnte, haben wir heute meist die Situation, dass die Umgebung von Flüssen zugebaut und Ausweichflächen reduziert sind. Das Wasser hat dadurch zu wenig Platz und eine schadensmindernde Ausdehnung findet kaum noch statt. Es kommt zum unmittelbaren Zusammentreffen von Wasser und Bauten einerseits und, falls die Flüsse eingemauert sind, zu einer erhöhten Fließgeschwindigkeit andererseits. Beide Faktoren machen aus den Flüssen echte Gefahren, die dann auch entsprechende Schäden anrichten. Für die Gefühle gilt Ähnliches; wenn sie eingeengt oder einge-

sperrt werden, verhalten sie sich analog dem Wasser. Sie entwickeln eine starke zerstörerische Kraft und das ist, was Sie im Moment erleben. Entweder schlagen die Gefühle alles kurz und klein oder sie reißen einen mit. Was also ist zu tun?« Frau X hat sehr gut zugehört und meint, man müsse wohl mehr Platz schaffen; die Frage sei allerdings, wie das zu bewerkstelligen sei. »Sie haben recht, das ist die Frage, und ich gebe Ihnen jetzt eine Antwort. Stellen Sie sich vor, wie Ihre Angst für Sie aussieht. Wenn Sie sie zeichnen sollten, welche Gestalt würden Sie ihr geben?« Frau X überlegt einen Moment, dann meint sie »ein schwarzes Etwas mit schrägstehenden gelben Schlitzaugen.« »Gut; nun stellen Sie sich vor, Sie schaffen in Ihrer Vorstellung einen weiten Raum, vielleicht eine Landschaft, einen Platz in einer Stadt oder einen großen Saal in einem Gebäude, es spielt keine Rolle; in diesem Raum platzieren Sie nun sich selbst und Ihr schwarzes Etwas, aber so, dass Sie beide genügend Platz haben und einander nicht in die Quere kommen. Können Sie sich das vorstellen?« Frau X nimmt sich Zeit und beschreibt dann eine weite Ebene, in der sich das schwarze Etwas bewegt. Sich selbst sieht sie links im Vordergrund, manchmal auf- und abgehend, dann wieder an Ort stehend. Ich fordere die Patientin auf, das schwarze Etwas einfach zu beobachten und dafür zu sorgen, dass zwischen ihm und ihr selbst genügend Raum liegt. »Falls Ihnen das schwarze Etwas zu nahe kommt, können Sie sich selbstverständlich auch bewegen, um den Raum zwischen sich und dem Etwas zu erhalten. Damit ist das Etwas frei – und Sie selbst auch, ohne dass Sie die Flucht ergreifen oder den Kampf aufnehmen müssen.« Das überrascht Frau X, aber sie kann sich der Logik des Bildes nicht entziehen. »So einfach?« fragt sie, »und das soll funktionieren?« »Versuchen Sie's, probieren Sie es aus; in der nächsten Sitzung werden wir darüber sprechen.«

Die folgende Sitzung zeigt eine neue Frau X, zumindest, was ihr Äußeres betrifft. Frau X erscheint mit einem neuen Haarschnitt, der ihr sehr gut steht und mir sofort ein Kompliment entlockt. Stolz erzählt die Patientin, sie habe sich nun wieder getraut, ihren Coiffeur aufzusuchen und sich einen neuen Haarschnitt machen zu lassen. Das habe schon ein wenig Mut gebraucht, denn sie sei dafür etwas länger unterwegs gewesen als sonst und habe erst noch eine Dreiviertelstunde ruhig sitzen und die ganze Schneideprozedur über sich ergehen lassen müssen. Ganz reibungslos sei es nicht gegangen, so Frau X; sie habe immer wieder neutral feststellen und auch Raum schaffen müssen. Ich gratuliere Frau X zu ihrem Mut und Unternehmungsgeist und erkläre ihr, dass es nicht darum gehe, alles problemlos über die Bühne zu bringen; vielmehr komme es darauf an, trotz bzw. mit dem Unbehagen die persönlich wichtigen Dinge anzugehen und zu verwirklichen; und genau das habe sie getan. Das sei im Grunde die Kunst des Lebens. Die Idee, möglichst angstfrei durch den Alltag und durchs Leben zu gehen, sei eine Illusion. Der Gedanke, wonach etwas nur dann einen Wert habe, wenn es angstfrei gelebt werde, sei nicht nur nicht hilfreich, sondern völlig unnötig; der Wert einer Handlung oder deren Sinn werde nicht dadurch gemindert, dass sie möglicherweise von Angst begleitet sei. »Stellen Sie sich folgende Situation vor, Frau X: Ein Mensch springt einem anderen in dessen Not helfend zur Seite, spürt dabei jedoch starke Angst. Würden Sie sagen, dass die Handlung des Helfers wegen dieser Angst weniger wertvoll ist? Ist sie deswegen weniger makellos – so wie Sie sich das vermutlich für Ihre eigenen Handlungen wünschen?« Frau X wirkt ertappt, aber zugleich erleichtert. Sie räumt ein, dass sie an sich selbst den Anspruch stellt, es müssten alle ihre Handlungen nach Möglichkeit angstfrei vonstattengehen, nur dann könne man doch von einer echten Verbesserung sprechen. Dass sie nun von mir höre, dass das nicht nötig sei, nehme ziemlich viel Druck weg. Und ja, wenn sie es bedenke, mache sie dieser Gang zum Coiffeur sehr zufrieden; bereits die Tatsache, dass sie sich dazu entschlossen habe, sei wie ein kleiner Triumph; und die tolle Frisur sowie die kassierten Komplimente würden ihr sehr guttun.

Gute zwei Wochen später kommt Frau X mit einem Anliegen. Sie hat sich intensiv mit der Frage befasst, ob sie sich betreffend Stellenabbau am Arbeitsplatz vielleicht doch bei ihren Vorgesetzten melden sollte. Insbesondere beschäftigt sie die Möglichkeit, in einem Gespräch an den Gerechtigkeitssinn der Kaderleute zu appellieren und auf diese Weise den »Abbau von Kolleginnen und Kollegen« zu verzögern oder allenfalls gänzlich aufzuhalten. Darüber möchte sie mit mir reden und von mir hören, wie ich die Idee, beim Kader vorstellig zu werden, beurteile.

Ich erkläre, dass ich vor einer Einschätzung noch ein paar Dinge genauer wissen sollte, und starte mit der Frage, was sich Frau X von einem möglichen Vorsprechen wirklich erwartet. »Wenn Sie damit die Hoffnung auf ein Ergebnis verbinden, das Ihren Ansichten entspricht, würde ich davon abraten; denn die Chance, ein derartiges Ergebnis zu erzielen, ist aus meiner Sicht sehr gering. Wenn es Ihnen hingegen darum geht, für etwas einzustehen – Sie selbst sprechen von Gerechtigkeit, die Ihnen am Herzen liegt –, rate ich Ihnen, das Gespräch mit den Vorgesetzten zu suchen. Denn in diesem Falle würde es nicht um ein Resultat gehen, das Sie erreichen möchten, sondern darum, einen Wert zu vertreten. Und das kann man immer tun, ohne an das Erreichen eines Ziels oder eines Resultats gebunden zu sein. Es ginge also darum, dass Sie sich klar machen, wozu das Gespräch mit den Kaderpersonen dienen soll.« Frau X wird nachdenklich und erkundigt sich, ob ich den Unterschied zwischen Ziel und Wert nochmals erklären könnte. Das tue ich dann und benutze dabei die Reisemetapher. Frau X lächelt und meint, sie habe verstanden; das sei eine prima Sache. Sie ist erleichtert, dass es auch ohne Ergebnisdruck bzw. Ergebnisgarantie für sie eine Möglichkeit gibt, sich für einen wichtigen Wert und damit auch für ihre Kolleginnen und Kollegen stark zu machen. »Dann muss ich also gar nicht immer einen Erfolg erzielen und kann trotzdem eine gute Tat vollbringen«, stellt sie zufrieden fest. Dieser Umstand entlastet Frau X in doppelter Hinsicht: Einerseits spielt die Frage nach dem Ergebnis für die Motivation keine Rolle; andererseits muss sie sich bei einem »Misserfolg«, d. h. wenn sie keine Änderung erreicht, in keiner Weise als Versagerin fühlen. Sie will das Ganze nochmals überdenken, bevor sie sich entscheidet, und wirkt am Ende der Sitzung durchaus zufrieden.

Als wir das nächste Mal zusammensitzen, frage ich Frau X, ob ihr aufgefallen sei, dass wir seit ungefähr vier Wochen nicht mehr über Angst als Hauptthema gesprochen haben. Das erstaunt die Patientin wegen der doch etwas längeren Zeitspanne, die seit der letzten Thematisierung der Angst vergangen ist; gleichzeitig scheint es ihr jedoch ganz selbstverständlich, denn, wie sie sagt, ist die Angst offenbar mit ihren Ansprüchen deutlich in den Hintergrund gerückt. Mich interessiert, von Frau X zu erfahren, woran das ihrer Meinung nach liegen könne. »Ich habe so viel auszuprobieren, dass die Angst quasi nur noch nebenher läuft«, erklärt Frau X. Damit meint sie den Einsatz der neu erlernten Techniken, die sie in immer anderen Situationen anwendet und erprobt. Es komme ihr so vor, als wäre sie mit einem neuen und sehr spannenden Projekt befasst; dergestalt, dass sämtliche anderen Themen einfach im Vorübergehen berührt würden. Die Angst habe sich verändert; sie habe in den letzten Wochen keine ernsthaft einengende Wirkung mehr gehabt, sei jedoch, so seltsam das klinge, zu einer beinahe unentbehrlichen Größe geworden – weil an ihr alles Neue ausprobiert werde, so Frau X. Da muss ich wieder einmal lachen, denn ich stelle mir vor, wie Frau X der Angst keine Pause mehr gönnt, weil sie doch ständig übt und testet. »Arme Angst«, sage ich, »sie kommt ja wegen Ihrer Aktivität gar nicht mehr zur Ruhe.« Das findet nun auch Frau X durchaus amüsant.

Dann erzählt sie eine kleine Geschichte, zu der sie eine Frage hat. Schon länger hat sich Frau X mit der Absicht getragen, zuhause ein ziemlich volles Kellerabteil aufzuräumen und überflüssige Dinge daraus zu entsorgen. Sie hat dafür in der Zeitspanne seit der letzten Sitzung zwei Tage reserviert. Am ersten dieser geplanten Aufräumtage hat Frau X wieder einmal von der Angst »Besuch bekommen«. Sie habe dann, so erzählt Frau X, neutral festgestellt und mit dem Raumgeben gearbeitet. Dann sei sie in den Keller gestiegen und habe mit dem Aufräumen begonnen, was gut funktioniert habe. Von mir will sie nun wissen, ob das nicht ein Vermeiden gewesen sei. »Eine sehr wichtige und gute Frage«, antworte ich, »und nein, was Sie getan haben, ist keine Vermeidung. Ich erkläre Ihnen, warum. Vermeidung bedeutet, dass man sich keinesfalls mit der Angst beschäftigen oder mit ihr in Kontakt kommen will. Man möchte im Grunde genommen überhaupt nicht von ihr Notiz nehmen. Also versucht man alles, damit das nicht geschieht. Sie hingegen sind der Angst nicht aus dem Weg gegangen, sondern haben sich bewusst mit ihr befasst; denn wie hätten Sie sonst neutral feststellen und anschließend Raum geben können? Um diese beiden Techniken anzuwenden, mussten Sie die Angst wahrnehmen und dann aktiv mit ihr umgehen. Darin liegt der wesentliche Unterschied zwischen Ihrem Verhalten und Vermeidung. Dass Sie nach der Anwendung der Techniken beschlossen haben, sich dem zuzuwenden, was Sie eigentlich tun wollten, ist ein Zeichen von Entscheidungs- und Handlungsfreiheit und damit ein großer Fortschritt. Sie sind einerseits nicht in die Falle der Bewertung getappt und haben sich andererseits so viel Freiraum bewahrt, dass Sie darin entscheiden konnten, sich Ihrem ursprünglichen Plan zu widmen. Und genau darum geht es im Umgang mit Angst: die Freiheit bewahren und nicht in der Dominanz der Angst steckenbleiben. Kurz gesagt, Sie haben es goldrichtig gemacht und nun erlebt, dass es tatsächlich möglich ist, auch in Gegenwart der Angst frei zu bleiben. Dazu gratuliere ich Ihnen. Auf der Basis dieser Erfahrung werden weitere ähnliche Erlebnisse möglich sein. Bleiben Sie auf diesem Weg.«

In der folgenden Sitzung macht Frau X das Gespräch mit den Vorgesetzten zum Thema, das zu meiner Überraschung bereits stattgefunden hat. Offenbar hatte Frau X bezüglich ihrer Erwartung Klarheit gewonnen und dann entschieden, das Gespräch zu führen. Sie erzählt nun, wie sie das Ganze erlebt hat. Aufgrund ihrer Qualifikation und Erfahrung als Projektmanagerin war es für sie ein Leichtes, dieses

Gespräch zu planen und ihr Vorgehen zu skizzieren. Handwerklich hatte Frau X mit der Sache also keine Probleme. Die psychologische Seite war für die Patientin die anspruchsvollere, in erster Linie eben die Frage der Erwartungen. Sie hat nach meinen Erläuterungen zu Zielen und Werten und trotz einer ersten Erleichterung anschließend eine ganze Weile mit sich gerungen. Sie hat sich gefragt, ob sie wirklich bereit sei, auf ein greifbares Ergebnis in ihrem Sinne zu verzichten. Geholfen hat ihr dabei eine Einschätzung der Möglichkeiten im Hinblick auf die Umstimmung der Kaderpersonen: »Ich habe mir überlegt, wie es wäre, wenn die zuständigen Vorgesetzten aufgrund meiner Aktion den Abbau von Stellen einfach stoppen würden. Das wäre natürlich eine tolle Sache gewesen, aber doch sehr, sehr unwahrscheinlich. Dann habe ich mir im zweiten Schritt überlegt, welche Möglichkeiten mir bleiben, falls die Vorgesetzten auf mein Anliegen nicht eingehen würden, was wesentlich realistischer war. Zu einer Entscheidung in meinem Sinne würde ich die zuständigen Personen nicht zwingen können, das war mir klar. Somit würde bei dem Versuch ›Ergebnis erzielen, Abbau stoppen‹ außer einem zu erwartenden Misserfolg wohl nichts übrig bleiben, ich würde also gewissermaßen mit leeren Händen dastehen. In einer ähnlichen Weise überdachte ich sodann die Möglichkeiten, die mir mit dem Einstehen für den Wert Gerechtigkeit tatsächlich zur Verfügung stehen. Der große Vorteil, über den wir in einer der letzten Sitzungen bereits gesprochen haben, stach ins Auge: Es wäre eine gute Tat, die in jedem Fall gut bleiben würde, unabhängig von einem wie auch immer gearteten Ergebnis. Für mich stand damit ein sicherer Gewinn in Aussicht, seelisch und moralisch, und ich konnte sogar etwas für die Kolleginnen und Kollegen tun. Als ich das alles überlegt und durchdacht hatte, war die Entscheidung klar: Verzicht auf den Kampf um ein Resultat, stattdessen Einsatz für die Gerechtigkeit. Das Gespräch verlief dann, wie wir es bereits vorausgesehen hatten; ohne materielles Ergebnis, aber für mich doch ziemlich befriedigend.«

Frau X berichtet weiter, dass sie sich seit dem Treffen mit den Kaderpersonen entlastet fühle, obschon sie weiterhin an der Projektierung des Stellenabbaus beteiligt sei. Sie habe getan, was in ihrer Macht stehe, und fühle sich nicht mehr für die Personalpolitik als Ganzes verantwortlich. Alles in allem habe der Druck merklich abgenommen und auch die Angst sei nur noch selten präsent und wenn, dann bloß noch als verblasster und sehr zurückhaltender Gast. Unruhe und Unglücklichsein hätten sich ebenfalls ziemlich gelegt, was aber natürlich nicht heiße, dass sie nun in ständiger Gelassenheit durch den Alltag gehe. Ich beglückwünsche Frau X zu diesen Entwicklungen und greife ihre Bemerkung hinsichtlich Gelassenheit auf: »Wie wir bereits besprochen haben, ist es nicht wirklich lebens- oder alltagsnah zu glauben, dass Sie nie mehr Unruhe oder Angst spüren werden. Dass Sie wieder in Situationen kommen werden, in denen Sie unruhig oder ängstlich sind, ist daher sehr wahrscheinlich. Rechnen Sie also damit und bauen Sie diese Möglichkeit in Ihre Vorstellungen ein. Sie werden dadurch, falls es tatsächlich wieder einmal so weit kommt, von der Angst nicht überrascht, sondern können sich sagen, dass Sie solche Momente einkalkuliert haben. Das ist ein großer Unterschied gegenüber einer Situation, in der Sie sich von der Angst fast aus dem Hinterhalt überfallen und demzufolge ausgeliefert fühlen. Wenn Sie Angst gewissermaßen in Ihren Alltagsentwurf integrieren, können Sie sie wesentlich einfacher neutral feststellen, ihr einen Platz zuweisen und auf diese Weise dem Handlungsdruck vorbeugen.«

Nach weiteren zwei Wochen erscheint Frau X sehr gelöst. Ihr Alltag ist wesentlich einfacher geworden, seit sie sich kaum mehr hinter Ausflüchten verstecken muss und nicht mehr nur auf eng umschriebenen Wegen durch den Tag gehen kann. Sie berichtet von einer zunehmenden Normalisierung ihres Erlebens und meint damit einen jetzt nicht mehr zu übersehenden Rückgang von Unruhe und Angst. Sie müsse nicht mehr um jeden Meter Bewegungsfreiheit kämpfen und brauche auch nicht mehr alles im Voraus genau auf Sicherheit hin zu überprüfen, so die Patientin. Im Rückblick auf die vergangenen Monate wird Frau X jetzt klar, wie sehr die Belastung durch das Stellenabbau-Projekt dazu beigetragen hat, die Angst zu einem echten Problem werden zu lassen. Sie sieht einen unmittelbaren Zusammenhang zwischen der Tatsache, dass sie gegen ihren Sinn für Gerechtigkeit glaubte handeln zu müssen, und der aufflammenden Angst. Das möchte ich genauer wissen und ich bitte Frau X, mir ihre diesbezügliche Theorie zu erklären. Das erweist sich erwartungsgemäß als nicht ganz einfach, aber die Patientin formuliert es so: »Ich fühlte mich zweifach unter Druck. Auf der einen Seite hatte ich das Gefühl, den Vorgaben des Arbeitgebers unbedingt folgen zu müssen; das ist ja schließlich auch nicht abwegig, denn ich bin als Angestellte weisungsgebunden. Auf der anderen Seite störte ich mich daran, gegen meine eigene Überzeugung oder Ansicht von Gerechtigkeit etwas tun zu müssen, was ich als zutiefst falsch empfand. Es fühlte sich so an, als ob ich mir dadurch irgendwie fremd würde, als ob mir mein Zuhause abhandenkäme. Es war wie ein Schritt in die Fremde und das machte mir Angst. Das klingt etwas seltsam, ich weiß, aber so war es.« Für mich ergibt sich mit der Erklärung von Frau X die Gelegenheit, ein paar Informationen über die Bedeutung der persönlichen Werte für die psychische Gesundheit zu vermitteln, und das tue ich dann auch. Die Patientin zeigt sich beeindruckt und meint, das entspreche ziemlich genau ihren Erfahrungen der letzten Zeit, sowohl in negativer als auch in positiver Hinsicht. »Also weiter auf der Werte-Schiene«, fasst Frau X zusammen, bevor wir die Sitzung beschließen.

Der folgende Termin beginnt anders als gewohnt. Frau X ist müde, wirkt passiv und ein Stück weit desinteressiert. Sie sitzt zusammengesunken in ihrem Stuhl und wartet, bis ich etwas sage. Anstatt mich nach ihrem Befinden zu erkundigen, das ich ja auf den ersten Blick erkenne, mache ich den Anfang mit einer Feststellung: »Sie sehen heute müde aus, ein bisschen mitgenommen. Das wundert mich nicht wirklich, wenn ich mir überlege, wie aktiv und lebhaft Sie bisher bei der Therapie dabei waren.« Ein ziemlich unglücklicher Blick kommt von Frau X zurück und schließlich klagt sie: »Keine Ahnung, was das ist, aber seit einigen Tagen komme ich einfach nicht mehr in die Gänge, so sehr ich mich bemühe. Ich schleppe mich durch die Tage, von hier nach dort, ganz mühsam. Das Schlimmste dabei ist, dass ich plötzlich befürchte, alle meine Bemühungen bisher seien umsonst gewesen, dass ich in alte Muster zurückfalle.« »Das kann ich gut verstehen, es gibt bisweilen Momente, in denen man so empfindet. Was hätten Sie jetzt gerne von mir?« »Ich weiß es nicht, ich fühle mich gerade ziemlich ratlos. Vielleicht, dass Sie mir etwas Mut machen?«

Das tue ich dann natürlich. Ich rufe Frau X in Erinnerung, wie gut sie mitarbeitet, wie rasch sie neu Instruiertes ein- und umgesetzt hat, wie mutig sie bis zum jetzigen Zeitpunkt war und wie viel Freiheit sie bereits zurückgewonnen hat. »Ich sehe den Verlauf bis heute sehr, sehr positiv, Sie machen es prima. Nun ist ein Moment gekommen, in dem Sie ganz klar eine Pause benötigen. Dass Sie nicht mehr in die Gänge kommen und einen Rückfall in alte Muster befürchten, ist ein deutliches Zeichen für Erholungsbedürftigkeit. Das ist völlig normal und nachvollziehbar. Sie erinnern sich vermutlich, dass ich zu Beginn unserer Arbeit gesagt habe, dass Sie sich die Therapie als eine Art Trainingslager vorstellen können. Nun, bei jedem Training sind auch Pausen wichtig und da sind wir gegenwärtig. Auch eine interessante Hüttenwanderung absolviert man nicht in einem Stück, sondern rastet zwischendurch und ruht sich aus. Genau das empfehle ich Ihnen jetzt. Lassen Sie für einen oder besser mehrere Tage sämtliche therapeutischen Bemühungen stehen und ruhen Sie sich aus. Ich verordne Ihnen ein paar Tage Therapie- und Übungspause. Danach rufen Sie mich an und berichten, wie Sie sich fühlen. Für heute würde ich nunmehr Schluss machen, damit Sie rasch zu Ihrer Erholung kommen.«

Anlässlich des Telefontermins ein paar Tage später meldet Frau X, sie fühle sich schon wieder ziemlich gut. Zu ihrer Freude seien die Ängste nicht stärker geworden und sie könne über das Gelernte wieder voll verfügen. Ich weise die Patientin darauf hin, dass das Erreichte offensichtlich bereits ziemlich gut verankert ist, erfreulicherweise. Im Weiteren rate ich ihr, das Übungstempo noch ein wenig länger moderat zu halten und das zu würdigen, was sie bereits geschafft hat.

Zur nächsten Sitzung erscheint Frau X in guter Verfassung, hat ihre Lebendigkeit, ihr Interesse und ihre Zugewandtheit zurückgewonnen. Sie wirkt einigermaßen aufgeräumt und möchte wissen, was es denn an Techniken noch zu lernen gebe. Ich mache ihr den Vorschlag, die Entschärfung störender Gedanken zu besprechen, und das machen wir dann. Ich instruiere Frau X in den verschiedenen Varianten der Defusion von bedrohlichen oder anderweitig unwillkommenen Gedanken, wobei ich insbesondere auf die Bedeutung kontextueller Gegebenheiten hinweise und auf die für Frau X ganz neue Möglichkeit, diese zu gestalten. Sie zeigt sich angenehm überrascht und meint dann, bisher habe sie immer nur vom positiven Denken gehört; davon, dass es wichtig sei, möglichst viele gute Gedanken zu denken oder die weniger guten um jeden Preis irgendwie auf die gute Seite herüberzuziehen. Sie habe sich das, wenn sie ehrlich sei, nie wirklich vorstellen können und ihre diesbezüglichen Versuche hätten auch nicht funktioniert. Für diese Misserfolge biete ich Frau X eine Erklärung an. Ich weise darauf hin, dass es in Momenten starken gedanklichen Unbehagens kaum gelingen kann, das Unangenehme um jeden Preis in etwas Angenehmes umzubauen. »Der Aufruf, das zu tun, ist ein nicht angemessener Appell und außerdem fast immer eine Überforderung. Das ist die eine Schwierigkeit mit dem positiven Denken. Die andere besteht darin, dass sich die betroffene Person gerade *wegen* der Aufforderung zum positiven Denken in ihrem momentanen Befinden schlicht nicht ernstgenommen fühlt – zu Recht. Beides ist einem günstigen Umgang mit störenden bzw. bedrohlichen Gedanken nicht förderlich. Außerdem ist diese Art des positiven Denkens eng verwandt mit Verwandlung und Vermeidung

– man ist nicht bereit, das Unangenehme als das zur Kenntnis zu nehmen, was es tatsächlich ist, nämlich einfach unangenehm, und versucht es sofort aus der Welt zu schaffen – und aus diesem Grunde mit Sicherheit nicht wirklich hilfreich. Schließlich fühlen sich zu guter Letzt die meisten, die am positiven Denken scheitern, auch noch als Versager; und das ist nun ganz gewiss nicht, was man in diesem Moment gebrauchen kann.« Frau X reagiert erleichtert auf diese Ausführungen, sie fühlt sich von einer wenig sinnvollen Aufgabe entbunden. Das Entschärfen von Gedanken hingegen, das weder eine (krampfhafte) Bewertungsänderung noch ein Resultat verlangt, leuchtet ihr ein, gerade weil es nichts einfordert, und sie sagt zu, sich darin zu versuchen.

Die neue Technik für einen günstigeren Umgang mit Gedanken scheint Frau X noch nicht wirklich zu behagen, wie sich beim folgenden Termin herausstellt. Sie beschreibt die Anwendung der Entschärfung als mühsam, zäh und wenig entspannend. Es gelinge ihr einfach nicht, sich die Gedanken in einem anderen Kontext vorzustellen, oder nur mit Schwierigkeiten. Ich erkundige mich, ob sie alle Varianten, die wir uns dafür angeschaut haben, ausprobiert habe, was Frau X nicht wirklich bestätigt. Ihre Antwort diesbezüglich klingt nach »Jein«. Dann will ich wissen, ob sie denn überhaupt zwei oder drei Gedanken ganz konkret in Worte gefasst und sogar aufgeschrieben habe, was abermals mit einem »Jein« quittiert wird, das nun allerdings eher Nein-lastig klingt. Mit anderen Worten, Frau X hat sich noch nicht wirklich an diese neue Technik herangemacht, kann mir jedoch nicht genau erklären, weshalb. »Kann es sein, dass Sie sich das Ganze nicht wirklich vorstellen können, dass es Ihnen zu wenig greifbar erscheint?« frage ich. Frau X ist unsicher. Ich rate ihr deshalb, noch einmal einen Versuch zu wagen; dieses Mal allerdings, indem sie die identifizierten Gedanken konkret auf verschiedene Zettel notiert (bitte für jeden Gedanken einen anderen Zettel benutzen) und diese an den unterschiedlichsten Orten platziert. Auf diese Weise dürfte dann die Verschiedenheit der Kontexte, in die Frau X die Zettel bzw. die Gedanken hineinsetzt, quasi greifbar werden, meine ich. Ich bitte die Patientin, bis zur nächsten Sitzung möglichst sämtliche Anwendungsmöglichkeiten zu versuchen, die wir besprochen haben.

Frau X hat sich redlich bemüht, wie sie zwei Wochen später berichtet; trotzdem bleibt ihr die Kontextveränderung fremd. »Sie gehört mir nicht und ich habe nicht den Eindruck, dass ich diese Technik zu meiner Sache machen kann«, sagt sie mit leiser Ermüdung in der Stimme. Ich würdige diese Feststellung und nehme sie ernst. Entlasten kann ich die Patientin sodann mit dem Hinweis, dass nicht jeder Mensch mit jeder Technik immer gut zurechtkommt, sondern dass es ganz unterschiedliche Neigungen gibt und diese zu berücksichtigen sind. »Sie müssen die Entschärfung nicht verwenden, wenn sie Ihnen nicht liegt«, versichere ich, »es gibt noch weitere Möglichkeiten, wie Sie mit störenden Gedanken besser umgehen können.« Dann greife ich zur Karussell-Technik, die ich Frau X erkläre und beschreibe, und bitte sie, damit zu experimentieren. Auf das Bild des Karussells springt Frau X sofort an, denn dazu hat sie eine ganze Kollektion an eigenen Erfahrungen. Mit dem Unterschied, dass sie sich jetzt nicht selbst auf die Reitschule setzt, sondern ihre Gedanken dort sitzen lässt. Oh ja, Frau X will das gerne ausprobieren.

In der kommenden Sitzung erweist sich die Karussell-Technik als ziemlicher Erfolg. Frau X konnte sich sofort in die Situation hineindenken und ihre unangenehmen Gedanken auf die Reitschule setzen. Fast hat sie bedauert, dass nicht sie auf einem der lackierten Tiere Platz nehmen durfte; dies umso mehr, als es auf ihrem Karussell sogar solche gibt, die sich während des großen Drehens noch auf und ab bewegen. Auf meine Bitte schildert Frau X anschließend, wie sie ihre Gedanken aufs Karussell gesetzt und was das bei ihr bewirkt hat.

Sie habe buchstäblich sehen können, wie die unerwünschten Gedanken auf der Reitschule Platz genommen und dort dann ihr Unwesen getrieben hätten, so Frau X. Es sei nicht restlos klar geworden, ob die Gedanken jeweils das Karussell zum Drehen brachten oder ob das drehende Karussell seinerseits die Gedanken erfasste und mit sich nahm. Sie selbst habe sich jedenfalls angesichts des Kreisens nicht mehr zuständig gefühlt und das sei sehr entlastend gewesen. Trotzdem habe sie zwischendurch einen Blick auf die Szenerie geworfen und dabei sei ihr klar geworden, dass sie sich auch ohne zu vermeiden einigermaßen frei fühlen könne; speziell der Wechsel zwischen dem Beobachten der rotierenden Gedanken-Reitschule einerseits und der Hinwendung zu eigenen Vorhaben andererseits sei neu und vermittle eine Art Freiheitserfahrung. Sie werde die Karussell-Technik auf jeden Fall weiter pflegen, denn damit könne sie nun umgehen.

Der Abschluss der Therapie rückt näher; es geht Frau X mittlerweile so gut, dass sie sich in ihrem Alltag weitgehend normal und ohne Einschränkung bewegen kann. Sie selbst äußert den Wunsch, die Therapie fürs Erste einmal abzuschließen, und schaut zuversichtlich in die Zukunft. Etwas beschäftigt Frau X allerdings und das ist die Frage, woher denn ihre Angststörung gekommen sei. Diese Frage ist nicht besonders drängend, aber doch so präsent, dass die Patientin sie in die vorerst letzte Sitzung mitbringt. Eine einfache Antwort vermag ich Frau X nicht zu geben; ich liefere jedoch ein paar Hinweise darauf, inwieweit Belastungen zu Angstsymptomen führen können, und erwähne dabei die Bedeutung verhinderter Werteverfolgung und die subjektiv erlebte Diskrepanz zwischen Anforderungen und selbst eingeschätzten Möglichkeiten zu deren Bewältigung. Dann mache ich Frau X mit dem Selbst-als-Kontext vertraut und benutze dazu die Metapher des Seelengartens. Vorher will ich aber noch wissen, wie es denn wäre, wenn es auf ihre Frage nach dem Woher überhaupt keine Antwort gäbe. »Ich bin nicht ganz sicher«, so Frau X, »aber ich glaube, allzu schlimm wäre das für mich wohl nicht. Es stehen mir ja einige sehr wirksame Techniken zur Verfügung, mit denen ich auf günstige Weise mit der Angst umgehen kann, und das steht für mich im Vordergrund; jedenfalls jetzt.«

Die Gartenmetapher bietet Frau X sodann die Möglichkeit, ihre Seelenwelt einfach einmal so zu betrachten, wie sie sich ihr im Moment darstellt. Es geht dabei einmal mehr ums reine Hinschauen, ums Beobachten und Feststellen. Dabei ist es unerheblich, die Herkunft der einzelnen Gartenbestandteile zu erforschen oder genau zu wissen, wie alles kommt; es besteht keine Notwendigkeit dazu. Selbstverständlich ist es *möglich*, diesen Themen nachzugehen, aber – und das dürfte entscheidend sein – es besteht kein Erfordernis, das unbedingt zu tun. Besser ist es, mit den aktuellen Gegebenheiten *umzugehen*, als sich in der Absicht zu verfangen, unbedingt deren Warum oder Woher zu ergründen (was überdies sehr oft nicht gelingt bzw. nicht gelingen kann). Das alles lege ich der Patientin dar und fahre fort: »Wer mehr über die Herkunft der Bestandteile des eigenen Seelengartens und der dort ablaufenden Prozesse in Erfahrung bringen möchte, soll sich gerne darin versuchen. Das ist ohne Zweifel interessant und erhellend, wenn es denn gelingt, und es ermöglicht Verständnis für sich selbst. Wenn es jedoch nicht gelingt, kann der Druck zur Suche zur zusätzlichen Belastung werden. Bezogen auf Symptome oder Störungen lässt sich sagen, dass allein die etwaige Erkenntnis über deren Herkunft leider noch keine Veränderungen ermöglicht. Man darf somit die Frage stellen, inwieweit solche Erkenntnisse therapeutisch wirklich relevant sind – also veränderungswirksam – auch wenn sie ein Stück weit Kontrolle vermitteln. Ganz sicher ist hingegen, dass ein kontextuell kontrollierter Umgang mit Symptomen unmittelbar Veränderung erzeugt. Wer sich darauf einlässt, hat gute Aussichten auf Neugestaltung und damit auf ein Erleben und Verhalten, das mehr den eigenen Vorstellungen und Werten entspricht.

Das ist die ganz gute Nachricht, für Sie und alle anderen auch.«

# 9 Schlusswort

Worum geht es in der Psychotherapie? Oder worum sollte es gehen?

Die Antwort scheint einfach: Den Menschen soll gezeigt werden, wie sie mehr diejenigen werden können, die sie eigentlich sind bzw. sein möchten. Das ist ein wunderbarer Gedanke und ein sehr liberaler dazu. Er passt zu Gesellschaften, die eine Aufklärung erlebt haben, in der bekanntlich die Bedeutung des Individuums, dessen Zuständigkeit für sich selbst und die damit einhergehende Verantwortung im Zentrum stehen. Man dürfte demnach wohl sagen, dass es in der Psychotherapie ganz wesentlich um Befreiung oder Freiheit geht, um das Erarbeiten oder (Wieder-) Finden der persönlichen Souveränität. Psychotherapie sollte demnach Menschen darin unterstützen, zu leben, was sie sind. Das bedingt natürlich, dass man weiß, wer bzw. was man ist; und das wiederum erfordert, dass man zu diesem Wissen kommt.

Die ACT, auf die ich mich im vorliegenden Buch beziehe, liefert für diesen Wissenserwerb hoch wirksame Anleitungen. Sie erklärt, wie man es genau anstellen kann, um mehr und Entscheidendes über sich selbst zu erfahren (Selbst-als-Kontext, Werte); und sie zeigt, wie es gelingen kann, sich vom Weg zum so wichtigen Wissen über sich selbst durch Hindernisse oder störende Einflüsse nicht abbringen zu lassen – mithilfe entsprechender Prozesse oder Techniken (Akzeptanz, Defusion). Man darf sich demnach, ausgerüstet mit diesen Werkzeugen, getrost auf den Weg zu sich selbst machen, die Route ist bekannt bzw. wird es während der Reise immer mehr. Oder, anders ausgedrückt, man darf sich aufmachen in ein Gebiet der Möglichkeiten, das einem vielleicht bis zu diesem Moment nur in Teilen bekannt war oder, das wäre der schlechteste Fall, noch überhaupt nicht. Der Mensch wäre also, um noch einmal eine Metapher zu verwenden, ein Reisender nicht nur im Leben, sondern auch in sich selbst; ein Wesen, das sich aufmacht, den Raum seiner eigenen Möglichkeiten zu betreten, zu erkunden, zu erforschen. Das bedeutet aktiv sein, sich bewegen, handeln, etwas tun, konkret und mental; denn nur durch bewegungsloses Warten wird man den eigenen inneren Garten nicht kennen und nutzen lernen. Mit diesem notwendigen Tätigsein wären wir beim aktiven Handeln der ACT. Und damit wir auf unserer Reise die Fülle des Augenblicks jeweils nicht einfach verpassen, können wir ein weiteres Werkzeug nutzen, das die ACT bereit hält: die Achtsamkeit.

Wo echte Reisende im realen Leben ihr Gepäck zusammenstellen, das meist aus Kleidern, Toilettenartikeln und allerlei weiterem Zubehör besteht, können Menschen, die sich auf die Lebens- oder Innenreise begeben, ihren Koffer oder Rucksack mit den Wirkkomponenten und Techniken der ACT packen und sind bestens gerüstet. Das ist ein sehr kostbares und trotzdem sicheres Gepäck, denn weder kann es verderben noch gestohlen oder an eine falsche Destination verfrachtet werden. Man hat es immer bei sich. Es ist leicht, alles andere als platzraubend und muss nicht versichert werden.

Ein weiterer Vorteil besteht darin, dass man eine (Innen-)Reise mit diesem Gepäck jederzeit beginnen kann. Die ACT-Ausrüstung macht es einem leicht, denn sie bedarf keiner umständlichen Bedienungsanleitungen, um sich als nützlich zu erweisen; sie ist handlich im Gebrauch, eingängig und klar. Also, wie man heute modern vielleicht sagen würde, ein echtes Starter Kit, das sich auch im fortgesetzten Einsatz bewährt.

Und dann? Was bringt es, wenn ein Mensch erfolgreich seine Lebens- oder Innenreise absolviert und weiß, was er selbst ist oder sein möchte? Zum Beispiel dieses: Die Wahrscheinlichkeit, dass ein solcher Mensch psychopathologische Symptome entwickelt, ist ziemlich gering; denn er bewegt sich ja auf dem Weg der Annäherung an die Befriedigung seiner psychischen Grundbedürfnisse. Und das ist, wie wir gelernt haben, ein entscheidender Faktor für psychisches Wohlergehen bzw. psychische Gesundheit; die gesunden Richtungsgeber sind aktiv, Symptome werden nicht benötigt. Davon dürfte nicht nur dieser einzelne Mensch profitieren, sondern auch die Gesellschaft. Ihr steht nämlich mit diesem Menschen jemand zur Verfügung, der nicht nur nicht stört, sondern aufgrund seiner gesunden Möglichkeiten auch aktiv zum Wohlergehen der Gemeinschaft beitragen kann und das vermutlich auch tun wird.

In diesem Sinne wären dann die persönliche Freiheit und das Wohlergehen des bzw. der Einzelnen auch wesentlich für das Wohlergehen einer Gesellschaft oder Gemeinschaft. Wobei an dieser Stelle noch einmal darauf hingewiesen wird, dass Wohlergehen *nicht* bedeutet, keinem Leiden zu begegnen, sondern trotz oder mit dem Leiden, das dem Leben immanent ist, immer wieder Erfüllung zu erfahren.

Damit soll keinesfalls etwa einer egoistischen oder gar rücksichtslosen Selbstbezogenheit das Wort geredet werden, was sich aus einem tieferen psychologischen Verständnis des bisher Geschriebenen auch nicht ergibt. Denn Egoismus bzw. Rücksichtslosigkeit würden gerade nicht einer Befriedigung der psychischen Grundbedürfnisse mittels hilfreicher Werkzeuge entsprechen, sondern wären wohl eher ein ziemlich unglücklicher Versuch, sich irgendwie in Richtung der obersten Sollgrößen zu bewegen, dabei eine Spur der menschlichen Verwüstung hinterlassend. Darum kann es demnach nicht gehen. Vielmehr geht es darum, dass jeder Mensch (zu) sich selbst findet und den eigenen inneren Garten pflegt und pflegen darf. Dass alle ihr eigenes Selbst-als-Kontext leben, nutzen, begehen dürfen, den ureigenen Raum der Möglichkeiten – und von da aus ins Leben wirken, in die Welt. Das hat entfernte Ähnlichkeit mit dem, was der Volksmund meint, wenn er sagt, zuerst sollte man vor seiner eigenen Türe kehren, wobei diese Redewendung wegen ihrer Aufforderung zu Selbstkritik wesentlich harscher daher kommt als die Vorstellung des inneren Gartens. Beiden gemeinsam ist allerdings die Anregung, zuerst bei bzw. in sich selbst nach dem Rechten zu sehen.

Wenn man das nicht als Pflicht, sondern als Gelegenheit betrachtet, kommt man schnell wieder in die Nähe der Freiheit und diese ist ein hohes Gut. Sie sollten wir bewahren, so gut wir können; für sie sollten wir allergrößte Sorge tragen, nicht nur im individuellen, sondern auch im gesellschaftlichen und politischen Umfeld, denn allenthalben steht Freiheit unter Druck. Normopathie scheint sich von der individuellen auf die politische und damit gesamtgesellschaftliche Ebene (wiederum) auszubreiten und bringt alles in Gefahr, was sich dem Prokrustesbett des Fundamentalismus, egal, welcher Couleur, entziehen will. Nur eine vielfältige Gesellschaft dürfte eine gesunde und entwicklungsfähige Gesellschaft sein; Monokultur dagegen, Gleichmacherei oder sogar Gleichschaltung sind lebensfeindlich und zerstörend. Stützen wir also die Vielfalt, nicht nur mit dem Einrichten von Magerwiesen und Blühstreifen in der Natur, sondern auch mit der Wertschätzung und Förderung der Einzigartigkeit eines jeden Menschen. Helfen wir mit, Magerwiesen und Blühstreifen für Menschen zu schaffen, auf denen deren Individualität und Mannigfaltigkeit zum Tragen kommen und die von der Natur vermutlich vorgesehene Diversität verwirklichen. Es geht um das Begreifen und Würdigen von Vielfalt, denn deren Gegenteil, die Einfalt, hat nur selten wirklich segensreiche Auswirkungen. Öffnen wir den Fächer des Lebens.

Aus all diesen Überlegungen und Erwägungen ergibt sich – und ich hoffe, dass ich mich meinen Leserinnen und Lesern verständlich machen konnte –, worum es in der Psychotherapie vermutlich *nicht* an erster Stelle gehen sollte, nämlich um das Beseitigen von Symptomen oder das Einpassen von Individuen in die Gesellschaft. Wobei ich selbstverständlich nicht bestreite, dass es Störungsarten gibt, bei denen sowohl die Symptomreduktion an erster Stelle stehen muss (alleine schon aus ethischen Gründen, um den Betroffenen schweres Leiden zu erleichtern oder zu ersparen) als auch das passend Machen, soweit das überhaupt möglich ist (z. B. bei schwerer Delinquenz mit psychopathologischem Hintergrund). Sonst aber sollte an erster Stelle stehen, den Menschen zu sich selbst und seinen Möglichkeiten hinzuführen, zu dem, was er ist oder sein will. Auf diesem Weg ergibt sich auch die Chance, dass Symptome die Steuerung des Seelenlebens, die sie übernommen haben, an jene Instanzen abgeben, die eigentlich dafür vorgesehen sind: die vier psychischen Grundbedürfnisse, die persönlich wichtigen Werte und die Herzensangelegenheiten.

Lassen wir zum Schluss noch einmal Viktor Frankl zu Wort kommen:

> »Jeder Tag, jede Stunde wartet also mit einem neuen Sinn auf, und auf jeden Menschen wartet ein besonderer Sinn. Sinn ist also immer ein anderer. Aber immer *gibt* es einen, bis zuletzt. Denn es gibt keine Person, für die das Leben nicht eine Aufgabe bereithielte, und es gibt keine Situation, in der das Leben aufhören würde, uns eine Sinnmöglichkeit anzubieten.« (1981, S. 60)

Und weiter:

> »Nicht wir dürfen nach dem Sinn des Lebens fragen – das Leben ist es, das Fragen stellt, Fragen an uns richtet – wir sind die Befragten! Wir sind die, die da zu antworten haben, Antwort zu geben haben auf die ständige, stündliche Frage des Lebens, auf die ›Lebensfragen‹. Leben selbst heißt nichts anderes als Befragt-sein, all unser Sein ist nichts weiter als ein Antworten – ein Ver-Antworten des Lebens. In dieser Denkposition kann uns aber jetzt auch nichts mehr schrecken, keine Zukunft, keine scheinbare Zukunftslosigkeit. Denn nun ist die Gegenwart alles, denn sie birgt die ewig neue Frage des Lebens an uns. Nun kommt

# 9 Schlusswort

alles darauf an, was jeweils von uns erwartet wird. Was jedoch in der Zukunft auf uns wartet, brauchen wir ebenso wenig zu wissen, wie wir es wissen können ... Aber nicht nur von Stunde zu Stunde wechselt die Frage, die das Leben an uns stellt und in deren Beantwortung wir den Sinn des Augenblicks verwirklichen können, sondern sie wechselt auch von Mensch zu Mensch: Die Frage ist in jedem Augenblick für jeden einzelnen durchaus verschieden.« (ebd. S. 88)

In diesem Sinne: let's ACT!

# Literatur

Alsleben, H. (2005). Psychoedukation bei Angst- und Panikstörungen. *Psychotherapie im Dialog, 4,* 419–424.
Ambühl, H., Meier, B., Willutzki, U. (2001). *Soziale Angst verstehen und behandeln. Ein kognitiv-verhaltenstherapeutischer Zugang.* Stuttgart: Pfeiffer bei Klett-Cotta.
Ambühl, H., Meier, B. (2003). *Zwang verstehen und behandeln. Ein kognitiv-verhaltenstherapeutischer Zugang.* Stuttgart: Pfeiffer bei Klett-Cotta.
Bandelow, B., Wiltink, J., Alpers, G.W., Benecke, C., Deckert, J., Eckhardt-Henn, A., Ehrig, C., Engel, E., Falkai, P., Geiser, F., Gerlach, A.L., Harfst, T., Hau, S., Joraschky, P., Kellner, M., Köllner, V., Kopp, I., Langs, G., Lichte, T., Liebeck, H., Matzat, J., Reitt, M., Rüddel, H.P., Rudolf, S., Schick, G., Schweiger, U., Simon, R., Springer, A., Staats, H., Ströhle, A., Ströhm, W., Waldherr, B., Watzke, B., Wedekind, D., Zottl, C., Zwanzger, P., Beutel, M.E. (2014). *S3-Leitlinie. Behandlung von Angststörungen.* Zugriff am 19. 09.22 unter https://www.awmf.org/uploads/tx_szleitlinien/051-028l_S3_Angststörungen_2014-05_1.pdf
Bentz, D., Michael, T., Margraf, J. (2009). Konfrontation und Exposition. *Psychiatrie und Psychotherapie up2date 3/2009.* Stuttgart: Thieme. Zugriff am 23.11.22 unter www.researchgate.net/publication/247476904_Konfrontation_und_Exposition
Berkowitz, R.L., Coplan, J.D., Reddy, D.P., Gorman, J.M. (2007). The Human Dimension: How the Prefrontal Cortex Modulates the Subcortical Fear Response. *Reviews in the Neurosciences 18(3–4)*:191–207. DOI:10.1515/REVNEURO.2007.18.3-4.191. Zugriff am 01.10.22 unter www.researchgate.net/publication/5826667_The_Human_Dimension_How_the_Prefrontal_Cortex_Modulates_the_Subcortical_Fear_Response
Betsch, T., Funke, J., Plessner, H. (2011). *Denken-Urteilen, Entscheiden, Problemlösen. Allgemeine Psychologie für Bachelor.* Kapitel 12. Berlin Heidelberg New York: Springer. Zugriff am 19.11.22 unter https://lehrbuch-psychologie.springer.com/sites/default/files/atoms/files/betsch_leseprobe.pdf
Boysen, F. (2011). *Motivationale Ziele und Depression. Untersuchungen zum Zusammenhang von motivationalen Zielen und Depression in Chile und Deutschland.* Dissertation, Fakultät für Verhaltens- und Empirische Kulturwissenschaften. Heidelberg: Ruprecht-Karls-Universität. Zugriff am 16.11.22 unter http://archiv.ub.uni-heidelberg.de/volltextserver/12403/1/DissertationBoysen.pdf
Brockmann, J., Kirsch, H. (2010). Konzept der Mentalisierung. Relevanz für die psychotherapeutische Behandlung. *Psychotherapeut 55:* 279–290. Zugriff am 19.07.23 unter https://www.adler-institut-mainz.de/uploads/media/Mentalisierung_UEbersichtsarbeit.pdf
Busch, W. (1925). *Max und Moritz.* Villnachern, Schweiz: Mathias Ettlin. (Original erschienen 1865).
Chopra, D. (2005). *Die sieben geistigen Gesetze des Erfolgs.* Berlin: Ullstein.
dvt – Deutscher Fachverband für Verhaltenstherapie e.V. (2022). *Was ist Verhaltenstherapie?* Zugriff am 04.11.22 unter https://www.verhaltenstherapie.de/verhaltenstherapie/was-ist-verhaltenstherapie
DGKV – Deutschsprachige Gesellschaft für kontextuelle Verhaltenswissenschaften (2023). *Funktionaler Kontextualismus (FK).* Zugriff am 10.04.23 unter https://dgkv.info/act-co/funktionaler-kontextualismus/
Dorsch (2024). Lexikon der Psychologie, herausgegeben von M. A. Wirtz. Zugriff am 06.06. 2024 unter https://dorsch.hogrefe.com

# Literatur

Ehlers. A., Margraf, J. (1994). Agoraphobien und Panikanfälle. In H. Reinecker (Hrsg.), *Lehrbuch der Klinischen Psychologie. Modelle psychischer Störungen* (S. 117–156). Göttingen: Hogrefe.
Elze, S., Elze, M. (2022). Ängste Fachinformationen. Ängste.info. *Epidemiologie*. Zugriff am 01.10.22 unter https://ängste.info/angststoerungen-epidemiologie
Fiedler, P. (1994). Persönlichkeitsstörungen. In H. Reinecker (Hrsg.), *Lehrbuch der Klinischen Psychologie. Modelle psychischer Störungen* (S. 219–266). Göttingen: Hogrefe.
Frankl, V.E. (1981). *Die Sinnfrage in der Psychotherapie*. München: R. Piper & Co. Verlag.
Frankl, V.E. (1982). *…trotzdem Ja zum Leben sagen. Ein Psychologe erlebt das Konzentrationslager*. München: Deutscher Taschenbuch Verlag GmbH & Co. KG. (Original erschienen 1977).
Grawe, K. (1998). *Psychologische Therapie*. Göttingen: Hogrefe.
Gropalis, M. (2014). *Hypochondrie und Krankheitsangst*. 27.03.2014 DGVT Kongress. Zugriff am 01.10.22 unter https://www.dgvt.de/fileadmin/user_upload/Dokumente/Kongress/Kongress_2014/Gropalis_WS13_Do.27.03.2014_Teil_1.pdf
Haferburg, M. (2001). *Reizkonfrontationsverfahren in der Verhaltenstherapie*. München: GRIN-Verlag. Zugriff am 23.11.22 unter https://www.grin.com/document/103814
Harris, R. (2012). *Wer dem Glück hinterher rennt, läuft daran vorbei*. München: Kösel.
Hayes, S., Strosahl, K.D., Wilson, K.G. (2014). *Akzeptanz- & Commitment-Therapie. Achtsamkeitsbasierte Veränderungen in Theorie und Praxis*. Paderborn: Junfermann Verlag.
Heckhausen, J., Heckhausen, H. (2011). *Motivation und Handeln: Einführung und Überblick*. Zugriff am 17.11.22 unter https://www.researchgate.net/publication/226473402_Motivation_und_Handeln_Einfuhrung_und_Uberblick
ICD-10-GM (2022). Zugriff am 17.09.22 unter https://www.bfarm.de/DE/Kodiersysteme/Klassifikationen/ICD/ICD-10-GM/_node.html
Kanfer, F.H., Reinecker, H., Schmelzer, D. (1996). *Selbstmanagement-Therapie. Ein Lehrbuch für die klinische Praxis*. Berlin, Heidelberg, New York: Springer.
Kanfer, F.H., Saslow, G. (1969). Behavioral analysis: An alternative to diagnostic classification. *Archives of GeneralPsychiatry, 12*, 529–538.
Kanfer, F.H., Saslow, G. (1974). Verhaltenstheoretische Diagnostik. In D. Schulte (Hrsg.), *Diagnostik in der Verhaltenstherapie* (S. 24–59). München: Urban &Schwarzenberg.
Kensche, M., Schweiger, U. (2015). Die Bezugsrahmentheorie – Eine Grundlage zum Verständnis von kontextuellen Psychotherapiemethoden. *PPmP – Psychotherapie Psychosomatik Medizinische Psychologie 65(07)*, 273–284. Zugriff am 06.02.23 unter https://www.researchgate.net/publication/281733856_Die_Bezugsrahmentheorie_-_Eine_Grundlage_zum_Verstandnis_von_kontextuellen_Psychotherapiemethoden
Kensche, M., Schweizer, U. (2015). Einführung in die Bezugsrahmentheorie (RFT). *Fortschr. Neurol Psychiatr, 83*, 290–302. Zugriff am 01.02.23 unter https://contextualscience.org/files/ACBS-WC13-PreConf-RFT.pdf
Kriz, J. (1994). *Grundkonzepte der Psychotherapie. Eine Einführung*. Weinheim: Beltz Psychologie Verlags Union.
Lotz, N.W. (2012). 5 Fragen an… *Report Psychologie*. Zugriff am 24.03.2023 unter www.reportpsychologie.de/fileadmin/user_upload/Thema_des_Monats/7-8-12_Lotz.pdf
Lutherbibel (2017). Zugriff am 07.07.23 unter https://www.die-bibel.de/bibeln/online-bibeln/lesen/LU17/JHN.5/Johannes-5
Margraf, J., Schneider, S. (2009). *Lehrbuch der Verhaltenstherapie Band I*. Heidelberg: Springer.
Pape, H.-C. (2015). Angst beherrscht man nicht, ohne Furcht zu kennen. *dasGehirn.info*. Zugriff am 02.10.22 unter https://www.dasgehirn.info/entdecken/große-fragen/angst-beherrscht-man-nicht-ohne-furcht-zu-kennen
Pascal, B. (1913). *Les Pensées*. London: Dent, Paris: Mignot. (Original erschienen 1670).
Pass, T. (2012). *Der Seelengarten. Das therapeutische Sandspiel als Brücke zum Unbewussten*. Münster: Waxmann.
Petković, A. (2022). Die Stille auf meiner Seite des Netzes. *DIE ZEIT 37*, 47.
Pfammatter, M., Junghan, U.M., Tschacher, W. (2012). Allgemeine Wirkfaktoren der Psychotherapie. *Psychotherapie 17(1)*, 17–31. Zugriff am 28.12.22 unter www.privatklinik-meiringen.ch/privatklinik-meiringen/assets/File/Pfammatter_etal_12.pdf
Powers, W.T. (1973). *Behavior: The Control of Perception*. New York: Aldine.

Reinecker, H. (1994). Soziale und spezifische Phobien. In H. Reinecker, (Hrsg.), *Lehrbuch der Klinischen Psychologie. Modelle psychischer Störungen* (S. 91–109). Göttingen: Hogrefe.

Saint-Exupéry, A. (2005). *Der Chly Prinz, Bärndütsch vom Lorenz Pauli.* Bern: Verlag Lokwort.

Scanziani, P. (1985). *Die Entronauten. Die Reise zu den Weisen unserer Erde, eine Begegnung mit Sufis und Lamas, mit Saddhus und Anachoreten und den Meistern unter uns.* Zürich: SV international/Schweizer Verlagshaus AG.

Schmid, D. (2021). *Handbuch für den Umgang mit Angst- und Zwangspatienten.* Verfasst für die Pflegenden der Privatklinik Wyss, Münchenbuchsee.

SGVT – Schweizerische Gesellschaft für kognitive Verhaltenstherapie (2022). *Kognitive Verhaltenstherapie.* Zugriff am 07.11.22 unter www.sgvt-sstcc.ch/fuer-ratsuchende/verhaltenstherapie

Sheikh Saadi von Shirazi (1998). *Gulistan – Der Rosengarten.* Freiburg im Breisgau: Herder.

Sprenger, R.K. (2001). *Aufstand des Individuums. Warum wir Führung komplett neu denken müssen.* Frankfurt/Main: Campus Verlag GmbH.

Strasberg, L. (1988). *Schauspielen und das Training des Schauspielers.* W. Wermelskirch, (Hrsg.). Berlin: Alexander Verlag.

Tina mobil, Folge 6: *Ick lebe noch.* Zugriff am 07.06.2023 unter www.ardmediathek.de/video/tina-mobil/folge-6-ick-lebe-noch-s01-e06/rbb-fernsehen/

Törneke, N. (2012) *Die Bezugsrahmentheorie.* Paderborn: Junfermann Verlag. Zugriff am 01.02.23 unter https://contextualscience.org/files/ACBS-WC13-PreConf-RFT.pdf

Ulich, D. (1989). *Das Gefühl. Eine Einführung in die Emotionspsychologie.* München: Psychologie Verlags Union.

Voderholzer, U. (2019). Die Dritte Welle der Verhaltenstherapie – Überlegenheit im Vergleich mit klassischer kognitiver Verhaltenstherapie? *Verhaltenstherapie 29,* 77–79. Basel: Karger. Zugriff am 22.11.22 unter www.karger.com/Article/Pdf/500697

Welsch, H. (2020). *The Effectiveness of Impact Techniques: An Underrated Intervention in a Psychotherapist's Toolbox.* PhD (Doctor of Philosophy) in Psychology. University of Nicosia. Zugriff am 04.01.23 unter https://repository.unic.ac.cy/archive/item/2881?lang=en

Wenz, G. (2006). *Der Begriff Angst. Eine Erinnerung an Sören Kierkegaard (1813–1855).* Vortragszyklus (Ringvorlesung) Zentrum Seniorenstudium LMU. Zugriff am 02.10.22 unter https://epub.ub.uni-muenchen.de/1164/1/senior_stud_2006_07_01.pdf

Wikipedia (2022a). *Epiktet.* Zugriff am 19.11.22 unter https://de.wikipedia.org/wiki/Epiktet.

Wikipedia (2022b). *Kognitive Verhaltenstherapie.* Zugriff am 04.11.2022 unter https://de.wikipedia.org/wiki/Kognitive_Verhaltenstherapie

Wikipedia (2022c). *Sein und Zeit.* Zugriff am 04.10.22 unter https://de.wikipedia.org/wiki/Sein_und_Zeit

Wikipedia (2023a) *Intensive journal method.* Zugriff am 04.01.23 unter https://en.wikipedia.org/wiki/Intensive_journal_method.

Wikipedia (2023b). Karlheinz Böhm. Zugriff am 14.07.2023 unter https://de.wikipedia.org/wiki/Karlheinz_Böhm

Wittchen, H.-U., Bullinger-Naber, M., Dorfmüller, M., Hand, I., Kaspar, S., Katschnig, H., Linden, M., Margraf, J., Möller, H.-J., Naber, D., Pöldinger, W., van de Roemer, A., (1995). *Hexal-Ratgeber Angst: Angsterkrankungen, Behandlungsmöglichkeiten.* D-Freiburg und Basel: Karger.

# Stichwortverzeichnis

## A

Ablenkung 16, 114
Achtsamkeit 40, 51, 55, 77, 81, 96, 98, 99, 104, 114, 169
Agoraphobie 16, 20, 21, 25, 53, 79, 152, 155
Akzeptanz 11, 73, 97, 99, 101–104, 114, 139
Alarmierung 18, 98
Alltag 16, 19, 26, 48, 54, 56, 67, 78, 94, 96, 100, 133, 137, 140, 143, 159, 160, 163
Angst 13, 15, 17–20, 22, 31, 39, 40, 42, 66, 68, 69, 94, 96, 98, 99, 107, 117, 123, 138, 147, 153, 154
Angsthierarchie 31
Angstkreis 50, 52, 56, 105
Angstkurve 41, 42, 53, 54, 56, 66, 69, 105
Angstreduktion 23, 39, 67, 96
Angststörung 15, 16, 19–22, 24, 25, 31, 39, 40, 45, 53, 54, 56, 65, 71, 78, 86, 91, 94, 122, 167
Annäherung 34, 38, 42, 57, 63, 78, 86, 131, 132, 138, 139, 170
Assoziations-Gesetz 29
Ausdehnen 117, 159
Ausweitung verbaler Prozesse 91

## B

Basislager 121, 129
Befriedigung 31, 34, 57, 62, 77, 86, 133, 170
Behaviorismus 30, 80–82
Beobachten 20, 41, 53, 55, 73–75, 79, 93, 97, 100, 167
Beobachtendes Ich 73
Beobachtermodus 54, 95, 159
Beobachtungswille 13
Bestandsaufnahme 103
Bestrafung 32, 38, 76, 78, 81, 143
Bewältigung 15, 24, 32, 54, 59, 67, 72, 123, 124, 167

Bewertung 15, 31, 34, 36, 51, 52, 71, 75, 91, 95, 100, 104, 156, 158
Bewertungsferne 12, 51, 92, 103
Beziehungsgestaltung 56, 58, 62
Bezug 68, 73, 82–84, 91, 93, 99, 131, 134, 135
Bezugnahme
– kombinatorische 83
– wechselseitige 82
Bezugsrahmen 82, 83
Bezugsrahmentheorie 73, 82
Brisanz 105, 110, 148
Brombeer-Ernte 107
Buchstäblichkeit 91

## C

Commitment 11, 131
Consequence 36, 81

## D

Defusion 77, 78, 106, 108, 109, 111, 115, 121, 148, 165
Depressionen 22, 25, 29
Desensibilisierung 31, 39, 42
Diagnostik 21, 81
Differentialdiagnose 22
Durchstehen 53, 66, 71
Dynamik 17, 39, 55, 121, 124, 155

## E

E-Prinzip 53, 54, 66, 69, 71, 87, 96, 104, 105, 111, 156
Einstellung 28, 36, 130, 137
Emotion 17, 19, 27, 32–34, 36–38, 47, 51, 53, 133, 154, 156, 159
Emotionsregulation 40, 81, 133
Engagiertes Handeln 130–132, 137–139
Entschärfung 66, 70, 71, 77, 109, 112, 139, 165
Erfahren 45, 49, 85, 100, 102, 169

Erfahrung   17, 18, 29, 33, 36, 39, 42, 44, 47–49, 51, 53, 56, 57, 61, 67, 74, 79, 87–89, 99, 103, 105, 107, 110, 135, 155, 157, 162, 167
Erfülltsein   12, 133
Erfüllung   64, 132, 139, 144, 170
Ergebnisbezogen   101
Ergebnisoffen   53, 55, 66, 92, 97, 101
Erlebnis   19, 29, 45, 49, 55, 67, 79, 134, 135, 139, 140, 145
Erlebnisqualität   47, 137
Erleichterung   13, 32, 33, 38, 52, 163
Exposition   39–42, 44, 47, 53–55, 59, 66, 69, 76, 87, 156
– in sensu   42, 69
– in vivo   42, 44, 53, 69
– kognitive   42, 44
Expositionsprinzip   39
Extinktion   40

## F

Fertigkeiten   77, 78, 157
Festlegung   51, 72, 75, 90, 122
Feststellen   20, 158, 167
Flexibilität   58, 73, 75, 89, 93, 95, 118
Flooding   42, 44
Flucht   13, 15, 145, 160
Forderung der Stunde   64, 87, 95
Freiheit   40, 53, 64, 66, 69, 78, 79, 86, 105, 107, 108, 117, 121, 131, 132, 144, 154, 162
Freiraum   67, 70, 77, 92, 93, 96, 106, 108, 118, 162
Funktional   87, 88, 106, 129
Furcht   16, 18, 43
Fusion   106

## G

Gedanken   17, 26–29, 33, 36, 46, 50, 53, 66, 70, 106, 109, 114, 115, 121, 165
Gefühl   18, 29, 33, 70, 106, 115, 121, 159
Gegenkonditionierung   31, 32, 40
Gegenmaßnahmen   33, 51, 139
Gegenwärtigkeit   12, 64
Gelassenheit   104, 106, 139, 163
Gelassenheits-Also   104, 105
Generalisierte Angst   16, 21, 25, 54, 118
Gesetz des Effektes   30
Gewahrsein   74, 77
Glück   12, 63
Grundbedürfnisse   34, 57, 62, 81, 86, 131, 139, 143, 170, 171

## H

Habituation   40
Haltung   54, 66, 86, 92, 94
Handeln   15, 49, 64, 78, 79, 130
Handlungsbereitschaft   15, 17, 55
Herzblut   77, 140
Herzensangelegenheiten   63, 140, 142–144, 147, 171
Herzenswünsche   27, 60, 77, 93, 132, 139, 140
Horizontale Verhaltensanalyse   81
Hypochondrische Angst   21

## I

Inkongruenz   34
Intentionen   34

## K

Kampf   15, 17, 99, 114, 115, 117, 123, 138
Karussell-Technik   114, 166, 167
Kernprozesse   93, 95, 147
Klarheit   20, 54, 59
Klärung   59–61, 123, 147, 148
Klassische Konditionierung   23
Kognitionen   28, 29, 34, 36, 37, 45, 66
Kognitive Modelle   23
Kognitive Verhaltenstherapie   26, 28, 39
Kompetenz-Bewusstsein   47
Komplementär   56–58
Kongruenz   34, 131
Konkretisierung   110, 114, 117, 136
Konsequenz   32, 36, 81, 89, 130, 131
Kontext   35, 68–70, 74, 82, 84, 93, 108, 109, 143, 166
– der Buchstäblichkeit   91
– funktionaler   84, 86, 88, 93
– relationaler   84, 90, 93
Kontextbedingungen   108, 112
Kontextveränderung   68, 70, 109, 111, 114, 166
Kontiguität   30
Kontingenzmanagement   78
Kontrolle   19, 20, 40, 55, 69, 73, 82, 94, 101, 105, 131
Kontrolltheorie   33, 34
Krankheitsangst   21, 145
Kreativität   63, 73, 76, 94

## L

Latentes Lernen 31
Lebenszeitprävalenz 25
Leiden 42, 44, 46, 55, 57, 63, 64, 83, 88, 170
Lernen 29, 37, 67, 103
– Modell- 35, 135
– operantes 32, 35
Lerntheoretische Modelle 23
Lerntheorien 29, 31, 32, 35
Liberal 63, 169

## M

Machbarkeit 59, 94, 147
Mangelhafte Unterdrückung 24
Menschlichkeit 146
Metapher 14, 70, 74, 88, 116, 118, 128, 130, 147
Modelllernen 32
Möglichkeitsraum 71, 76

## N

Negative Verstärkung 18
Neugierde 13, 98–100, 111
Neurobiologische Modelle 24
Neutral 51, 69, 97, 105, 157
neutral 23, 29, 33
Neutral feststellen 92, 98
Neutrale Feststellen 50
Neutrales Feststellen 52, 54, 97, 100, 103, 157

## O

Offenheit 92, 93, 95, 99
Operante Konditionierung 23, 30, 90
Organismusvariable 81

## P

Panikstörung 20, 25, 53, 54
Plananalyse 34
Pliance 89, 90
Positivierung 26, 50
Positivität 50
Psychodynamische Modelle 24
Psychoedukation 55

## R

Rahmen 68, 92, 110, 155
Rational-emotive Verhaltenstherapie 28, 36
Raumgeben 66, 70, 71, 77, 109, 114–118, 120–122, 159
Realangst 15, 17
Realität 28, 44, 48, 68, 72, 82, 83, 89, 91, 135, 136
Regel 21, 67, 68, 81, 89, 90, 92
Regelgesteuertes Verhalten 89, 91
Reiz-Reaktions-Schema 30
Relation 82, 84
Relational Frame Theory 82
Relational Frames 82
Resignation 102, 103
Ressourcenaktivierung 62
Resultat 30, 53, 69, 86, 95, 96, 104, 161
Risiko 22, 37, 48, 72, 139

## S

S-O-R-K-C 81
Schemata 57, 58, 60
Schutzhütten-Metapher 128, 129
Seelen-Navigation 95
Seelen-Protagonisten 75, 76, 121, 129
Seelengarten 74, 75, 98, 121, 129, 148, 167
Sei's drum 104, 105, 111
Selbst-als-Kontext 71, 73, 74, 77, 121, 122, 124, 126, 128, 167
Selbstkonzept 71, 73, 74, 121
Selbstwirksamkeit 13, 40, 86
Shaping of behavior 30, 90, 136
Sicherheitsverhalten 16, 22, 49
Sinn 64, 65, 95, 125, 132, 139, 144, 171
Situativ 54, 68, 92
So-Sein 47
Soziale Phobie 20, 25
Spezifische Phobie 20, 25
Sprache 67, 82, 83, 89, 91, 94, 109
Sprengkraft 70, 109, 110
Stimulus 30, 81–83
Stimuluskontrolle 35, 78
Systematische Desensibilisierung 31, 32, 39, 42

## T

Technik 32, 35, 37, 45, 53, 60, 66, 70, 94, 95, 105, 106, 108, 109, 114, 115, 147, 152, 155, 158, 169
Transformation 82, 83

## U

Übung  48, 54, 56, 78, 83, 97, 98, 104, 117
Umbau  36, 45, 46, 53, 55, 59, 65, 66, 85, 124, 139
Umstrukturierung  36, 45, 47, 66, 70
Unbehagen  33, 34, 38, 67, 90, 139, 143, 157, 160
Unklarheit  18, 95

## V

Verantwortung  55, 64, 87, 131, 133, 141, 169
Verhalten  15, 23, 26–28, 30, 32, 35, 37, 58, 76, 80, 81, 89, 93, 136, 145
Verhaltensanalyse  80, 81
Verhaltensbereitschaft  12, 29, 37, 67, 76, 81
Verhaltenstherapie  11, 26, 28–31, 39, 80, 81
Vermeidung  16, 17, 22, 23, 33, 39–41, 52, 53, 57, 78, 95, 99, 115, 132, 138, 155
Vernichtung  18, 20, 33
Vernunft des Herzens  27, 60, 140, 146
Verpflichtung  50, 141, 142
Verschmelzen  75, 106, 107, 121, 158
Verstärker  30, 32–34, 77–79
Verstärkung  30–32, 49, 76, 78, 131
– negative  32–34, 38, 89, 95, 99
– positive  32, 34, 38, 79, 90, 136
Vertikale Verhaltensanalyse  81
Verwandlung  16, 17, 115, 165

## W

Wagnis  85, 106, 148, 156
Wählen  60
Wahlfreiheit  105, 117, 126, 131
Werte  63, 64, 77, 78, 93, 95, 96, 130–132, 134, 139–142, 153, 163, 164
Wissen-Wollen  99, 101

## Z

Zetteltechnik  60
Ziel  29, 45, 53, 57, 60, 69, 80, 93, 144, 161
Zustands-Bewusstsein  47, 49
Zwiebeltechnik  42, 44